PENSER SA VIE

Du même auteur

Éthique à l'usage de mon fils
Seuil, 1994
et « Points », nº P510

Politique à l'usage de mon fils
Seuil, 1995

Pour l'éducation
Payot, 1998

Dictionnaire philosophique personnel
Grasset, 1999

Fernando Savater

PENSER SA VIE

Traduit de l'espagnol
par François Maspero

Éditions du Seuil
27, rue Jacob, Paris VIe

Titre original : *Las Preguntas de la vida*
Éditeur original : Editorial Ariel, S.A.
(c) 1999, Fernando Savater
ISBN original 84-344-1185-7

ISBN 2-02-038553-8

A ceux pour qui *tout* n'est pas clair

Le point culminant de la vie
est la compréhension de la vie.
G. Santayana

Ma force est de n'avoir rencontré de réponse à rien.
E. M. Cioran

Avertissement

Le propos de ce livre est tout à la fois très modeste et démesurément ambitieux.

Modeste, car il pourrait s'en tenir à servir de lecture initiale pour des élèves de terminale qui doivent se familiariser pour la première fois – et peut-être la dernière – avec les thèmes fondamentaux de la philosophie occidentale, considérés non du point de vue historique mais en tant que questions ou problèmes posés par la vie. En ce sens, il prétend se conformer fidèlement, tout en gardant une approche personnelle, voire irrévérencieuse, aux directives administratives de l'Enseignement secondaire.

Mais aussi démesurément ambitieux, car il ne renonce pas pour autant à servir d'invitation ou d'introduction à la philosophie pour tout profane désireux de connaître quelque chose de cette vénérable tradition intellectuelle qui a vu le jour en Grèce. Je m'adresse surtout à ceux pour qui elle n'est pas uniquement une tradition vénérable, mais qui voient en elle un mode de réflexion toujours actuel, qui peut leur être utile dans leurs perplexités quotidiennes. Il ne s'agit pas, fondamentalement, de savoir comment Socrate faisait pour vivre mieux dans l'Athènes d'il y a vingt-cinq siècles, mais de savoir comment nous, les contemporains d'Internet, du sida et des cartes de crédit, nous pouvons comprendre l'existence et en faire meilleur usage.

Pour ce faire, il va de soi que nous devrons remonter parfois aux leçons de Socrate ou d'autres grands maîtres, mais nous ne nous limiterons pas à enregistrer, sur un mode plus ou moins critique, leurs découvertes successives. La philosophie ne peut se limiter à un catalogue d'opinions prestigieuses. Bien au contraire : si nous nous arrêtons, pour une fois, à l'opinion « prestigieuse » d'Ortega y Gasset (dans ses *Méditations de Don Quichotte*), « la philosophie est idéalement le contraire de l'érudition, elle ne donne pas de nouvelles ». Certes, la philosophie est une *étude*, non un recueil de sujets de conversation, et, à ce titre, elle requiert un apprentissage et une préparation. Mais penser philosophiquement, ce n'est pas répéter les pensées des autres, même si nos propres réflexions s'appuient sur elles et sont conscientes de cette dette nécessaire. Certaines introductions à la philosophie sont comme des traités de cyclisme qui se borneraient à rappeler les noms et les exploits des vainqueurs du Tour de France. Je me propose ici de tenter d'enseigner à monter à bicyclette, et même de donner l'exemple en pédalant moi-même, tout en sachant bien que je n'ai pas les capacités d'un Eddy Merckx ou d'un Miguel Indurain.

Mais le lecteur doit, lui aussi, essayer de pédaler avec moi, voire *contre* moi. Ce qui est proposé dans ces pages, ce n'est pas un guide définitif de pensées nécessairement valables, mais un itinéraire personnel de recherches et de tâtonnements. A la fin de chaque chapitre figurent, en forme d'aide-mémoire, des questions qui doivent permettre au lecteur de répéter pour son compte les investigations qu'il vient de lire, ce qui le conduira peut-être à des réponses opposées. Rien n'est plus nécessaire que cet exercice, car la philosophie n'est pas la révélation apportée par le détenteur du savoir à l'ignorant, elle est le dialogue entre des égaux qui se font complices dans leur soumission commune à la force de la raison et non à la raison de la force.

En un mot, lisez ce qui suit comme une invitation à philosopher et non comme un répertoire de leçons de philosophie. Mais ces leçons-là ne sont-elles pas précisément celles qu'il convient de donner pour préparer au baccalauréat ? Et n'y a-t-il pas beaucoup d'audace à croire que l'on peut garder un ton accessible, prétendre être compris par des adolescents, sans renoncer pour autant à être utile à d'autres lecteurs, non moins néophytes, mais adultes ? Car telle est, en effet, mon audacieuse prétention. Je me rassure en me rappelant que, comme l'a écrit le poète surréaliste René Crevel, « aucune audace n'est fatale ».

INTRODUCTION

Le pourquoi de la philosophie

> Arbre de sang, l'homme sent, pense, fleurit
> et donne des fruits insolites : les mots.
> Le senti et le pensé s'enlacent,
> nous touchons les idées : elles sont corps et elles sont nombres.
>
> *Octavio Paz*

S'obstiner aujourd'hui, en ce début du XXIe siècle, à maintenir la philosophie comme une discipline du baccalauréat parmi d'autres a-t-il encore un sens ? S'agit-il d'une survivance du passé, que les conservateurs louent pour son prestige traditionnel, mais que les progressistes et les gens pragmatiques doivent regarder avec une impatience justifiée ? Est-il possible à de jeunes adolescents, tout juste sortis de l'enfance, de se repérer avec un tant soit peu de clarté dans ce qui, à leur âge, doit leur apparaître comme un galimatias ? Ne se borneront-ils pas, dans le meilleur des cas, à apprendre par cœur un certain nombre de formules pédantes qu'ils répéteront ensuite comme des perroquets ? Certes, il se peut que la philosophie en intéresse quelques-uns, ceux qui ont la vocation philosophique, si tant est que cela existe, mais ceux-là auraient eu de toute manière l'occasion de la découvrir plus tard. Alors pourquoi l'imposer à *tous* dans l'enseignement secondaire ? N'est-ce pas une perte de temps, compte tenu de la surcharge des programmes actuels du baccalauréat ?

Il est intéressant d'observer que les premiers adversaires de la philosophie lui reprochaient justement d'être faite « pour les enfants », c'est-à-dire justifiée en tant que passe-temps éducatif dans les premières années, mais indigne d'hommes faits. C'est le cas, par exemple, de Calliclès, qui prétend réfuter l'opinion de Socrate selon laquelle « mieux vaut subir une injustice que la commettre ». Pour Calliclès, les lois peuvent bien dire ce qu'elles veulent, mais la vérité de la justice, c'est que les plus forts s'imposent aux faibles, ceux qui valent plus à ceux qui valent moins et les capables aux incapables. La loi dira qu'il est pire de commettre une injustice que de la subir, mais il est naturel de considérer qu'il est pire de la souffrir que de la causer. Le reste n'est qu'ergotages philosophiques, auxquels l'adulte Calliclès réserve tout son mépris : « La philosophie, Socrate, n'est sans doute pas sans charme, si l'on s'y livre avec modération dans la jeunesse ; mais si l'on s'y attarde au-delà d'une juste mesure, c'est une calamité[1]. » Calliclès ne voit apparemment rien de mal à enseigner la philosophie aux jeunes gens, mais considère que le vice de philosopher est un péché qui ruine les hommes quand ils sont devenus grands. Je dis « apparemment », car nous ne pouvons oublier que Socrate, accusé de corrompre les jeunes gens en les séduisant par sa pensée et sa parole, fut condamné à boire la ciguë. En fin de compte, si la philosophie disparaissait complètement pour les petits comme pour les grands, l'énergique Calliclès – partisan de la raison du plus fort – n'en serait pas fâché...

Si l'on voulait résumer en cinq mots tous les reproches adressés à la philosophie, ce seraient ceux-ci : *elle ne sert à rien.* Les philosophes s'obstinent à en savoir plus que les autres sur tout ce qui est imaginable, alors qu'ils ne sont en fait que des charlatans, amis du bavardage creux. Dans ce cas, qui sait vraiment ce qu'il faut savoir du monde et de la société ? Eh bien ! les scientifiques, les techniciens, les spécialistes, ceux

---

1. Platon, *Gorgias*, 481c à 484d, traduction d'Alfred Croiset, Les Belles Lettres.

qui sont capables de donner des *informations* valables sur la réalité. Au fond, les philosophes s'obstinent à parler de ce qu'ils ne savent pas : Socrate lui-même le reconnaissait, quand il disait « je sais seulement que je ne sais rien ». S'il ne sait rien, pourquoi devrions-nous l'écouter, que nous soyons jeunes ou adultes ? Nous devons apprendre de ceux qui savent, non de ceux qui ne savent pas. Surtout de nos jours, alors que les sciences ont fait tant de progrès et que nous savons comment fonctionnent la majorité des choses... et comment en faire fonctionner d'autres, inventées par les scientifiques.

Et donc, à notre époque, celle des grandes découvertes techniques, dans le monde de la carte à puce et de l'accélérateur de particules, sous le règne d'Internet et de la télévision numérique... quelle information pouvons-nous recevoir de la philosophie ? La seule réponse que nous nous résignerons à donner est celle qu'aurait probablement faite Socrate : aucune. Les sciences de la nature, les techniciens, les journaux, certains programmes de télévision nous informent... mais il n'y a pas d'information « philosophique ». Comme le disait Ortega y Gasset, que j'ai cité, la philosophie est incompatible avec les *nouvelles*, et l'information est faite de nouvelles. Cela dit, l'information est-elle la seule chose que nous cherchions pour mieux nous comprendre nous-mêmes et pour mieux comprendre ceux qui nous entourent ? Supposons que nous recevions une nouvelle quelconque, par exemple celle-ci : un nombre *x* de personnes meurent chaque jour de faim dans le monde. Et nous, ayant reçu cette information, nous demandons (ou nous *nous* demandons) ce que nous devons penser d'une telle situation. Nous recueillerons des opinions, les unes attribuant ces morts à des dysfonctionnements dans le cycle macro-économique global, d'autres parlant de la surpopulation de la planète, d'autres encore accusant l'injuste répartition des biens entre possédants et dépossédés, ou invoquant la volonté de Dieu, ou la fatalité... Et il y aura bien une personne simple et candide, notre concierge par exemple, ou le marchand de journaux, pour commenter : « Dans quel monde vivons-nous ! » Alors nous, comme en écho, mais en transformant l'exclamation en interrogation, nous nous demanderons : « C'est vrai : dans quel monde vivons-nous ? »

Il n'y a pas de réponse scientifique à cette dernière question, car, évidemment, nous ne nous contenterons pas de réponses du genre « nous vivons sur la planète Terre », « nous vivons précisément dans un monde où *x* personnes meurent chaque jour de faim », pas plus que nous n'accepterons qu'on se borne à nous dire que « nous vivons dans un monde très injuste » ou « dans un monde maudit par Dieu à cause des péchés des hommes » (pourquoi cette situation injuste ? En quoi consiste la malédiction divine, et qui peut nous garantir qu'elle est vraie ? etc.). Bref, ce que nous voulons, ce n'est pas avoir davantage d'informations sur la situation, c'est savoir ce que *signifie* l'information que nous avons, de quelle manière nous devons l'interpréter et la mettre en relation avec d'autres informations reçues précédemment ou, en même temps, savoir aussi en quoi cela peut nous permettre d'avoir une vision générale de la réalité dans laquelle nous vivons, de quelle manière nous pouvons ou devons nous comporter dans la situation ainsi donnée. Toutes ces questions sont précisément celles dont s'occupe ce que nous allons appeler philosophie. Nous dirons qu'elles se situent à trois niveaux distincts de compréhension :

a) l'*information*, qui nous présente les faits et les mécanismes primaires de ce qui se passe ;

b) la *connaissance*, qui réfléchit sur l'information reçue, hiérarchise son importance selon sa signification, et cherche des principes généraux pour lui donner un sens ;

c) la *sagesse*, qui relie la connaissance aux options vitales ou aux valeurs que nous pouvons choisir, en tentant de trouver comment mieux vivre en accord avec ce que nous savons.

Je crois que la science évolue entre les niveaux *a)* et *b)* de connaissance, tandis que la philosophie opère entre les niveaux *b)* et *c)*. De sorte qu'il n'y a pas d'information proprement philosophique, mais qu'il peut y avoir en revanche une connaissance philosophique, et que nous aimerions parvenir à ce qu'il y ait aussi une sagesse philosophique. Cela est-il possible ? Et surtout : cela peut-il *s'enseigner* ?

Cherchons une autre perspective à partir d'un autre exemple, ou plus exactement en utilisant une métaphore. Imaginons que nous sommes au musée du Prado devant un de ses tableaux les plus célèbres, *Le Jardin des délices* de Jérôme Bosch. Quelle forme de *compréhension* pouvons-nous avoir de ce chef-d'œuvre ? Nous pouvons d'abord opérer une analyse physico-chimique de la texture de la toile employée par le peintre, de la composition des différents pigments disposés dessus, voire utiliser les rayons X pour détecter d'autres images ou des esquisses cachées sous la peinture principale. En fin de compte, le tableau est un objet matériel, une chose parmi les autres choses qui peut être pesée, mesurée, analysée, détaillée, etc. Mais il est aussi, sans aucun doute, une surface sur laquelle, par le moyen de couleurs et de formes, sont représentées un certain nombre de figures. De sorte que pour comprendre le tableau, il y a lieu également de faire l'inventaire complet des personnages et des scènes qui apparaissent dessus, personnes, animaux, créatures démoniaques, végétaux, objets, etc., et de considérer leur distribution sur les trois volets du triptyque. Cependant toutes ces figures et toutes ces merveilles ne sont pas gratuites, elles ne sont pas apparues comme ça, un beau jour, sur la surface de la toile. Une autre manière de comprendre l'œuvre sera de prendre en compte que son auteur (que ses contemporains appelaient également Jeroen Vaan Aeken) est né en 1450 et mort en 1516. C'est un grand peintre de l'école flamande, dont le style direct, rapide, et la délicatesse des tons marquent la fin de la peinture médiévale. Les sujets qu'il représente appartiennent cependant au monde religieux et symbolique du Moyen Age, même s'ils sont interprétés avec une grande liberté subjective. Un travail patient peut mettre au jour – ou tenter de mettre au jour – le contenu allégorique de beaucoup de ses images selon l'iconographie de l'époque ; le reste pourrait être probablement élucidé en faisant appel à l'herméneutique onirique de la psychanalyse de Freud. Par ailleurs, *Le Jardin des délices*, tout comme *La Tentation de saint Antoine*, conservée au musée de Lisbonne, est une œuvre qui se situe à mi-chemin dans la période de production de l'artiste, avant qu'il ne change l'échelle de représentation et la disposition des figures dans ses tableaux ultérieurs, etc.

Nous pourrions encore imaginer une autre voie pour comprendre le tableau, une perspective qui n'ignorerait ni n'écarterait aucune des précédentes, mais qui prétendrait les rassembler, dans la mesure du possible, en visant à l'appréhender dans sa *totalité*. De ce point de vue plus ambitieux, *Le Jardin des délices* est un objet matériel, mais aussi un témoignage historique, une leçon de mythologie, une satire des ambitions humaines et une expression plastique de la personnalité la plus secrète de son auteur. Il est surtout quelque chose qui a une signification profonde, car il interpelle *personnellement* chacun de nous qui le voyons bien des siècles après son achèvement par l'artiste, il nous parle de tout ce que nous savons, fantasmons ou désirons de la réalité et nous renvoie aux autres modes symboliques ou artistiques d'habiter le monde, à tout ce qui nous fait penser, rire ou chanter, à la condition humaine telle que nous la partageons avec tous nos semblables, vivants, morts ou encore à naître... Cette dernière perspective, qui nous mène de ce qu'est le tableau à ce que nous sommes, nous, et donc à ce qu'est la réalité totale, pour revenir au tableau, sera l'angle de vue que nous pourrons appeler philosophique. Et, bien entendu, il y a une perspective de compréhension philosophique pour chaque chose, et pas seulement pour les chefs-d'œuvre de la peinture.

Revenons encore à notre tentative de préciser la différence essentielle entre *science* et *philosophie.* Ce qui saute d'abord aux yeux n'est pas ce qui les distingue, mais ce qui les apparente : tant la science que la philosophie veulent répondre à des *questions* suscitées par la réalité. De fait, à l'origine, science et philosophie étaient liées, et c'est seulement au cours des siècles que la physique, la chimie, l'astronomie ou la psychologie sont devenues indépendantes de leur commune matrice philosophique. A l'heure actuelle, les sciences prétendent expliquer comment les choses sont faites et comment elles fonctionnent, tandis que la philosophie se concentre davantage sur ce qu'elles signifient pour nous ; la science doit adopter le point de vue impersonnel pour parler de toutes les questions (y compris quand elle étudie les personnes !), tandis que la philosophie reste toujours consciente que la connaissance a nécessairement un sujet, qu'elle passe par un acteur humain. La science aspire à connaître ce qui est et ce qui se passe ; la philosophie s'attache à réfléchir sur l'importance qu'a pour nous le fait de savoir ce qui se passe et ce qui est. La science multiplie les perspectives et les champs de connaissance, c'est-à-dire qu'elle fragmente et spécialise le savoir ; la philosophie s'efforce de tout relier à tout, en essayant d'inscrire les savoirs dans un panorama théorique qui survole la diversité en prenant le point de vue de cette aventure unitaire qu'est le fait de penser, c'est-à-dire d'être des humains. La science démonte les apparences du réel en éléments théoriques invisibles, ondulatoires ou corpusculaires, mathématisables, en éléments abstraits qui ne peuvent être perçus ; sans ignorer ni mépriser cette analyse, la philosophie met l'accent sur *la réalité « humainement vitale » de ce qui est apparent*, celle où évolue notre existence concrète (par exemple : la science nous révèle que les arbres et les tables sont composés d'électrons, de neutrons, etc., mais la philosophie, sans minimiser cette révélation, nous renvoie à une réalité humaine parmi les arbres et les tables). La science cherche des savoirs et non de simples suppositions ; la philosophie veut savoir ce que l'ensemble de nos savoirs implique pour nous... et aussi si ce sont de véritables savoirs ou des ignorances déguisées ! Car la philosophie s'interroge principalement sur des questions que les scientifiques (et, bien sûr, tout un chacun) considèrent comme évidentes et déjà résolues. Thomas Nagel, qui est professeur de philosophie dans une université de New York, le note bien : « La philosophie a pour charge principale de questionner et d'éclaircir un certain nombre d'idées très communes que nous utilisons tous les jours sans y penser. Un historien peut se demander ce qui est arrivé à tel ou tel moment du passé, mais un philosophe demandera : qu'est-ce que le temps ? Un mathématicien peut explorer les relations entre les nombres, mais un philosophe demandera : qu'est-ce qu'un nombre ? Un physicien cherchera de quoi sont faits les atomes ou ce qu'implique la gravité, mais un philosophe demandera : comment pouvons-nous savoir qu'il y a quelque chose en dehors de notre esprit ? Un psychologue peut chercher à comprendre comment les enfants apprennent un langage, mais un philosophe demandera : pourquoi un mot signifie-t-il quelque chose ? N'importe qui peut se demander s'il est mal d'entrer au cinéma sans payer, mais un philosophe demandera : pourquoi une action est-elle bonne ou mauvaise[1] ? »

Dans tous les cas, tant les sciences que les philosophies répondent à des questions suscitées par le réel. Mais à ces questions les sciences apportent des *solutions*, c'est-à-dire des réponses qui satisfont à la question posée de manière à l'annuler et à la dissoudre. Quand un résultat scientifique fonctionne de la sorte, insister n'a pas de sens, la question cesse d'être intéressante (une fois établi que la composition de l'eau est H_2O, continuer à nous interroger sur la composition de l'eau ne nous intéresse plus et cette connaissance efface immédiatement les solutions proposées précédemment par d'autres

1. T. Nagel, *What Does it All Mean ?*, Oxford University Press.

scientifiques, même si elle ouvre la voie à de nouvelles interrogations). En revanche, la philosophie ne propose pas de solutions, mais des *réponses*, lesquelles n'annulent pas les questions, mais nous permettent de vivre rationnellement avec elles tout en continuant à nous les poser constamment : nous avons beau connaître beaucoup de réponses philosophiques à la question « qu'est-ce que la justice ? » ou « qu'est-ce que le temps ? », nous ne cesserons jamais de nous interroger sur la justice et sur le temps, et nous n'écarterons pas comme oiseuses ou « dépassées » les réponses données précédemment par d'autres philosophes. Les questions philosophiques ne résolvent pas les problèmes du réel (encore que, parfois, certains philosophes l'aient cru...), mais, au contraire, elles cultivent la question, elles soulignent l'essentiel de ce questionnement et nous aident à continuer de questionner toujours mieux, à nous humaniser en vivant perpétuellement avec notre interrogation. Car qu'est-ce qu'un homme, sinon *l'animal qui questionne* et qui continuera de questionner au-delà de toute réponse imaginable ?

Il y a des questions qui admettent une solution satisfaisante et ces questions-là sont celles que se pose la science ; il y en a d'autres dont nous croyons qu'il est impossible d'arriver jamais à les résoudre, et répondre à ces questions-là – même de façon insatisfaisante – est la tâche de la philosophie. Historiquement, certaines questions ont pu commencer par être de la compétence de la philosophie – la nature et le mouvement des astres, par exemple – et ont reçu ensuite une réponse scientifique. Dans d'autres cas, des questions en apparence scientifiquement résolues ont, par la suite, été traitées de nouveau en partant de perspectives scientifiques neuves, stimulées par les doutes philosophiques (le passage de la géométrie euclidienne aux géométries non euclidiennes, par exemple). Délimiter quelles sont les questions qui paraissent aujourd'hui appartenir au premier groupe et celles qui paraissent appartenir au second est une des plus importantes tâches critiques des philosophes... et des scientifiques. Il est probable que certains aspects des questions auxquelles s'attache aujourd'hui la philosophie recevront demain une solution scientifique, et il est certain que les futures solutions scientifiques aideront de façon décisive à reposer les questions philosophiques à venir : ce ne serait pas la première fois que le travail des philosophes aurait orienté ou inspiré certains scientifiques. Il n'y a pas de raison d'introduire une opposition irréductible entre science et philosophie, comme le font les mauvais scientifiques et les mauvais philosophes qui se regardent parfois avec mépris. La seule chose dont nous pouvons être sûrs, c'est que la science et la philosophie ne manqueront *jamais* de questions auxquelles, tant l'une que l'autre, elles devront essayer de répondre...

Mais il y a une autre différence importante entre science et philosophie : celle-là ne concerne plus les résultats obtenus, mais la façon d'y parvenir. Un scientifique peut utiliser les solutions trouvées par des scientifiques qui l'ont précédé sans avoir besoin de refaire lui-même tous les raisonnements, calculs et expériences qui les ont menés à les découvrir ; mais quiconque veut philosopher ne peut se contenter d'accepter les réponses d'autres philosophes ou de citer leur autorité comme argument irréfutable : aucune réponse philosophique ne sera valable pour lui s'il ne parcourt pas lui-même le chemin tracé par ses prédécesseurs ou s'il en essaye un nouveau en s'appuyant sur les points de vue des autres sans les avoir expérimentés personnellement. En un mot, l'itinéraire philosophique doit être *pensé* individuellement par chacun, même s'il part d'une riche tradition intellectuelle. Les conquêtes de la science sont à la disposition de tous ceux qui désirent les consulter, mais celles de la philosophie ne peuvent servir qu'à celui qui est décidé à les méditer par lui-même.

Dit de façon plus radicale, peut-être même trop radicale : les avancées scientifiques ont pour objectif d'améliorer notre connaissance collective de la réalité, tandis que philosopher aide à transformer et à élargir la vision personnelle du monde de celui qui se livre à ce travail. On peut chercher scientifiquement par personne interposée, on ne peut penser philosophiquement par personne interposée... même si les grands philosophes nous ont tous énormément aidés à penser. Nous pourrions peut-être ajouter que les découvertes de la science rendent plus facile la tâche des scientifiques qui viennent après elles, tandis que les contributions des philosophes rendent de plus en plus compliquée (mais aussi de plus en plus riche) la tâche de ceux qui veulent penser après eux. C'est probablement pour cela que Kant a observé qu'on ne peut pas enseigner la philosophie, mais seulement enseigner à philosopher : car il ne s'agit pas de transmettre un savoir déjà acquis par d'autres, que n'importe qui peut apprendre dans toutes les capitales de l'Europe, mais d'une *méthode*, c'est-à-dire d'un cheminement de la pensée, d'un mode de parler et d'argumenter.

« Je sais seulement que je ne sais rien », disait Socrate, et il s'agit d'une affirmation que l'on doit prendre – en se fondant sur ce que Platon et Xénophon ont rapporté de son auteur – sur le mode *ironique.* « Je sais seulement que je ne sais rien » doit s'entendre comme : « Je ne me satisfais d'aucun des savoirs dont vous êtes si contents. Si savoir consiste en cela, je ne dois rien savoir, car je vois des objections et des manques de fondement dans vos certitudes. Mais, au moins, je sais que je ne sais pas, c'est-à-dire que je trouve des arguments pour ne pas me fier à ce que l'on appelle communément savoir. Il se peut que vous sachiez vraiment autant de choses que vous le dites et, s'il en est ainsi, vous devriez être capables de répondre à mes questions et d'éclaircir mes doutes. Examinons ensemble ce que l'on a l'habitude d'appeler savoir et écartons tout ce que les prétendus experts ne peuvent protéger de la tempête de mes interrogations. Savoir vraiment n'est pas la même chose que se borner à répéter ce que l'on tient communément pour su. Savoir que l'on ne sait pas est préférable à considérer comme su ce que nous n'avons pas pensé profondément nous-mêmes. Une vie sans examen, c'est-à-dire la vie de quelqu'un qui ne soupèse pas les réponses qu'on lui donne aux questions essentielles et qui n'essaye pas d'y répondre personnellement, ne vaut pas la peine d'être vécue. » Autrement dit, la philosophie, avant de proposer des théories qui résolvent nos perplexités, doit être elle-même perplexe. Avant de proposer les vraies réponses, elle doit établir clairement pourquoi elle n'est pas convaincue par les fausses réponses. Une chose est de savoir après avoir pensé et discuté, et une autre, bien différente, est d'adopter les savoirs que personne ne discute pour ne pas avoir à penser. Avant d'arriver à savoir, philosopher est *se défendre* de ceux qui croient savoir et ne font que répéter les erreurs des autres. Établir des connaissances est important, mais il est plus important encore d'être capable de critiquer ce que nous connaissons mal ou ce que nous ne connaissons pas tout en croyant le connaître : avant de savoir pourquoi il affirme ce qu'il affirme, le philosophe doit au moins savoir pourquoi il doute de ce qu'affirment les autres ou pourquoi il ne se décide pas à affirmer à son tour. Et cette fonction négative, défensive, critique a déjà une valeur en soi, même si nous n'allons pas plus loin et même si, dans le monde de ceux qui croient qu'ils savent, le philosophe est le seul qui accepte de ne pas savoir mais qui connaît au moins son ignorance.

Enseigner encore la philosophie, à l'orée du XXIe siècle, quand tout le monde semble ne plus vouloir que des solutions immédiates et préfabriquées, quand les questions qui s'aventurent jusqu'au domaine de l'insoluble s'avèrent tellement gênantes ?

Posons la question autrement : la tâche principale de l'éducation n'est-elle pas justement d'*humaniser* pleinement ? Existe-t-il une autre dimension qui soit plus véritablement humaine, plus nécessairement humaine que cette inquiétude qui, depuis des siècles, pousse à philosopher ? L'éducation peut-elle se passer d'elle et continuer d'être humanisatrice, dans le sens libre et antidogmatique qu'exige la société démocratique dans laquelle nous voulons vivre ?

Eh bien soit ! Acceptons que l'on doive essayer d'enseigner la philosophie aux jeunes gens ou, pour dire mieux, de leur enseigner à philosopher. Mais comment mener à bien cet enseignement qui ne peut être autre chose qu'une invitation à philosopher chacun pour son compte ? Et avant tout par où commencer ?

CHAPITRE PREMIER

La mort pour commencer

Je me souviens fort bien de la première fois où j'ai vraiment compris que, tôt ou tard, je *devais* mourir. J'avais dans les dix ans, neuf peut-être, il était environ onze heures du soir et j'étais déjà au lit. Mes deux frères, qui dormaient dans la même chambre, ronflaient paisiblement. Dans la pièce voisine, mes parents discutaient sans hausser la voix tout en se déshabillant, et ma mère avait mis la radio qui devait rester allumée très tard pour prévenir mes peurs nocturnes. Soudain je me suis redressé dans l'obscurité : moi *aussi* j'allais mourir ! Tel était mon sort, celui qui m'attendait irrémédiablement ! Il n'y avait pas d'échappatoire ! Non seulement il me faudrait subir la mort de mes deux grands-mères et de mon grand-père que j'adorais, et celle de mes parents, mais moi-même je n'aurais pas d'autre issue que de mourir. Quelle chose étrange et terrible, dangereuse, incompréhensible, mais, par-dessus tout, irrémédiablement *personnelle* !

A dix ans, on croit que toutes les choses importantes ne peuvent arriver qu'aux grandes personnes : brusquement m'était révélée la première grande chose importante – en fait, la plus importante de toutes – qui, en toute certitude, devait m'arriver à moi. J'allais mourir, bien sûr dans beaucoup, beaucoup d'années, après avoir vu mourir ceux que j'aimais (tous, sauf mes frères, qui, plus petits que moi, vivraient donc plus longtemps), mais enfin j'allais mourir, *moi*, bien que je sois moi. La mort n'était plus l'affaire des autres, le problème des autres, elle n'était pas non plus une loi générale qui ne me concernerait que quand je serais grand, c'est-à-dire quand je serais un autre. Car je me suis également rendu compte à ce moment-là que, lorsque viendrait ma mort, je serais toujours moi, exactement le même que celui qui venait de prendre conscience de cela. Je serais le personnage central de la vraie mort, la plus authentique et la plus importante, la mort dont toutes les autres morts n'auraient été que des ébauches douloureuses. Ma mort, la mort de mon moi ! Non pas la mort des « toi », si aimés fussent-ils, mais la mort de l'unique « moi » que je connaissais personnellement ! Certes, ça n'arriverait que dans très longtemps mais... mais, dans un certain sens, n'étais-je pas déjà dedans ? Le fait de me rendre compte que j'allais mourir – moi, moi-même – n'était-il pas déjà une part de la mort elle-même, cette chose si importante qui, bien que je sois encore un enfant, m'arrivait en ce moment à moi et à personne d'autre ?

C'est à cet instant, j'en suis sûr, que j'ai enfin commencé à *penser*. C'est-à-dire à l'instant où j'ai compris la différence entre apprendre, répéter ce que pensaient les autres et avoir une pensée véritablement *mienne*, une pensée m'engageant personnellement, et non une pensée louée ou prêtée comme la bicyclette qu'on vous laisse le temps d'une promenade. Une pensée qui s'emparait de moi, bien plus que je ne pouvais m'emparer d'elle. Une pensée que je ne pouvais emprunter et rendre à ma guise, une pensée avec laquelle je ne savais pas quoi faire mais dont, à l'évidence, il était urgent que je fasse quelque chose, parce qu'il n'était pas possible de faire comme si de rien n'était. Certes, je conservais encore, sans esprit critique, les croyances de mon éducation religieuse, mais pas une seconde elles ne m'ont paru de nature à m'apporter un quelconque soulagement dans cette certitude de la mort. Un ou deux ans auparavant, j'avais vu mon premier cadavre, par surprise (et quelle surprise !) : un frère lai qui venait de mourir, exposé dans la nef de l'église des Jésuites de la rue Garibay à

Saint-Sébastien où je venais avec ma famille entendre la messe dominicale. Il était comme une statue de cire, pareil aux Christs gisants que j'avais vus sous certains autels, mais avec cette différence que je savais qu'il avait été vivant et qu'il ne l'était plus. « Il est allé au ciel », m'a dit ma mère, un peu gênée par un spectacle qu'elle aurait certainement préféré m'éviter. Et moi j'ai pensé : « D'accord, il est peut-être au ciel, mais il est aussi ici, et il est mort. Ce qui veut dire qu'il n'est *vivant* nulle part. C'est peut-être mieux d'être au ciel que d'être vivant, mais ce n'est pas la même chose. Vivre, c'est vivre dans ce monde, avec un corps qui parle et qui marche, avec plein de gens autour de soi, et pas au milieu des esprits... même si c'est formidable d'être un esprit. Les esprits aussi sont morts, ils ont dû aussi subir une mort étrange et affreuse, ils la subissent encore. » Et ainsi, à partir de la révélation de ma mort impensable, j'ai commencé à penser.

Cela paraîtra peut-être bizarre d'ouvrir un livre qui veut être une initiation aux questions philosophiques par un chapitre consacré à la mort. Un sujet aussi lugubre ne va-t-il pas décourager les néophytes ? Ne serait-il pas préférable de commencer par parler de la liberté ou de l'amour ? Mais j'ai déjà indiqué que j'avais l'intention d'inviter à la philosophie à partir de ma propre expérience intellectuelle, et dans mon cas c'est la révélation de la mort – de *ma* mort – comme une certitude qui m'a obligé à penser. Car l'évidence de la mort ne se borne pas à rendre un homme pensif, elle le transforme en penseur. D'un côté, la conscience de la mort nous *mûrit* personnellement : tous les enfants se croient immortels (les plus petits pensent même qu'ils sont tout-puissants et que le monde tourne autour d'eux – sauf dans les pays ou dans les familles où les enfants vivent très tôt sous la menace de l'extermination, et alors leurs yeux nous frappent par leur fatigue mortelle, par leur *expérience* anormale...), mais ensuite, plus nous grandissons, plus l'idée de la mort grandit en nous. D'un autre côté, la certitude de la mort nous *humanise*, c'est-à-dire qu'elle nous transforme en véritables humains, en « mortels ». Les Grecs employaient le même mot pour dire « humain » et « mortel », et c'était juste.

Les végétaux et les animaux ne sont pas mortels, car ils ne savent pas qu'ils vont mourir, ils ne savent pas qu'ils *doivent* mourir : ils meurent, mais sans jamais connaître leur lien individuel, celui de chacun d'eux, avec la mort. Les bêtes sauvages pressentent le danger, elles deviennent tristes quand elles tombent malades ou quand elles vieillissent, mais elles ignorent (ou il semble qu'elles ignorent ?) leur relation essentielle avec la nécessité de la mort. N'est pas mortel celui qui meurt, mais celui qui est certain qu'il va mourir. Nous pourrions même dire que, pour cette raison, les végétaux et les animaux ne sont pas vivants au même sens que nous. Nous sommes, nous les mortels, les seuls vivants authentiques, parce que nous savons que nous cesserons de vivre et que c'est précisément en cela que consiste la vie. Certains disent que les dieux immortels existent, d'autres qu'ils n'existent pas, mais personne ne dit qu'ils sont *vivants* : seul le Christ a été appelé « Dieu vivant », et cela parce qu'on dit qu'il s'est incarné, qu'il s'est fait homme, qu'il a vécu comme nous et que comme nous il a dû mourir.

Aussi n'est-ce ni un caprice ni l'envie de paraître original qui me fait commencer la philosophie en parlant de la conscience de la mort. Je ne prétends pas non plus que l'unique sujet, ni même le principal sujet de la philosophie soit la mort. Au contraire, je crois fermement que la philosophie traite de la vie, de ce que signifie vivre et de comment vivre mieux. Mais c'est bien la mort programmée qui, en nous faisant mortels (c'est-à-dire humains), fait aussi de nous des vivants. On commence à penser à la vie quand on se voit mort. Parlant par la bouche de Socrate dans *Phédon*, Platon dit que philosopher est « se préparer à la mort ». Mais que signifie « se préparer à la mort », sinon réfléchir sur la vie humaine (mortelle) telle que nous la vivons ? C'est précisément la certitude de la mort qui fait de la vie – *ma* vie, qui est unique et ne reviendra jamais – quelque chose de si mortellement important pour moi. Tous les actes, tous les gestes de notre vie sont des formes de résistance devant la mort, que nous savons inéluctable. C'est la conscience de la mort qui fait de la vie une affaire sérieuse à laquelle chacun doit penser. Quelque chose de mystérieux et de terrible, une sorte de miracle précieux pour quoi nous devons lutter, grâce à quoi nous nous obligeons à réfléchir. Si la mort n'existait pas, nous aurions beaucoup à voir et beaucoup de temps pour le voir, mais très peu à faire (presque tout ce que nous faisons, nous le faisons pour éviter de mourir) et rien à quoi penser.

Depuis des générations, les apprentis philosophes s'initient au raisonnement logique en commençant par ce syllogisme :

Tous les hommes sont mortels ;
Socrate est un homme
donc
Socrate est mortel.

Il est intéressant de voir que le travail du philosophe commence par le rappel du nom illustre d'un collègue condamné à mort, dans une argumentation qui, sans équivoque, nous condamne tous également à mort. Car il est clair que le syllogisme reste tout aussi valable si, au lieu de « Socrate », nous mettons ton nom, lecteur, ou le mien, ou celui de n'importe qui. Mais sa signification va plus loin qu'un simple exemple de rigueur logique. Si nous disons

Tout A est B
C est A
donc
C est B

nous continuons à bien raisonner formellement, et pourtant les implications matérielles du raisonnement ont considérablement changé. Cela ne m'inquiète guère d'être B si je suis A, alors que cela m'alarme beaucoup, étant un homme, de devoir être mortel. Dans le premier syllogisme, ce qui est sèchement mais clairement établi en plus, c'est le passage d'une constatation générique et impersonnelle – le sort de tous les hommes est de mourir – au destin individuel de quelqu'un (Socrate, toi, moi...) qui est un être humain, ce qui, en principe, semble quelque chose de prestigieux et sans conséquences désagréables, et se transforme ensuite en sentence fatale. Une sentence déjà exécutée dans le cas de Socrate et encore en sursis dans le nôtre. La différence n'est pas mince entre savoir que quelque chose de terrible doit arriver à *tous* et savoir que cela doit m'arriver *à moi* ! L'aggravation de l'inquiétude qui marque le passage de l'affirmation générale à celle qui contient mon nom comme sujet me révèle ce qu'il y a d'unique et d'irréductible dans mon individualité, la frayeur qui me constitue :

Certes d'autres sont morts, mais c'est dans le passé,
Saison (chacun le sait) très propice à la mort.
Mais moi, qui suis sujet de Yaqub Almansur,
Se peut-il que je meure ainsi qu'ont dû mourir
Aristote et les roses ?

D'autres sont morts, tous sont morts, tous mourront, mais... et moi ? Moi aussi ? Notons bien que la menace implicite, tant dans le syllogisme que dans ces beaux vers de Borges, réside dans le fait que les individus mentionnés (Socrate, l'Arabe médiéval sujet de Yaqub Almansur, Aristote...) sont *déjà* nécessairement morts. Eux aussi ont été forcés de se poser, en leur temps, cette question du destin inévitable que je me pose aujourd'hui ; et ils ont eu beau se la poser, ils n'y ont pas échappé...

De sorte que non seulement la mort est nécessaire, mais elle constitue ce qu'il y a de plus nécessaire dans notre vie (si le syllogisme commençait par « tous les hommes mangent, Socrate est un homme, etc. », il serait tout aussi juste du point de vue physiologique, mais il n'aurait pas la même *force* persuasive). Cela posé, que savons-nous d'autre de la mort, à part qu'elle est nécessaire au point de représenter la nécessité même (étymologiquement, « nécessaire » c'est « ce qui ne cesse pas », ne cède pas, ce avec quoi aucune transaction, aucun compromis ne sont possibles) ? Bien peu de chose, à dire vrai. L'une de ces choses est que la mort est absolument personnelle et intransférable : personne ne peut mourir à la place d'un autre. C'est-à-dire que personne ne peut, par sa propre mort, éviter à un autre de mourir aussi, avant ou après. Le père Maximilien Kolbe, qui s'offrit comme volontaire dans un camp de concentration nazi pour se substituer à un détenu conduit au Bunker pour y mourir de faim, l'a remplacé devant les bourreaux, mais pas devant la mort elle-même. Par son sacrifice héroïque, il lui a donné un peu plus de temps de vie, non l'immortalité. Dans une tragédie d'Euripide, Alceste, épouse soumise, s'offre pour descendre dans l'Hadès – donc pour mourir – à la place de son mari Admète, qui est un égoïste et un pleutre. A la fin, il faudra que ce soit Héraclès qui aille la tirer du royaume des morts et remette un peu les choses en ordre. Mais même l'abnégation d'Alceste n'aurait pu réussir à ce qu'Admète échappe pour toujours à son destin mortel, elle ne pouvait que le retarder : la dette que nous avons tous contractée avec la mort, chacun doit la payer de sa propre vie, non d'une autre. Même d'autres fonctions biologiques essentielles, telles que manger ou faire l'amour, ne semblent pas aussi impossibles à transférer : après tout, quelqu'un peut consommer ma part au banquet auquel j'aurais dû participer ou faire l'amour avec la personne que j'aurais pu et voulu aimer aussi, on peut même m'alimenter de force ou me faire renoncer au sexe pour toujours. En revanche la mort, *ma* mort ou celle d'un autre, porte toujours un nom et un prénom qui ne peuvent être remplacés. C'est pour cela que la mort est à la fois ce qu'il y a de plus individuel et de plus égalitaire : à cet instant crucial, personne n'est moins ou plus qu'un autre, et surtout personne n'est *autre* que ce qu'il est. A l'heure de mourir, chacun est définitivement ce qu'il est et rien de plus. De même qu'en naissant nous apportons au monde ce qui n'avait jamais été avant, en mourant nous emportons avec nous ce qui ne sera jamais plus.

Nous savons encore une chose de la mort : non seulement elle est certaine, mais elle est perpétuellement *imminente.* Mourir n'est pas une affaire de vieux ou de malades : dès l'instant où nous commençons à vivre, nous sommes prêts pour mourir. Comme dit la sagesse populaire, personne n'est assez jeune qu'il ne puisse mourir, et personne n'est assez vieux qu'il ne puisse vivre un jour de plus. Nous pouvons nous trouver en parfaite santé, la mort n'abandonne jamais son guet et il n'est pas rare de mourir – d'un accident ou d'un crime – dans cet état. Et c'est ce que notait déjà très bien Montaigne : nous ne mourons pas parce que nous sommes malades, mais parce que nous sommes vivants. A bien y réfléchir, nous sommes toujours *à la même distance* de la mort. La différence importante ne réside pas entre être bien portant ou malade, en sécurité ou en danger, mais entre être vivant ou mort, c'est-à-dire entre être là ou ne pas être là. Et il n'y a pas de moyen terme : personne ne peut se sentir vraiment « à moitié mort », ce n'est là qu'une simple manière imagée de parler, car tant qu'il y a la vie tout peut s'arranger, mais la mort est nécessairement irrévocable. En fin de compte, ce qui caractérise la mort c'est que nous ne pouvons jamais dire que nous sommes à l'abri d'elle ni que nous nous écartons, ne serait-ce qu'un moment, de son empire : même si, parfois, elle n'est pas *probable,* la mort est toujours *possible.*

Fatalement nécessaire, perpétuellement imminente, intimement intransférable, solitaire… tout ce que nous savons de la mort est absolument certain (les connaissances que nous avons sur elle figurent parmi les plus *indubitables* que nous possédions), mais ne nous la rend pas plus familière ni moins impénétrable. Au fond, la mort continue d'être ce qu'il y a de plus inconnu. Nous savons quand quelqu'un est mort, mais nous ignorons ce que c'est que mourir *vu de l'intérieur*. Je crois savoir plus ou moins ce qu'est mourir en général, mais pas ce qu'est mourir, moi. Certaines grandes œuvres littéraires – le récit incomparable de Léon Tolstoï, *La Mort d'Ivan Ilitch*, ou la tragi-comédie d'Eugène Ionesco *Le roi se meurt* – peuvent nous permettre une compréhension approximative, mais elles laissent toujours ouvertes les interrogations fondamentales. Et puis il y a eu au cours des siècles beaucoup de légendes sur la mort, beaucoup de promesses et de menaces, beaucoup de fables. Des récits très anciens – aussi anciens, vraisemblablement, que l'espèce humaine, c'est-à-dire que ces animaux qui sont devenus humains en commençant à s'interroger sur la mort – forment le fondement universel des religions. A bien y regarder, tous les dieux de toutes les mythologies sont des dieux de la mort, des dieux qui s'occupent de ce que signifie la mort, des dieux qui distribuent récompenses, châtiments ou réincarnations, des dieux qui sont les gardiens de la clef de la vie éternelle face aux mortels. Avant tout, les dieux sont immortels : ils ne meurent jamais et quand ils jouent à mourir, ils ressuscitent ou se transforment en autre chose, ils passent par une métamorphose. En tout lieu et en tout temps, la religion a servi à donner un sens à la mort. Si la mort n'existait pas, il n'y aurait pas de dieux, ou, plutôt, ce serait nous, les humains mortels, qui serions les dieux, et nous vivrions dans l'athéisme *divinement*...

Les légendes les plus anciennes ne prétendent pas nous consoler de la mort, mais seulement expliquer son caractère inévitable. La première grande épopée que l'on a conservée, l'histoire du héros Gilgamesh, a été composée à Sumer environ deux mille sept cents ans avant notre ère. Gilgamesh et son ami Enkidu, deux vaillants guerriers et chasseurs, affrontent la déesse Ishtar, qui donne la mort à Enkidu. Alors Gilgamesh part à la recherche du remède à la mort, une herbe magique qui donne la jeunesse éternelle, mais il la perd au moment où il est sur le point de l'obtenir. Puis apparaît l'esprit d'Enkidu, qui explique à son ami les sombres secrets du royaume des morts, auquel Gilgamesh accepte d'aller quand son heure arrivera. Ce royaume des morts n'est rien d'autre qu'un reflet sinistre de la vie que nous connaissons, un lieu profondément triste. Tout comme l'Hadès des anciens Grecs. Dans l'*Odyssée* d'Homère, Ulysse convoque les esprits des morts, et parmi eux se trouve son ancien compagnon Achille. Même si son ombre reste chez les défunts aussi majestueuse qu'elle l'a été parmi les vivants, elle avoue à Ulysse qu'elle préférerait être le dernier des gardiens de cochons dans le monde des vivants que roi sur les rives de la mort. Les vivants ne doivent rien envier aux morts. En revanche, d'autres religions ultérieures, le christianisme par exemple, promettent à ceux qui ont observé les préceptes de la divinité une existence plus heureuse et plus lumineuse que la vie terrestre (et, en contrepartie, elles garantissent une éternité de tortures raffinées à ceux qui y ont désobéi). Je dis « existence » parce que le nom de « vie » véritable ne convient pas à une telle promesse. La vie, au seul sens du mot que nous connaissions, est faite de changements, d'oscillations entre le meilleur et le pire, d'imprévus. Une félicité éternelle ou une damnation éternelle sont des formes de congélation qui figent une fois pour toutes dans la même attitude, mais elles ne sont pas la vie. De sorte que même les religions qui garantissent l'existence *post mortem* ne garantissent pas la vie éternelle : elles ne font que promettre l'éternelle durée, ce qui n'est pas la même chose que la vie humaine, que notre vie.

Et d'ailleurs comment pourrions-nous « vivre » vraiment là où manque la possibilité de mourir ? Miguel de Unamuno s'est acharné à soutenir que c'est justement le fait de nous savoir mortels en tant qu'espèce, mais de ne pas vouloir mourir en tant que personne, qui individualise chacun de nous. Il a refusé énergiquement la mort – surtout dans son livre admirable *Du sentiment tragique de la vie* –, mais il a affirmé avec la même vigueur que dans ce monde et dans l'autre, s'il y en a un, il voulait conserver sa personnalité, c'est-à-dire ne pas se limiter à continuer d'exister sous une forme quelconque, mais bien être toujours don Miguel de Unamuno y Jugo. Or on voit bien que cela pose un sérieux problème théorique, car si notre individualité provient de notre connaissance de la mort et de son refus, comment Unamuno pourrait-il continuer d'être Unamuno une fois devenu immortel, c'est-à-dire quand il n'aurait plus à craindre et à refuser la mort ? La seule vie éternelle compatible avec notre individualité personnelle serait une vie où la mort serait présente, mais dans une perspective perpétuellement ajournée, quelque chose que l'on redouterait toujours, mais qui n'arriverait jamais. Il n'est pas facile d'imaginer cela, même sous la forme d'une espérance qui dépasserait notre compréhension, et c'est ainsi qu'Unamuno a pu parler du « sentiment tragique de la vie ». Mais, finalement, qui sait...

L'idée de continuer à vivre d'une manière ou d'une autre, bien ou mal, après être mort est donc quelque chose d'à la fois inquiétant et contradictoire. Une tentative de ne pas prendre la mort au sérieux, de la considérer comme une simple apparence. Et même une volonté, d'une certaine façon, de refuser ou de déguiser la mort, c'est-à-dire notre humanité même. Il est paradoxal que nous donnions ordinairement le nom de « croyants » aux personnes qui ont des convictions religieuses, car ce qui les caractérise avant tout n'est pas ce en quoi elles croient (choses mystérieuses, vagues et très diverses), mais ce en quoi elles ne croient *pas* : c'est-à-dire ce qui est le plus évident, obligé et omniprésent, à savoir la mort. Les « croyants » sont en réalité les « incrédules » qui nient la réalité ultime de la mort. Peut-être la manière la plus sobre d'affronter cette inquiétude – nous savons que nous allons mourir mais nous ne pouvons *nous imaginer* réellement morts – est-elle celle d'Hamlet dans la tragédie de William Shakespeare, quand il dit : « Mourir, dormir... rêver peut-être ! » En effet, l'idée d'une espèce de survie après la mort a dû venir à nos ancêtres à partir de la ressemblance entre un homme qui dort profondément et un mort. Je crois que si nous ne rêvions pas en dormant, nul n'aurait jamais pensé à la possibilité étonnante d'une vie après la mort. Mais si nous savons que, quand nous sommes immobiles, yeux clos, apparemment absents, profondément endormis, nous voyageons en rêve dans de multiples paysages, en parlant, en riant, en aimant... alors pourquoi n'en irait-il pas de même pour les morts ? Ainsi les rêves agréables seraient à l'origine de l'idée de paradis, les cauchemars seraient une prémonition de l'enfer. Si l'on peut se dire que « la vie est un songe », suivant l'expression de Calderón de la Barca dans une pièce de théâtre célèbre, alors on peut soutenir à plus forte raison encore que ce qu'on appelle l'autre vie – celle qui existerait après la mort – est également inspiré par notre faculté de rêver...

Cependant le fait le plus évident, concernant la mort, est que si elle nous cause de la douleur quand il s'agit de la mort d'autrui, c'est surtout de la *peur* qu'elle nous inspire quand nous pensons à la nôtre. Certains craignent qu'il y ait quelque chose de terrible après la mort, des châtiments, on ne sait quelle menace inconnue ; d'autres qu'il n'y ait rien et ce rien est pour eux ce qu'il y a de plus terrifiant. Même si être quelque chose – ou plutôt quelqu'un – n'est pas toujours confortable et s'accompagne souvent de souffrances, n'être rien semble pire encore. Mais pourquoi ? Dans sa *Lettre à Ménécée*, le sage Épicure tente de nous convaincre que la mort peut n'avoir rien de terrible pour qui réfléchit à son sujet. Naturellement, les bourreaux et les horreurs des enfers ne sont que des fables destinées à faire peur aux méchants et ne doivent pas inquiéter quiconque observe la prudence que préconise Épicure. Mais surtout, par sa nature même, il n'y a rien dans la mort en tant que telle qui doive nous faire peur, puisque nous ne coexistons *jamais* avec elle : aussi longtemps que nous sommes, la mort n'est pas ; quand vient la mort, nous cessons d'être. Ainsi, selon Épicure, l'important est que, certes, nous mourons, mais que nous ne *sommes* jamais morts. Ce qui serait terrible, ce serait de rester conscient de la mort, de rester présent d'une manière ou d'une autre tout en sachant qu'on n'est plus du tout là, chose évidemment absurde et contradictoire. Cette argumentation d'Épicure s'avère irréfutable, et pourtant elle ne nous rassure pas totalement, peut-être parce que nous ne sommes pas, pour la plupart, aussi raisonnables qu'il l'eût voulu.

Mais est-ce si terrible que cela de ne pas être ? En fin de compte, pendant très longtemps nous n'avons pas été et cela ne nous a nullement fait souffrir. Après la mort, nous irons (si tant est que le mot « aller » convienne ici) au même lieu, ou à la même absence de tout lieu où nous étions (ou n'étions pas ?) avant de naître. Lucrèce, le grand disciple romain du Grec Épicure, a constaté ce parallélisme dans des vers à juste titre inoubliables :

Vois derrière toi quel néant fut pour nous
L'éternité du temps avant notre naissance.
Tel est donc le miroir où la nature nous montre
Le futur, oui, le temps, qui suivra notre mort.
Qu'y perçoit-on jamais d'horrible et de funeste ?
N'est-ce point un état plus paisible que le sommeil[1] *?*

S'inquiéter pour les années et les siècles où nous ne serons *plus* parmi les vivants relève autant du caprice que se préoccuper des années et des siècles où nous n'étions *pas encore*

1. Lucrèce, *De rerum natura* (De la nature des choses), livre III, 972-977, traduction de José Kany-Turpin, Aubier.

venus au monde. Si nous n'avons pas souffert de ne pas être là avant, est-il raisonnable de supposer que nous souffrirons de notre absence définitive ? Au fond, quand la mort nous blesse en occupant notre imagination – « Comme je suis malheureux : tous continueront de jouir du soleil et de l'amour, tous moins moi, qui ne les aurai jamais plus, jamais plus... ! » – cela se passe précisément *maintenant*, alors que nous sommes encore vivants. Peut-être devrions-nous réfléchir un peu plus sur l'étonnement d'être né, qui est aussi grand que le terrifiant étonnement d'avoir à mourir. Si la mort est ne pas être, nous l'avons déjà vaincue une fois : le jour où nous sommes nés. C'est Lucrèce, encore, qui parle dans son poème philosophique de la *mors aeterna*, la mort éternelle de celui qui n'a jamais été ni ne sera jamais. Oui, nous sommes mortels, mais nous avons échappé à la mort éternelle. Cette mort immense, nous lui avons dérobé un certain temps – les jours, mois, années que nous avons vécus, chaque instant que nous continuons à vivre –, et ce temps, quoi qu'il advienne, sera toujours à nous, qui avons remporté la victoire de la naissance, et ne sera jamais à elle, même si nous devons, ensuite, inéluctablement mourir. Au XVIIIe siècle, un des esprits les plus perspicaces qui aient jamais existé – Lichtenberg – donnait raison à Lucrèce dans un de ses célèbres aphorismes : « N'avons-nous pas déjà été ressuscité une fois ? Certes, nous venons d'un état où nous savions moins de choses sur notre état présent que nous n'en savons, dans ce dernier, sur le futur. Notre état précédent et l'actuel sont, l'un par rapport à l'autre, comme notre état actuel et le futur[1]. »

Mais les objections à l'affirmation de Lucrèce ne manquent pas non plus, et l'une d'elles part précisément de l'observation de Lichtenberg. Lorsque je n'étais pas encore, il n'y avait aucun « moi » qui souhaitait être ; personne ne me privait de rien, puisque je n'existais pas : n'étant rien, je n'avais pas

1. Lichtenberg, *Aphorismes*, traduction de Marthe Robert, Les Presses d'aujourd'hui.

conscience de rien perdre. Mais maintenant que je suis venu à la vie, je connais ce que c'est que de vivre et je peux prévoir ce que je perdrai avec la mort. Voilà pourquoi aujourd'hui la mort me préoccupe, c'est-à-dire m'occupe d'avance avec la peur de perdre ce que j'ai. De plus, les maux à venir sont pires que ceux du passé, car la peur qu'ils nous inspirent nous torture dès le moment présent. Il y a trois ans, j'ai subi une opération d'un rein ; supposons que je sache avec certitude que je devrai en subir une autre semblable dans trois ans. Même si l'opération passée ne me fait plus souffrir et que la prochaine ne devrait pas être plus douloureuse, il est évident qu'elles ne me touchent pas de la même façon : celle à venir me préoccupe bien davantage et me fait beaucoup plus peur, car elle s'approche, tandis que l'autre s'éloigne... Même si, objectivement, elles sont identiques, subjectivement elles ne le sont pas, car un souvenir pénible n'est pas aussi inquiétant qu'une menace. Dans ce cas, le miroir du passé ne reflète pas symétriquement le mal à venir, et peut-être en est-il de même en ce qui concerne la mort.

De sorte que si la mort nous fait penser, nous force à devenir des penseurs, des êtres pensants, nous continuons malgré tout à ne savoir que penser de la mort. Dans une de ses *Maximes*, le duc de La Rochefoucauld assure que « le soleil ni la mort ne peuvent se regarder en face ». Notre vocation toute neuve de penseurs se heurte à la mort, elle ne sait par où la prendre. Vladimir Jankélévitch, un penseur français contemporain, nous reproche de ne pas savoir quoi faire face à la mort, parce que nous oscillons « entre la sieste et l'angoisse ». C'est-à-dire que, devant elle, soit nous essayons de nous étourdir pour ne pas trembler, soit nous tremblons jusqu'à l'abjection. Il existe en Espagne une chanson populaire qui prend, elle aussi, le parti de la sieste :

Quand parfois je pense
que je dois mourir,

J'étends mon manteau
Et dors tout mon soûl.

C'est là un pauvre subterfuge, dans une alternative dont l'unique autre terme est l'angoisse. Fausse alternative, d'ailleurs, car nous pourrions très bien aller constamment de l'une à l'autre, en oscillant entre l'étourdissement de celui qui ne veut pas regarder et l'angoisse de celui qui regarde mais ne voit rien. Absurde dilemme !

En revanche, l'un des plus grands philosophes, Spinoza, considère que ce blocage ne doit pas nous décourager : « L'homme libre, c'est-à-dire qui vit sous la seule dictée de la raison, n'est pas conduit par la Crainte de la mort ; [...] il ne pense qu'à rien moins qu'à la mort ; mais sa sagesse est une méditation de la vie[1]. » Si je ne me trompe pas, ce que prétend indiquer Spinoza c'est que, dans la mort, il n'y a rien de *positif* à penser. Quand la mort nous angoisse, c'est à cause de ce qu'elle a de négatif, à cause des jouissances de la vie que nous perdrons avec elle dans le cas de notre propre mort, ou parce qu'elle nous privera des personnes que nous aimons dans le cas de la mort des autres ; quand nous la voyons avec soulagement (il n'est pas impossible, en certaines occasions, de considérer la mort comme un bien), c'est aussi négativement, du fait des douleurs et des soucis de la vie que sa venue nous épargnera. Crainte ou désirée, la mort est en soi pure négation, envers de la vie et, pour cette raison, elle nous renvoie toujours d'une manière ou d'une autre à la vie elle-même, comme le négatif d'une photo demande toujours à être tiré en positif pour être mieux vu. Ainsi la mort sert bien à nous faire penser, mais à nous faire penser la vie et non la mort. Comme une balle sur un fronton, la pensée éveillée par la mort rebondit contre la mort même et revient constamment frapper la vie.

---

1. Spinoza, *Éthique*, partie IV, prop. LXVII, traduction de Bernard Pautrat, Éditions du Seuil.

Plutôt que de fermer les yeux pour ne pas la voir ou de nous laisser aveugler par l'épouvante de la mort, ce qui nous est offert, c'est la possibilité mortelle de tenter de comprendre la vie. Mais comment pouvons-nous la comprendre ? Quel instrument utiliserons-nous pour nous mettre à penser la vie ?

Sujets de réflexion...

En quel sens la mort nous fait-elle réellement humains ? Y a-t-il quelque chose de plus personnel que la mort ? N'est-ce pas précisément penser que se rendre conscient de notre humanité personnelle ? La mort sert-elle de paradigme de la nécessité, y compris de la nécessité logique ? Les animaux sont-ils mortels au même sens que nous ? Pourquoi peut-on dire que la mort est intransférable *? En quel sens la mort est-elle toujours imminente, et ne dépend-elle pas de l'âge et des maladies ? Peut-il y avoir un lien entre les rêves et l'espérance d'immortalité ? Pourquoi Épicure dit-il que nous ne devons pas craindre la mort ? Et comment Lucrèce étaye-t-il cette argumentation ? Parviennent-ils effectivement à nous consoler, ou cherchent-ils seulement à nous donner la sérénité ? Y a-t-il quelque chose de positif dans le fait de penser à la mort ? Pourquoi la mort peut-elle nous éveiller à une pensée qui, ensuite, se concentrera sur la vie ?*

CHAPITRE DEUXIÈME

Les vérités de la raison

La mort, par son urgence, a éveillé mon envie de savoir des choses sur la vie. Je veux donner une réponse à mille questions sur moi-même, sur les autres, sur le monde qui nous entoure, sur tous les êtres vivants ou inanimés, sur comment vivre mieux : je me demande ce que signifie cette histoire dans laquelle je me vois embarqué – une histoire nécessairement *mortelle* – et comment je peux m'inscrire dedans. Toutes ces interrogations m'assaillent constamment ; j'essaye de les chasser, de m'en moquer, de m'étourdir pour ne pas penser, mais elles reviennent avec insistance après de brefs moments de trêve. Et heureusement qu'elles reviennent ! Car si elles ne revenaient pas, ce serait le signe que la nouvelle de ma mort n'a servi à rien d'autre qu'à me faire peur, qu'en un certain sens je suis déjà mort, que je suis tout juste capable de me cacher la tête sous les draps au lieu de me servir d'elle. Je veux savoir, je veux penser : ce qui équivaut à vouloir être véritablement vivant. Vivant *face à* la mort, et non stupide et anesthésié dans son attente.

J'ai donc de nombreuses questions concernant la vie. Mais il en est une qui les précède toutes, qui est fondamentale : comment répondre à ces questions, même de façon partielle ? La question qui précède toutes les autres est : comment répondrai-je aux questions que la vie me suggère ? Et si je ne peux pas répondre à celles-ci de façon convaincante, comment faire pour les *comprendre* mieux ? Mieux comprendre une question que l'on vous pose est déjà, parfois, presque une réponse. Je questionne sur ce que je ne sais pas, ce que je ne sais pas encore, ce que je n'arriverai peut-être jamais à savoir, et il arrive même que je ne sache pas tout à fait ce sur quoi je questionne. Bref, la première de toutes les questions à laquelle je dois tenter de répondre est celle-ci : comment parviendrai-je à savoir ce que je ne sais pas ? Ou encore : comment puis-je savoir ce qu'est ce que je veux savoir ? Qu'est-ce que je cherche en questionnant ? D'où peut me venir une réponse qui soit plus ou moins valable ?

Pour commencer, la question ne peut jamais naître de la pure ignorance. Si je ne savais rien ou si je ne croyais pas au moins savoir quelque chose, je ne pourrais même pas poser de questions. Je questionne en partant de ce que je sais ou crois savoir, parce que cela me paraît insuffisant ou douteux. Imaginons qu'il y ait sous mon lit, sans que je le sache, un trou plein de merveilles extraordinaires : comme je n'ai même pas l'idée d'une telle cachette, il est impossible que je me demande jamais combien de merveilles se trouvent là, en quoi elles consistent, ni pourquoi elles sont si merveilleuses. En revanche, je peux me demander de quoi sont faits les draps de mon lit, combien d'oreillers j'ai dessus, comment s'appelle le menuisier qui l'a fabriqué, quelle est la position la plus commode pour coucher dans ce lit et, peut-être, si je dois le partager avec quelqu'un ou y dormir seul. Je suis capable de me poser ces questions parce que je pars au moins de cette base que je suis dans un lit, avec des draps, des oreillers, etc. Peut-être même pourrais-je être pris d'un doute et me demander si je suis réellement dans un lit ou dans le ventre d'un crocodile géant qui m'a dévoré pendant mon sommeil. Tous ces doutes – suis-je dans un lit, ou comment est exactement ce lit – ne sont possibles que parce que je crois savoir approximativement ce qu'est un lit. Pour ce dont je ne sais absolument rien (comme le trou plein de merveilles qui pourrait être sous mon lit), je ne peux même pas émettre un doute ou poser des questions.

Ainsi, je dois d'abord soumettre à examen les connaissances que je crois avoir. Et à leur propos, je peux me poser au moins trois questions :

a) comment les ai-je obtenues ? (Comment suis-je arrivé à savoir ce que je sais ou crois savoir ?)
b) jusqu'à quel point suis-je sûr d'elles ?
c) comment puis-je les élargir, les améliorer, ou, en certains cas, les remplacer par d'autres plus fiables ?

Il y a des choses que je sais parce que d'autres me les ont dites. Par exemple, mes parents m'ont appris qu'il est bon de se laver les mains avant de manger, ou que mon lit a quatre coins et quatre anges pour les garder. J'ai appris que les billes en verre ont plus de valeur que les billes en terre parce que mes camarades de classe me l'ont dit dans la cour de récréation. Un ami bien informé m'a révélé dans l'adolescence que, quand on aborde deux filles, il faut s'adresser d'abord à la plus laide pour que la jolie s'intéresse à vous. Plus tard un autre ami, grand voyageur celui-là, m'a confié que le meilleur restaurant de la mythique New York s'appelle le *Four Seasons*. Et aujourd'hui j'ai lu dans le journal que le président russe Eltsine est très porté sur la vodka. La plus grande part de mes connaissances vient de sources du même genre.

Il y a d'autres choses que je sais pour les avoir étudiées. Des souvenirs confus de la géographie apprise dans mon enfance, je garde cette information que la capitale du Honduras porte le nom bizarre de Tegucigalpa. Mes études sommaires de géométrie m'ont convaincu que la ligne droite est la distance la plus courte d'un point à un autre et que les lignes parallèles ne se rejoignent qu'à l'infini. Je crois également me rappeler que la composition chimique de l'eau est H_2O. Je regrette de ne pas avoir été plus studieux, car j'aurais pu obtenir beaucoup plus de connaissances par cette méthode.

Mais je sais aussi beaucoup de choses par mon expérience personnelle. C'est ainsi, par exemple, que j'ai pu vérifier que le feu brûle et que l'eau mouille. Je peux également distinguer les différentes couleurs de l'arc-en-ciel, de sorte que quand quelqu'un dit « bleu », j'imagine un certain ton que j'ai souvent vu dans le ciel ou sur la mer. J'ai visité la place Saint-Marc à Venise et je sais, de ce fait, qu'elle est considérablement plus grande que ma chère place de la Constitution de mon Saint-Sébastien natal. Je sais ce qu'est la douleur car j'ai eu plusieurs coliques néphrétiques, la souffrance parce que j'ai vu mourir mon père, et le plaisir, qui m'a été révélé, un jour, par le baiser époustouflant d'une fille sur le quai d'une gare. Je connais la chaleur, le froid, la faim, la soif et beaucoup d'émotions, dont, pour certaines, je ne sais même pas le nom. Je conserve aussi l'expérience des changements qu'a produits en moi le passage de l'enfance à l'âge adulte, et d'autres plus alarmants que je subis en vieillissant. Par expérience, je sais également que quand je dors, j'ai des rêves, lesquels ressemblent étrangement aux visions et aux sensations qui m'assaillent quotidiennement quand je suis éveillé... De sorte que mon expérience m'a appris que je peux sentir, souffrir, avoir du plaisir, avoir de la peine, dormir et, éventuellement, rêver.

Mais, cela dit, jusqu'à quel point suis-je certain de toutes ces choses que je sais ? En effet, je ne crois pas à toutes avec le même degré de certitude, et toutes ne me paraissent pas également fiables. A bien y réfléchir, n'importe laquelle d'entre elles peut susciter en moi des doutes. Croire quelque chose uniquement parce que d'autres me l'ont dit n'est pas très prudent. Ils pourraient être eux-mêmes dans l'erreur ou vouloir me tromper : mes parents m'aimaient peut-être trop pour me dire toujours la vérité, mon ami voyageur ne s'y connaît peut-être pas en gastronomie ou le garçon bien informé n'a peut-être jamais été un expert en psychologie féminine... Et que dire des nouvelles que je lis dans les journaux ? Il suffit de comparer ce que publie l'un avec ce que racontent les autres pour mettre tout, ou presque, au conditionnel. Les matières qu'on nous enseigne, même si elles offrent de plus grandes garanties, ne sont pas non plus totalement fiables. Beaucoup des choses qu'on m'a enseignées dans ma jeunesse s'expliquent aujourd'hui d'une autre manière, même les capitales des pays changent d'un jour à l'autre (Tegucigalpa est-elle toujours la capitale du Honduras ?) et les sciences actuelles écartent de nombreuses théories des siècles passés : qui peut m'assurer que ce que j'ai tenu pour certain jusqu'aujourd'hui ne sera pas également écarté demain ? Même ce que je peux expérimenter personnellement n'est pas une source certaine de connaissance : quand j'introduis un bâton dans l'eau, il me semble le voir se plier sous la surface alors que le toucher dément cette impression, et je jurerais que le soleil tourne autour de la terre ou qu'il n'est pas plus gros qu'un ballon de football (si je me couche par terre, je peux le faire disparaître rien qu'en levant le pied !), alors que l'astronomie me donne là-dessus des informations très différentes. De plus j'ai été parfois la proie d'hallucinations et de mirages, particulièrement après avoir bu un coup de trop ou sous l'effet d'une grande fatigue...

Tout cela veut-il dire que je ne dois *jamais* me fier à ce qu'on me dit, à ce que je sais pour l'avoir étudié ou expérimenté ? Absolument pas. Mais il apparaît indispensable de réviser de temps à autre certaines choses que je crois savoir, de les comparer avec d'autres connaissances que j'ai, de les soumettre à un examen critique, d'en discuter avec d'autres personnes qui peuvent m'aider à mieux comprendre. Bref, de chercher des *arguments* pour les conserver ou les réfuter. Cet exercice qui consiste à chercher et à soupeser des arguments avant d'admettre pour bon ce que je crois savoir est ce que, en termes généraux, on appelle l'usage de la *raison.* Bien entendu, la raison n'est pas quelque chose de simple, elle n'a rien à voir avec une espèce de phare que nous aurions en nous et dont la lumière nous permettrait d'éclairer la réalité. Ce serait plutôt un ensemble d'habitudes déductives, de tâtonnements et de prudences, en partie dictés par l'expérience et en partie fondés sur les règles de la logique. La combinaison de tout cela constitue « une faculté capable – au moins partiellement – d'établir ou de capter les relations qui font que les choses dépendent les unes des autres et sont constituées en une forme déterminée, et non en une autre » (je plagie ici la définition – en la modifiant à ma façon – d'un philosophe du XVIIe siècle, Leibniz). Parfois, je peux parvenir à certaines certitudes rationnelles qui me serviront de critères pour fonder mes connaissances : par exemple, que deux choses égales à une troisième sont égales entre elles, ou qu'une chose ne peut à la fois avoir et ne pas avoir une certaine caractéristique (elle peut être blanche ou noire, blanc noir, grise, mais pas en même temps totalement noire et totalement blanche). Dans beaucoup d'autres cas, je dois me contenter d'établir rationnellement ce qui est le plus probable et le plus vraisemblable : compte tenu des nombreux témoignages convergents, je peux admettre qu'il y a des kangourous en Australie ; cela ne semble pas insensé d'accepter que l'appareil avec lequel je fais chauffer les pizzas dans la cuisine est un four à micro-ondes et non une soucoupe volante ; je peux avoir une certaine confiance dans le fait que mon concierge (qui s'appelle Juan comme hier, qui a le même aspect et la même voix qu'hier, qui me dit bonjour comme hier, etc.) est effectivement la même personne que celle que j'ai vue hier dans la loge. Mais même si je ne m'attends pas à ce qu'un quelconque événement vienne modifier ma croyance rationnelle dans les principes de la logique ou des mathématiques, je dois pourtant admettre – également par prudence rationnelle – que, dans d'autres domaines, ce qui est pour moi aujourd'hui vraisemblable ou encore probable peut toujours être sujet à révision...

De sorte que la raison n'est pas quelque chose que me disent les autres, ni le fruit de mes études ou de mon expérience, mais un procédé intellectuel critique que j'utilise pour mettre de l'ordre dans les nouvelles que je reçois, les études que je fais ou les expériences que j'ai, en acceptant certaines choses (au moins provisoirement, dans l'attente de meilleurs arguments) et en en écartant d'autres, en essayant toujours de relier les croyances entre elles avec une certaine harmonie. Et la première chose que la raison tente d'harmoniser est mon point de vue purement personnel avec un point de vue plus objectif ou intersubjectif, le point de vue à partir duquel n'importe quel autre être rationnel peut considérer la réalité. Si ma croyance s'appuie sur des arguments rationnels, ils ne peuvent pas n'être rationnels *que pour moi seul.* La caractéristique de la raison est qu'elle n'est jamais exclusivement *ma* raison. De là vient l'*universalité* essentielle de la raison, sur laquelle des grands philosophes tels que Platon ou Descartes ont toujours insisté. Cette universalité signifie, premièrement, que la raison est universelle en ce sens que tous les hommes la possèdent, y compris ceux qui s'en servent mal (entendons les plus idiots), de sorte qu'avec de l'attention et de la patience nous pourrions tous nous accorder, avec les mêmes arguments, sur certaines questions) ; et, deuxièmement, que la force de conviction des raisonnements est compréhensible pour tout le monde, dès lors qu'on est décidé à suivre la méthode rationnelle, de sorte que la raison peut servir d'arbitre pour régler beaucoup de disputes entre les hommes. Cette faculté (cet ensemble de facultés ?) appelée raison est précisément ce que tous les hommes ont en commun, et c'est sur elle que se fonde notre humanité partagée. Voilà pourquoi Socrate met en garde le jeune Phédon contre le danger de se laisser envahir par la haine des raisonnements, « comme certains deviennent misanthropes. Car il ne peut rien arriver de pire à quelqu'un que de prendre en haine les raisonnements » (*Phédon*, 89c-91b). Détester la raison, c'est détester l'humanité, tant la sienne propre que celle des autres, et l'attaquer de façon suicidaire, à l'instar d'un kamikaze...

L'objectif de la méthode rationnelle est d'établir la *vérité*, c'est-à-dire la plus grande concordance possible entre ce que nous croyons et ce qui est effectivement donné dans la réalité dont nous faisons partie. « Vérité » et « raison » partagent la même vocation universaliste, elles visent toutes deux à établir ce qui est valable tant pour moi-même que pour le reste de mes semblables, les humains. Le poète espagnol Antonio Machado l'a exprimé avec concision dans ces vers :

Ta vérité, non : la Vérité.
Et viens la chercher avec moi.
La tienne, garde-la pour toi.

Chercher la vérité par le moyen de l'examen rationnel de nos connaissances consiste à tenter de nous approcher davantage du réel : être rationnellement véridique devrait équivaloir à être le plus *réaliste* possible. Mais toutes les vérités ne sont pas du même genre, car la réalité embrasse des dimensions très diverses. Si je dis par exemple à ma fiancée « je suis ton petit pigeon qui t'aime à la folie » et à une rencontre de café « je suis ingénieur des Ponts et Chaussées », je peux, dans les deux cas, affirmer la vérité, même s'il n'y a pas beaucoup de pigeons qui aient réussi à devenir ingénieurs. Les cités médiévales avaient souvent à leurs portes une esplanade appelée « champ de la vérité » où se livraient les combats qui réglaient les offenses et les litiges : on supposait que le gagnant était en possession de la vérité, et l'on appelait cela l'ordalie ou jugement de Dieu. Eh bien ! l'une des premières missions de la raison est de délimiter les différents *champs de la vérité* qui se partagent la vérité dont nous faisons partie. Considérons par exemple le soleil : nous pouvons dire de lui qu'il est une étoile de magnitude moyenne, un dieu ou le roi du firmament. Chacune de ces affirmations correspond à un champ différent de la vérité, dans le premier cas l'astronomie, dans le deuxième la mythologie et dans le troisième l'expression poétique. Chacune dans son champ, les trois affirmations concernant le soleil sont raisonnablement vraies, mais le piège, ou l'illusion, vient du mélange des champs (en faisant passer la réponse appropriée à un champ dans un autre champ), ou pis, du fait de ne pas opérer de distinction entre les champs, de croire qu'il n'existe qu'un seul champ pour n'importe quel type de vérité. Il y a quelque temps, j'ai entendu un physicien, professeur à l'Université, expliquer à des journalistes, avec la meilleure volonté de vulgarisation, l'origine physique de l'univers par la théorie complexe du *big bang*. Impatient, un journaliste l'a interrompu : « D'accord, tout ça c'est très bien, mais... est-ce que le Dieu créateur existe, oui ou non ? » Voilà un cas flagrant de confusion entre des champs de vérité différents, parce que Dieu n'est pas un principe de la physique.

Les types de véracité à quoi l'on peut aspirer varient aussi selon les champs de la réalité que l'on prétend connaître. En mathématiques, par exemple, nous devons exiger l'*exactitude* dans les calculs, tandis que la *rigueur* dans les raisonnements est tout ce que nous pouvons attendre dans des questions éthiques ou politiques (Aristote le note avec bon sens au début de son *Éthique à Nicomaque*). Si nous sommes dans le domaine de la poésie, nous devrons essayer d'atteindre l'*expressivité* émotive (même s'il est bien plat de se proclamer le « petit pigeon » de sa bien-aimée !), ou une *vraisemblance* solidement fondée si nous tentons de comprendre ce qui s'est passé dans une période historique. Il y a des vérités purement conventionnelles (par exemple, on sait que le feu doit être appelé « feu », « *fire* » ou « *fuego* ») et d'autres qui viennent de nos impressions sensorielles (par exemple que le feu brûle, quelle que soit la langue dans laquelle on le désigne) : beaucoup de vérités conventionnelles changeront si nous changeons de pays, mais pas les autres. Parfois la fiabilité nécessaire et suffisante dans un champ de la vérité est impossible dans un autre, il peut être même intellectuellement nuisible de l'exiger là. En fin de compte, notre vie embrasse des formes de réalité très différentes, et la raison doit nous servir à passer convenablement des unes aux autres.

Ortega y Gasset a fait la distinction entre les *idées* et les *croyances* : sont des idées nos constructions intellectuelles – par exemple, la fonction phanérogame de certaines plantes ou la théorie de la relativité –, tandis que nos croyances sont constituées par ces certitudes que nous donnons pour évidentes au point de ne même plus penser à elles (celle, par exemple, qu'en sortant de chez nous, nous serons dans une rue connue et non dans un paysage lunaire, ou que l'autobus que nous voyons de face a deux autres roues à l'arrière). Nous *avons* telle ou telle idée, mais en revanche nous *sommes* dans telle ou telle croyance. Peut-être la tâche dérangeante de la philosophie est-elle de questionner de temps en temps nos croyances (d'où le malaise que nous causent souvent les interrogations philosophiques !) et de tenter de les remplacer par des idées dûment argumentées. C'est pourquoi Aristote a dit que le début de la philosophie est l'*étonnement*, c'est-à-dire la capacité de nous émerveiller devant ce que tout un chacun autour de nous considère comme évident et certain. Cependant, même le philosophe le plus entêté a besoin dans sa vie quotidienne de s'appuyer sur d'utiles croyances relevant du sens commun (ce qui ne veut pas dire pour autant qu'elles soient irréfutablement vraies !), sans les mettre constamment au conditionnel...

Fort bien : la raison nous sert à examiner nos connaissances supposées, à faire le tri pour sauver la part de vérité qu'elles contiennent et, sur cette base, à nous diriger par tâtonnements vers de nouvelles vérités. Nous passons ainsi de croyances traditionnelles, auxquelles nous ne prêtions presque pas attention, à d'autres rationnellement contrôlées. Mais qu'en est-il de la croyance en la raison elle-même, en ce que certains ont considéré comme « une vieille menteuse », comme disait Nietzsche de la grammaire ? Et la croyance en la vérité ? Ne pourrait-elle pas, elle aussi, être une illusion, sans rien de fiable, et source d'autres illusions pernicieuses ? Beaucoup de philosophes se sont posé ces questions : loin d'être tous des rationalistes purs et durs, c'est-à-dire des croyants en l'efficacité de la raison, nombreux sont ceux qui ont émis des doutes sérieux sur elle et sur la notion même de vérité qu'elle prétend atteindre. Certains sont *sceptiques*, c'est-à-dire qu'ils mettent en question ou nient carrément la capacité de la raison à établir des vérités définitives ; d'autres sont *relativistes*, c'est-à-dire qu'ils croient qu'il n'y a pas de vérités absolues, mais seulement des vérités relatives selon l'ethnie, le sexe, la position sociale ou les intérêts de chacun, et qu'aucune forme universelle de vérité ne peut donc être valable pour tous ; il y en a aussi qui méprisent la raison pour son cheminement laborieux, plein d'erreurs et de tâtonnements, et se déclarent partisans d'une forme de connaissance plus intuitive ou plus directe, qui ne déduise pas ou ne conclue pas la vérité, mais la découvre par *révélation* ou *vision* immédiate. Avant d'aller plus loin, nous devons considérer succinctement les objections de ces dissidents.

Commençons par le *scepticisme* qui met en doute toutes les connaissances humaines ; plus fort encore, il doute même de la capacité humaine à parvenir à une quelconque connaissance digne de ce nom. Pourquoi la raison ne peut-elle rendre compte, ni se rendre compte, de la réalité ? Supposons que nous soyons en train d'écouter une symphonie de Beethoven et qu'avec un papier et un crayon nous tentions de *dessiner* l'harmonie que nous entendons. Nous esquisserons divers tracés, peut-être en forme de pics quand la musique est plus intense et de lignes vers le bas quand elle s'adoucit, de cercles quand elle nous enveloppe agréablement et de dents-de-scie quand elle nous trouble, de petites fleurs pour indiquer qu'elle devient lyrique et de bottes militaires quand sonnent les cuivres, etc. Après quoi, très satisfaits, nous considérons que ce papier est la « vérité » de la symphonie. Mais qui sera capable d'appréhender réellement ce qu'est la symphonie sans autre aide que celle de ces gribouillages ? C'est peut-être de la même manière que la raison humaine échoue dans sa tentative de reproduire ou de capter la réalité, dont le registre est aussi éloigné d'elle que la musique l'est du dessin... Pour le sceptique, toute prétendue connaissance humaine est pour le moins douteuse et, en fin de compte, ne nous découvre que peu de chose ou rien de ce que nous prétendons savoir. Il n'y a pas de connaissance qui soit véritablement certaine ni simplement fiable quand on l'examine à fond.

La première réponse au scepticisme est évidente : le sceptique tient-il au moins pour certaine ou fiable sa croyance dans le scepticisme ? Dire « je sais seulement que je ne sais rien », n'est-ce pas admettre que l'on connaît au moins une vérité, celle de son non-savoir ? S'il n'y a pas de vérité, n'en découle-t-il pas au moins cette vérité qu'il n'y a pas de vérité ? Bref, on peut reprocher au scepticisme d'être en contradiction avec lui-même : si c'est la vérité que nous ne connaissons pas la vérité, cela veut dire que nous connaissons au moins une vérité... donc il n'est pas vrai que nous ne connaissons pas la vérité. (Le sceptique pourrait répondre à cette objection qu'il ne doute pas de la vérité, mais qu'il doute que nous puissions toujours la distinguer avec certitude du faux...) Autre contradiction : le sceptique peut donner de bons arguments contre la possibilité d'une connaissance rationnelle, mais, pour cela, il a besoin d'utiliser la raison argumentative : il lui faut raisonner pour nous convaincre (et pour se convaincre lui-même !) de ce que raisonner ne sert à rien. Ainsi, même pour rejeter la raison, il a besoin d'elle. Troisième doute à opposer au doute : nous pouvons soutenir que chacune de nos croyances est faillible (hier nous croyions que la Terre était plate, aujourd'hui qu'elle est ronde, et demain, qui sait ce que nous croirons ?), mais si nous nous trompons, nous devrons nous mettre d'accord sur ce que nous pourrions considérer comme certain, car s'il n'y a pas de possibilité de certitude – c'est-à-dire de connaissance véritable, même s'il n'y en a encore jamais eu –, il n'y a pas non plus de possibilité d'erreur. Le pire, dans le scepticisme, n'est pas qu'il nous empêche d'affirmer quelque chose de vrai, mais qu'il nous interdit même de rien dire de *faux*. Quatrième réfutation, grossière celle-là : celui qui ne croit à la vérité d'aucune de nos croyances ne devrait pas avoir trop de réticences à s'asseoir sur les rails dans l'attente du passage du prochain express, ou à sauter du septième étage, puisque la peur inspirée par de tels gestes peut se fonder sur de simples malentendus... Mais là, j'en conviens, c'est un coup bas.

Quoi qu'il en soit, le scepticisme met en évidence une question très inquiétante : comment est-il possible que nous connaissions quelque chose de la réalité, que ce soit un peu ou beaucoup ? Nous, les humains, avec nos grossiers moyens sensoriels et intellectuels... comment pouvons-nous arriver à appréhender ce qu'*est* vraiment la réalité ? Il est choquant qu'un simple mammifère puisse posséder une clef quelconque pour interpréter l'univers ! Le physicien Albert Einstein, peut-être le plus grand scientifique du XXe siècle, a dit un jour : « Ce qui est le plus incompréhensible dans la nature, c'est que nous puissions la comprendre au moins en partie. » Et Einstein ne doutait pas que nous la comprenions au moins en partie. A quoi est dû ce miracle ? Est-ce parce qu'il y a en nous une étincelle divine, parce que nous avons quelque chose des dieux, même si ce sont des dieux de série Z ? Mais ce n'est probablement pas notre parenté avec les dieux qui nous permet de connaître, c'est plutôt notre appartenance à cela même que nous aspirons à connaître : nous sommes capables – au moins partiellement – de comprendre la réalité parce que nous faisons partie d'elle, que nous sommes faits suivant les mêmes principes. Nos sens et notre esprit sont réels et, pour cette raison, parviennent à refléter plus ou moins bien le reste de la réalité.

La réponse la plus perspicace qui ait été donnée à ce jour au problème de la connaissance vient probablement d'Emmanuel Kant, à la fin du XVIIIe siècle, dans sa *Critique de la raison pure.* Pour Kant, ce que nous appelons « connaissance » est une combinaison entre tout ce qu'apporte la réalité, les formes de notre sensibilité, et les catégories de notre entendement. Nous ne pouvons appréhender les choses en elles-mêmes, mais seulement ce que nous en découvrons par le moyen de nos sens et de l'intelligence qui ordonne les faits proposés par eux. Ou encore, nous ne connaissons pas la réalité pure mais seulement comment est le réel *pour nous*. Notre connaissance est véritable, mais elle ne va pas au-delà de ce que nous permettent nos facultés. Dès lors que nous ne recevons pas d'information suffisante à travers les sens – qui sont chargés de fournir la matière première de notre connaissance –, nous ne pouvons rien *savoir* réellement et, quand la raison spécule dans le vide sur des absolus comme Dieu, l'âme, l'Univers, etc., elle s'embrouille dans des contradictions insolubles. La pensée est abstraite, ou disons qu'elle procède sur la base de *synthèses* successives à partir de nos données sensorielles : nous faisons la synthèse de toutes les villes que nous connaissons pour obtenir le concept de « ville » ou, à partir des mille formes imaginables de souffrance, nous arrivons à obtenir la notion de « douleur », en regroupant les traits intellectuellement marquants de cet ensemble disparate. Penser consiste donc à redescendre de la synthèse la plus élaborée aux faits particuliers concrets et jusqu'aux cas individuels, et *vice versa*, sans jamais perdre le contact avec les données de l'expérience ni nous limiter seulement à la dispersion accablante de leurs caractères anecdotiques. Une telle explication est déjà présente, d'une certaine manière, chez Aristote, et surtout chez Locke. Naturellement, la réponse de Kant est beaucoup plus complexe que ce que j'esquisse ici, mais ce qui est important dans sa tentative géniale est qu'il essaye de sauver *à la fois* les réserves du scepticisme et la réalité effective de nos connaissances, telles qu'elles se manifestent dans la science moderne qui, pour lui, était représentée par le grand Newton.

Le *relativisme*, lui aussi, met en cause le fait que nous soyons capables d'atteindre la vérité par le moyen des raisonnements. Comme nous l'avons déjà dit, il faut concilier, dans l'argumentation rationnelle, le point de vue subjectif et personnel avec ce qui est objectif ou universel (ce dernier point de vue étant celui de n'importe quel autre être humain dont nous dirions qu'il « a l'esprit ailleurs » pendant que je suis en train de raisonner). Or les relativistes considèrent qu'une telle chose est impossible et que, conditionné par ma subjectivité, je ne peux jamais prétendre à une quelconque objectivité universelle. Au moment de raisonner, chacun le fait en fonction de son ethnie, de son sexe, de sa classe sociale, de ses intérêts économiques ou politiques, et y compris de son caractère. Chaque culture a sa logique différente et chaque individu a sa manière de penser, ce qui forme sa personnalité propre, ce que l'on appelle l'idiosyncrasie, qui est intransférable. C'est pourquoi il y a autant de vérités que de cultures, de sexes, de classes sociales, d'intérêts... et de caractères individuels ! Ceux qui ne parlent pas de vérités mais de la vérité et sont d'accord avec les vers de Machado cités plus haut se voient attribuer par les relativistes des qualificatifs barbares : ethnocentriques, logocentriques, phallocentriques et, plus généralement, concentriquement tournés vers eux-mêmes ; c'est-à-dire des gens égarés ou abusés qui prennent leur point de vue personnel pour la perspective de la raison universelle.

Il est impossible (et il est sans doute nocif) de nier l'importance de nos conditionnements socioculturels ou psychologiques quand nous nous mettons à raisonner, mais... peut-on assurer qu'ils invalident totalement la portée universelle de certaines vérités obtenues à partir d'eux ou *malgré* eux ? Les succès scientifiques de la seule femme qui ait reçu deux prix Nobel, Marie Curie, sont-ils seulement valables pour les femmes et pas également pour les hommes ? Les Japonais du XXIe siècle doivent-ils ne pas accorder de valeur à la loi de la gravitation découverte au XVIIe siècle par un Anglais portant perruque, du nom de Newton ? Nos ancêtres de la Renaissance européenne se sont-ils trompés en changeant la numérotation romaine, si conforme à leur identité culturelle, contre les chiffres arabes beaucoup plus propres aux opérations ? Les indigènes du Pérou ont-ils utilisé une logique et une observation expérimentale très différentes des nôtres en découvrant les propriétés fébrifuges de la quinine plusieurs siècles avant les Européens ? Les analyses de Marx sur le prolétariat sont-elles invalidées du fait que lui-même appartenait à la petite bourgeoisie ? Martin Luther King aurait-il dû, parce qu'il était noir, renoncer à réclamer les mêmes droits pour tous, sous prétexte qu'ils ont été établis par les pères fondateurs de la Constitution des États-Unis, et que ceux-ci étaient tous blancs, sans exception ? Et enfin : est-ce une vérité rationnelle universelle et objective que de dire que les vérités universelles rationnellement objectives ne peuvent être atteintes par les humains ?

Il semble évident que le poids des conditionnements objectifs varie grandement suivant le « champ de la vérité » que nous avons à considérer : si nous parlons de mythologie, de gastronomie ou d'expression poétique, le poids de notre culture ou de notre idiosyncrasie personnelle est beaucoup plus déterminant que quand nous nous référons à des sciences de la nature ou aux principes de la société humaine. Dans tous les cas, pour déterminer jusqu'à quel point nos connaissances sont empreintes de subjectivisme, nous avons besoin d'un angle de vue objectif à partir duquel nous puissions les comparer les unes aux autres... et les comparer toutes à une certaine réalité qui est plus éloignée d'elles que la réalité à laquelle elles se réfèrent ! Bref, même si nous ne devons pas nous fier aux critères universels de raison et de vérité, nous avons besoin de quelque chose comme une raison et une vérité qui serve de critère universel. Il reste que l'apport le plus précieux du relativisme consiste à souligner l'impossibilité d'établir une source ultime et absolue dont proviendrait toute connaissance véritable. Et cela n'est pas dû aux insuffisances accidentelles de notre connaissance, auxquelles le progrès scientifique pourrait remédier, mais à la nature même de notre capacité à connaître. C'est probablement pour cela qu'un important théoricien du XXe siècle, Karl R. Popper, a insisté sur le fait qu'il n'existe aucun critère permettant d'établir que l'on a atteint la vérité, et qu'il faut s'en remettre à l'épistémologie pour un critère ultime et définitif de vérité (la notion tarskienne[1] de vérité). La seule chose qui soit à notre portée dans la majorité des cas est, selon Popper, de découvrir les *erreurs* successives qui existent dans nos énoncés et de nous débarrasser d'elles. De la sorte, la tâche de la raison serait plus négative (signaler les multiples méprises et inconsistances dans notre savoir) qu'affirmative (établir l'autorité définitive qui garantit toute vérité).

Soyons modestes : dire qu'une chose « est vraie » signifie qu'elle est « plus vraie » que d'autres affirmations concurrentes sur le même sujet, même si cela ne représente pas la vérité absolue. Par exemple, il est « vrai » que Christophe Colomb a découvert le continent américain en le révélant aux Européens (même s'il est avéré que des navigateurs vikings sont arrivés avant lui, mais sans donner la même publicité à leur exploit ni tenter la colonisation) et il est « vrai » que le vin de Bordeaux est plus sain que l'arsenic (encore que, bu en doses excessives, il puisse également être mortel et que l'on utilise l'arsenic en petites quantités dans la fabrication des médicaments). Etc. Comme l'a très bien résumé un autre grand philosophe contemporain, George Santayana : « La possession de la vérité absolue ne peut être qu'un accident et dépasse les esprits particuliers : elle est incompatible avec le fait d'être vivant, car elle exclut toute situation, organe, intérêt ou don-

1. La proposition du logicien Alfred Tarski pour qui, par exemple, l'énoncé « la neige est blanche » n'est vrai que si, et seulement si, la neige est blanche.

nées de recherche particuliers ; la vérité absolue ne peut être découverte, précisément parce qu'elle n'est pas une perspective. » Mais le fait que toute vérité que nous atteignons rationnellement réponde à une certaine perspective ne l'invalide pas comme vérité, cela l'identifie seulement comme « humaine ».

Reste le dernier groupe des adversaires de la raison (ou plutôt du raisonnement fondé sur des arguments), mais ceux-là ne le sont pas également de la vérité, comme dans les deux cas précédents. Au contraire, ils croient à la vérité, et même à la Vérité avec une majuscule, éternelle, rayonnante, une Vérité qui n'a rien à voir avec les constructions laborieuses qu'implique la connaissance humaine : bref, cette Vérité absolue et indiscutable ne nous doit rien. Ils ne pensent pas non plus que l'on puisse arriver à elle par la méthode rationnelle, pleine de difficultés et d'hésitations : ils croient qu'elle est une Vérité qui se *révèle* à nous, soit qu'elle nous soit découverte par des maîtres surhumains (dieux, ancêtres inspirés, etc.), soit qu'elle se manifeste sous une quelconque forme privilégiée de *vision*, ou encore qu'elle ne puisse être atteinte qu'au travers d'intuitions non rationnelles, sentiments, passions. etc. Il est curieux de noter que les tenants de ces raccourcis sublimes vers la connaissance ont l'habitude de stigmatiser « l'orgueil » des rationalistes (alors que la rationalité se caractérise précisément par l'humble méfiance de soi-même, d'où ses tâtonnements, ses délibérations laborieuses, ses recherches de preuves et de vérifications) ou de ridiculiser leur foi dans « la toute-puissance de la raison », absurdité irrationnelle en laquelle nul rationaliste sain d'esprit n'a jamais cru. Bien entendu, la Vérité ainsi révélée – la Vérité visionnaire – est irréfutable, puisque toute tentative de la mettre en question démontre précisément que l'incrédule est victime de l'absence de lumière nécessaire pour en jouir, soit parce qu'il est un impie face aux Maîtres, soit parce qu'il est devenu insensible aux émotions nécessaires à l'intuition de cette Vérité.

Et c'est pourtant là que se situe la principale objection que l'on peut leur faire. Car cette forme d'accession à la Vérité majuscule se présente comme un *privilège* réservé à quelques-uns : les autres, moins chanceux, ne peuvent le partager qu'en se soumettant intellectuellement aux initiés ou en restant dans l'attente d'une révélation identique. Mais, en aucun cas, ils ne peuvent répéter pour leur propre compte le chemin de la connaissance, qui se présente comme inexprimable et fulgurant. La Vérité ainsi atteinte doit être acceptée en bloc, sans être soumise à la procédure des doutes et des objections qui sont le fruit de l'exercice de la raison. La méthode rationnelle, en revanche, est totalement différente. D'abord, elle est ouverte à tous et ne fait pas de distinctions entre les personnes : dans le dialogue *Ménon*, Socrate démontre qu'un jeune esclave sans instruction peut, tout aussi bien qu'un autre, parvenir par ses propres déductions à progresser dans le champ de la géométrie. La raison n'exige rien de spécial pour fonctionner, ni foi, ni préparation spirituelle, ni pureté de l'âme ou des sentiments, ni appartenance à une lignée ou une ethnie déterminées : elle demande seulement à être *utilisée*. La révélation choisit quelques élus ; la raison peut être choisie par n'importe qui, par tout le monde. Elle est le bien commun de la condition humaine. On peut *feindre* une révélation sublime ou une intuition émotive, mais on ne peut pas feindre l'exercice de la raison, car n'importe qui peut le répéter avec nous ou à notre place : il n'y a pas de conclusion rationnelle si un autre (n'importe qui d'autre ayant la volonté de raisonner) n'est pas en mesure de suivre au moins notre raisonnement et de le partager ou d'en relever les erreurs. Face à ces véhicules privés, supposés être très rapides, mais qui, peut-être, ne bougent pas de là où ils sont, la raison est un service public intellectuel : un *omnibus*.

En ce sens, la raison n'est pas seulement un instrument de connaissance, mais elle a aussi de remarquables conséquences *politiques*. Le processus du raisonnement – arguments, faits, doutes, preuves, contre-preuves, questions sournoises, réfutations, etc.) – est emprunté à la méthode que nous suivons pour discuter avec nos semblables des sujets qui nous intéressent. C'est-à-dire que tout raisonnement est *social*, parce qu'il reproduit le procédé des questions et des réponses que nous employons pour débattre avec les autres. Telle est précisément l'origine de la raison, si nous en croyons Giorgio Colli : « Beaucoup de générations de dialecticiens ont élaboré en Grèce un système de la raison, du *logos*, comme phénomène vivant, concret, purement oral. Évidemment, le caractère oral de la discussion est essentiel : une discussion écrite, traduite en œuvre littéraire, comme celle que nous trouvons chez Platon, est un pâle substitut du phénomène originel, aussi bien parce qu'y manquent totalement la présence réelle des interlocuteurs, l'inflexion de leurs voix, l'expression de leurs regards, que parce qu'elle décrit une confrontation pensée par un homme et par lui seul : en sont absents l'arbitraire, la nouveauté, l'imprévu, qui peuvent seulement surgir de la rencontre verbale entre deux individus de chair et d'os[1]. » Raisonner ne s'apprend pas dans la solitude, mais s'invente dans la communication et l'affrontement avec ses semblables : toute raison est fondamentalement *conversation.* Les philosophes modernes semblent parfois oublier cet aspect essentiel de la question.

« Converser » n'est pas la même chose qu'écouter des sermons ou obéir à des voix qui commandent. On ne converse – et surtout on ne discute – qu'entre égaux. C'est pourquoi l'exercice philosophique du raisonnement naît en Grèce en même temps que les institutions politiques de la *démocratie*. Personne ne peut discuter avec Assurbanipal ou avec Néron, de même que personne ne peut converser ouvertement dans une société où existent des castes sociales inamovibles. Certes,

1. G. Colli, *La Naissance de la philosophie,* L'Aire.

la Grèce classique ne fut pas une société pleinement égalitaire (y en a-t-il jamais eu, y en aura-t-il un jour ?) et les femmes ou les esclaves n'avaient pas les mêmes droits de citoyenneté que les hommes libres : mais, dans *Le Banquet* de Platon, Diotime intervient comme interlocutrice et, dans *Ménon*, Socrate aide un esclave à raisonner. C'est que raisonner exige que l'on admette l'universalité humaine de la raison, que l'on n'exclue personne du dialogue où l'on argumente. De sorte qu'en Grèce la raison a été en avance sur le système social, de même qu'elle est toujours en avance sur les systèmes sociaux inégaux que nous connaissons, en tendant à la véritable communauté de tous les êtres pensants. En fin de compte, la disposition à philosopher consiste à être décidé à traiter les autres *comme s'ils étaient aussi des philosophes* : en leur donnant des raisons, en écoutant les leurs et en construisant la vérité, toujours sujette à caution, à partir de la confrontation des unes et des autres.

De nos jours s'est établie une version de la relation entre la capacité d'argumentation et l'égalité démocratique qui me semble erronée. On donne pour acquis que tout un chacun a le droit d'avoir ses propres opinions et que tenter de chercher la vérité (qui ne soit ni la vôtre ni la mienne) est une prétention dogmatique. Au fond, il n'y a pas de position plus antidémocratique que celle-là. La démocratie repose sur ce principe qu'il n'y a pas d'hommes qui soient nés pour commander et d'autres pour obéir, mais que nous naissons tous avec la capacité de penser et donc avec le droit politique d'intervenir dans la gestion de la communauté dont nous faisons partie. Mais, en revanche, pour que les citoyens puissent être politiquement égaux, il est indispensable que toutes les opinions ne soient pas égales : il doit y avoir un moyen de hiérarchiser les idées dans une société non hiérarchique, en privilégiant les plus appropriées et en écartant celles qui sont erronées ou nuisibles. Bref, en cherchant la vérité. Telle est précisément la mission de la raison dont nous partageons tous l'usage (jadis, c'étaient les dieux, la tradition, les souverains absolus, etc., qui établissaient les vérités sociales). Dans la société démocratique, les opinions de chacun ne sont pas des forteresses ou des châteaux où l'on s'enferme pour affirmer sa personnalité : « avoir » une opinion n'est pas « avoir » une propriété que personne n'a le droit de nous contester. Nous donnons notre opinion aux autres pour qu'ils en débattent et, selon le cas, l'acceptent ou la refusent, et pas simplement pour qu'ils sachent « où nous sommes et ce que nous sommes ». Et il est naturel que toutes les opinions ne soient pas également valables : ont le plus de valeur celles qui ont les meilleurs arguments en leur faveur et celles qui résistent le mieux à l'épreuve du feu du débat, face aux objections qui leur sont opposées.

Si nous ne voulons pas que ce soient les dieux ou certains hommes privilégiés qui usurpent l'autorité sociale (c'est-à-dire, qui décident quelle est la vérité qui convient à la communauté), nous n'avons pas d'autre choix que de nous soumettre à l'autorité de la raison comme voie d'accès à la vérité. Mais la raison n'est pas comme un arbitre semi-divin qui se tiendrait au-dessus de nous pour trancher nos disputes, elle fonctionne *à l'intérieur* de nous et *entre* nous. Non seulement nous devons être capables d'exercer la raison dans nos argumentations, mais nous devons aussi – et c'est là le plus important, et probablement le plus difficile – développer la capacité d'être *convaincus* par les raisons meilleures, quoi qu'il puisse nous en coûter. Celui qui ne sait se servir de la raison qu'en faveur de ses thèses et considère comme humiliant d'être persuadé par des raisons opposées ne respecte pas l'autorité démocratique de la raison. Il ne suffit pas d'être *rationnel*, c'est-à-dire d'appliquer des arguments rationnels à des choses ou à des faits, il est également indispensable d'être *raisonnable*, c'est-à-dire d'accueillir dans nos raisonnements le poids des arguments d'autres subjectivités qui s'expriment tout aussi rationnellement. Vue sous la perspective rationaliste, la vérité recherchée est toujours *résultat*, et non point de départ : et cette recherche inclut la conversation entre égaux, la polémique, le débat, la controverse. Pas comme affirmation de sa propre subjectivité, mais comme voie permettant d'atteindre une vérité objective à travers les multiples subjectivités. Si nous savons argumenter, mais ne savons pas nous laisser persuader, alors il faudra un chef, un Dieu ou un Grand Expert qui, finalement, décidera ce qu'est le vrai pour tout le monde. Nous devrons probablement revenir plus loin sur cette question du rationnel et du raisonnable.

Pour le moment, je crois que ce qui précède est suffisant. Récapitulons. Acculés par la mort, nous devons penser la vie. La penser, c'est-à-dire : mieux la connaître, mieux connaître son contenu et sa signification. Nous avons de multiples sources de connaissance, mais toutes doivent passer par le crible critique de la raison, qui vérifie, organise et cherche la cohérence dans ce que nous savons... même à titre provisoire. Mais la vie est pleine de questions. Par laquelle commencer, après nous être demandé comment y répondre ? La première de toutes peut bien être : qui suis-je ? Ou peut-être : que suis-je ?

Sujets de réflexion...

Quelle est la question préalable aux autres questions de la vie ? D'où nous vient ce que nous croyons savoir ? Pouvons-nous être à peu près sûrs de ces connaissances ? Qu'appelons-nous raison ? Quelle est la relation entre la raison et la vérité ? Quelle est la part de subjectivité et celle d'objectivité dans la raison ? Peut-on partager la raison et la vérité avec d'autres, voire avec tous ? Quels sont les arguments des sceptiques et comment peut-on leur répondre ? En quoi consiste le relativisme ? Si tout est relatif, le relativisme est-il lui aussi relatif ? Peut-on accéder à la Vérité sans utiliser la raison, par foi ou par intuition, voire par un élan du cœur ? Pourquoi ne peut-il y avoir de raison muette et qu'est-ce que « converser » a à voir avec « raisonner » ? La méthode rationnelle d'accéder à la vérité a-t-elle des implications politiques ? Suffit-il, pour utiliser correctement la raison, d'être rationnel, ou faut-il aussi être raisonnable ? Je peux être rationnel contre les autres, mais puis-je être raisonnable contre eux ? La démocratie consiste-t-elle dans le droit de défendre publiquement ses opinions ou dans l'obligation de les tenir toutes pour également valables ? Est-il irrationnel ou humiliant de se laisser convaincre par les arguments rationnels ?

CHAPITRE TROISIÈME

Moi en dedans, moi en dehors

C'est entendu : raisonnons autant que nous voulons... Mais pouvons-nous réellement être *sûrs* de quelque chose ? Les sceptiques purs et durs reviennent à la charge sans s'avouer vaincus (après tout, ce qui caractérise le bon sceptique, c'est qu'il ne s'avoue jamais vaincu... et encore moins convaincu !). Dans le chapitre précédent, nous avons tenté d'expliquer comment nous arrivons à étayer rationnellement certaines croyances, mais le sceptique radical – qui est peut-être tapi au fond de nous – continue à grogner. D'accord, objecte-t-il, vous vous contentez de savoir pourquoi vous croyez ce que vous croyez ; mais pouvez-vous m'expliquer pourquoi vous ne croyez pas ce que vous ne croyez pas ? Et si nous n'étions que des cerveaux flottant dans un bocal d'un quelconque liquide nutritif, soumis par des savants martiens impitoyables à une expérience virtuelle ? Et si les extraterrestres nous faisaient percevoir un monde qui n'existe pas, un monde inventé par eux pour nous tromper à coups de fausses associations logiques, de faux paysages, de fausses lois apparemment scientifiques ? Et s'ils nous avaient créés dans leur laboratoire il y a cinq minutes, avec les souvenirs fictifs d'une vie antérieure qui n'existe pas (comme chez les personnages du film *Blade Runner*) ? Aussi fantastique que soit cette hypothèse, il est néanmoins *possible* de l'imaginer et, si elle était juste, elle expliquerait également tout ce que nous croyons voir, entendre, toucher ou nous rappeler. Pouvons-nous alors être certains de quelque chose, si nous ne sommes même pas capables d'écarter la falsification universelle ?

René Descartes, le grand penseur du XVIIe siècle, est considéré à juste titre comme le fondateur de la philosophie moderne, précisément parce qu'il a été le premier à formuler un doute de cette ampleur et aussi parce qu'il a trouvé le moyen de le surmonter. Bien sûr, Descartes n'a pas parlé d'extraterrestres (beaucoup moins populaires à son époque qu'à la nôtre), ni de cerveaux conservés artificiellement dans des bocaux. En revanche, il a émis l'hypothèse que tout ce que nous considérons comme réel pourrait n'être en fait qu'un rêve – le philosophe français était plus ou moins le contemporain du dramaturge espagnol Calderón de la Barca, auteur de *La vie est un songe* – et que les choses que nous croyons percevoir, les événements qui semblent nous arriver sont seulement des produits de ce rêve. Un rêve total, sans fin, dans lequel nous rêvons que nous dormons et parfois aussi que nous nous réveillons (ne nous est-il jamais arrivé dans nos rêves de croire que nous nous réveillions et de rire de notre rêve précédent ?), un rêve plein de personnages rêvés et de paysages rêvés, dans lequel nous sommes rois ou mendiants, un rêve extraordinairement vivant... mais en fin de compte un rêve, et rien qu'un rêve. Non content de faire cette supposition alarmante, Descartes en a proposé une autre encore plus sinistre : nous sommes peut-être victimes d'un malin génie, une entité puissante comme un dieu et méchante comme un démon qui se consacrerait à nous tromper constamment, en nous faisant voir, toucher et sentir ce qui n'existe pas dans le seul but de s'amuser de nos erreurs constantes. Selon la première hypothèse, celle du rêve permanent, nous nous trompons tout seuls ; selon la seconde, celle du malin génie, quelqu'un de puissant (quelqu'un de semblable à un extraterrestre, encore que nous ne puissions pas l'appeler ainsi, la Terre elle-même étant une illusion !) nous leurre à dessein : dans les deux cas, nous nous tromperions irrémédiablement et nous prendrions *constamment* le faux pour le vrai.

Pour quelqu'un de normalement constitué, ces doutes gigantesques paraissent plutôt incongrus : Descartes ne serait-il pas un peu fou ? Comment faisons-nous pour rêver *toujours*, si la notion de rêve n'a de sens que par contraste avec les moments où nous sommes éveillés ? De plus, nous rêvons seulement de choses, de personnes ou de situations que nous avons connues dans nos périodes de veille : nous rêvons de la réalité parce que, périodiquement, nous sommes en contact avec des réalités non rêvées. Si nous étions toujours en train de rêver, ce serait la même chose que de ne jamais rêver. Et puis d'où Descartes sort-il son malin génie ? Si un tel dieu ou démon, se consacrant constamment à combiner une réalité cohérente pour nous, existe, pourquoi ne pas l'appeler lui-même « réalité », et mettre un point final ? Comment peut-il nous tromper si rien n'est jamais vrai ? S'il nous trompe tout le temps, en quoi son mensonge est-il différent de la vérité ? Et quelle différence y a-t-il entre connaître un monde réel dans lequel il y a beaucoup de choses et connaître beaucoup de choses fabriquées par un démon farceur, mais réel ?

Bien évidemment, Descartes n'était ni fou ni égaré par une imagination débordante. Comme tout bon philosophe, il ne voulait rien de plus (ni rien de moins !) que formuler des questions apparemment choquantes, mais destinées à explorer ce que nous considérons le plus évident, pour voir si c'est aussi évident que nous le croyons... à la manière d'un homme qui tire plusieurs fois sur la corde qui doit le porter avant d'y grimper en toute confiance. La corde semble solidement fixée, tout le monde nous dit de lui faire confiance, mais... c'est notre vie qui est en jeu, et le philosophe veut tout faire pour être bien assuré avant de commencer son escalade. Non, ce philosophe n'est ni un fou ni un excentrique (du moins dans la plupart des cas !) : il est juste un peu plus méfiant que les autres. Il entend savoir par lui-même et vérifier lui-même ce qu'il sait. C'est pourquoi Descartes a nommé « méthodique » son mode de douter : il essayait de trouver une *méthode* (mot qui, en grec, signifie « chemin ») pour avancer en confiance dans la connaissance de la réalité. Son scepticisme se voulait le commencement d'une recherche, non le refus de toute forme de recherche ou de connaissance.

Fort bien : supposons que tout ce que je crois savoir n'est rien d'autre qu'un rêve ou la fiction produite par un malin génie pour me tromper. Nc me reste-t-il alors aucune certitude sur laquelle je puisse tabler, malgré mes erreurs sans fin ? N'y a-t-il pas quelque chose qui resterait tellement certain que ni le rêve ni le génie ne pourraient le rendre faux ? Il est possible qu'il n'y ait pas d'arbres, pas de mers, pas d'étoiles, il est possible qu'il n'y ait pas d'autres êtres humains, il est possible que je n'aie ni le corps ni l'apparence physique que je crois avoir... mais je sais au moins une chose en toute certitude : j'existe. Que je me trompe ou que j'aie raison, je suis au moins sûr que j'existe. Si je doute, si je rêve, je dois indubitablement exister pour pouvoir rêver ou douter. Je peux être très trompé, mais, pour qu'on me trompe, il me faut *être.* « De sorte qu'après y avoir bien pensé – dit Descartes dans la deuxième de ses *Méditations métaphysiques* – et avoir soigneusement examiné toutes choses, enfin il faut conclure, et tenir pour constant que cette proposition : *Je suis, j'existe* est nécessairement vraie, toutes les fois que je la prononce, ou que je la conçois dans mon esprit. » *Cogito ergo sum :* je pense, donc je suis. Et quand il dit « je pense », Descartes se réfère non seulement à la faculté de raisonner, mais aussi à celle de douter, de se tromper, de rêver, de percevoir... à tout ce qui se passe mentalement en moi ou autour de moi. Tout peut n'être qu'illusions, tout sauf que j'existe, avec ou sans illusions. Si je dis « je vois un arbre devant moi », je peux être en train de rêver ou d'être trompé par un extraterrestre malicieux ; mais si j'affirme « je crois voir un arbre en face de moi et donc j'existe », je suis *obligatoirement* dans le vrai, aucun dieu ne peut me tromper là-dessus, il n'y a pas de rêve qui tienne. Désormais la corde est bien accrochée et je peux commencer à grimper.

Qui est, ou qu'est ce « je » dont il est impossible de nier l'existence ? Pour Descartes, il s'agit d'une *res cogitans*, une chose qui pense (en comprenant « penser » au sens large indiqué plus haut). Traduire le mot latin *res* par « chose » n'est probablement pas tout à fait adéquat, et peut-être serait-il préférable de le traduire par « quelque chose », ou même par « fait », au sens générique qu'il a également dans *res publica* (la chose publique, le fait public, l'État) : le moi est un quelque chose qui pense, un fait mental. Quoi qu'il en soit, c'est de là que sont venues, après Descartes, les objections les plus sérieuses à son affirmation. Pourquoi cette « chose qui pense », et qui donc existe, est-elle « moi », un sujet personnel exprimé par *je* ? Ne pourrions-nous pas dire simplement sur le mode impersonnel « il pense » ou « il existe » comme lorsque nous affirmons « il pleut » ou « il fait jour » ? Pourquoi ce qui pense et existe doit-il être une chose, un fait durable et stable, au lieu d'une succession d'impressions momentanées ? Les pensées existent, l'existence existe, mais... pourquoi Descartes appelle-t-il « je » ce sujet qui est supposé porter ces pensées et cette existence ? Je vois des arbres, j'éprouve des sensations, je raisonne et je calcule, je désire, je ressens la peur... mais je ne perçois jamais quelque chose qui puisse être appelé « je ».

Cent ans après Descartes, l'Écossais David Hume note dans son *Traité de la nature humaine* : « Pour ma part, quand je pénètre plus intimement en ce que j'appelle "moi-même", je me heurte toujours à telle ou telle perception particulière, de froid ou de chaleur, de lumière ou d'ombre, de douleur ou de plaisir. Je ne peux jamais capter un "moi-même" sans rencontrer en même temps une perception, et je ne peux jamais rien observer de plus que la perception. » Selon Hume, là aussi il y a un mirage, malgré les efforts de Descartes pour éviter d'être trompé. De même que je crois « voir » qu'un bâton est cassé quand je l'introduis dans l'eau – à cause de la réfraction de la lumière –, de même je crois « sentir » une substance ininterrompue et stable que j'appelle « je » à travers la succession d'impressions diverses que je reçois : comme j'éprouve constamment quelque chose, je crois qu'il y a un quelque chose qui est constamment en train d'éprouver et de sentir. Mais ce sujet personnel que Descartes donne comme étant à part, à l'écart – pardon pour cet affreux jeu de mots ! –, je ne le perçois jamais et il n'est donc qu'une illusion de plus.

Ou peut-être n'est-il pas une illusion, mais une exigence du langage dont nous nous servons ? Peut-être le mot « je » n'est-il pas le nom d'une chose, pensante ou non pensante, mais une sorte de *localisateur* verbal, comme les termes « ici » ou « maintenant » ? Car croyons-nous vraiment qu'il existe un endroit, fixe et stable, appelé « ici » ? Ou un moment particulier, identifiable entre tous et une fois pour toutes, appelé « maintenant » ? Dire « je pense, je perçois, j'existe », cela revient à assurer qu'« il est pensé, il est perçu, il est existé ici et maintenant ». Selon Kant, la formule « je pense » doit accompagner toutes mes représentations mentales, mais on pourrait dire la même chose d'« ici » et de « maintenant ». Je ne peux pas m'exprimer d'une autre manière et j'exprime certainement quelque chose en parlant ainsi, mais il est abusif de supposer que ces mots désignent une personne fixe, stable et durable. Dans ce cas, comme dans bien d'autres, philosopher revient peut-être à tenter d'éclaircir les confusions produites par le langage que nous employons. L'une d'elles est de supposer qu'à chaque mot doit correspondre dans le monde « quelque chose » de substantiel et de tangible, alors que beaucoup de mots ne désignent que des positions, des relations ou des principes abstraits. Une autre aberration linguistique consiste à considérer tous les verbes comme nommant des *actions* et donc à chercher dans chaque cas le sujet qui les réalise. Si je dis par exemple « j'existe », le verbe exister fonctionne dans mon imagination comme s'il indiquait un certain type d'action, de la même manière que quand je dis « je me promène » ou « je mange ». Et si « exister » n'avait absolument rien à voir avec une action, et n'avait donc pas besoin d'un sujet concret pour accomplir celle-ci ? Si « exister » fonctionnait plutôt comme « il fait jour » ou « il pleut », c'est-à-dire comme quelque chose qui *se passe* mais que personne ne *fait* ?

Il est probable qu'en posant comme irréfutable l'existence de son « je » (qui est aussi un « nous », n'en faisons pas un égoïste), Descartes pensait en fait à son *âme*. Bien entendu l'âme est une notion chargée de références religieuses – chrétiennes, certes, mais aussi antérieures au christianisme – fort respectables et intéressantes, encore qu'elles ne soient pas aussi indubitables que l'exigeait le philosophe français quand il cherchait à obtenir la certitude définitive par sa méthode dubitative. Alors même que Descartes tente de tout mettre en doute, il semble admettre d'emblée et sans plus de critique la notion d'« âme », ou « je » personnel, dont, pour être fidèle à sa propre méthode, il devrait pourtant douter. Les authentiques sceptiques diront que Descartes n'a pas été vraiment des leurs, qu'il n'a été qu'un faux sceptique trop intéressé à sortir du doute le plus vite possible... Pour Descartes, l'âme est une réalité séparée et totalement distincte du corps, qu'elle contrôle à partir d'un poste de commandement situé dans l'épiphyse (une glande adventice de notre système cérébral à laquelle on n'avait pas encore, à son époque, découvert une quelconque fonction physiologique concrète). Les neurologues et les psychiatres modernes sourient de cette hypothèse, mais leurs explications concernant la relation entre nos fonctions *mentales* et nos organes *physiques* ne sont pas non plus toujours claires ni tout à fait convaincantes. On peut se demander si les gens ordinaires, vous ou moi (vous dont chacun dit également « je » ou « moi »), ont véritablement renoncé à croire que nous sommes des « âmes » dans un sens assez semblable à celui qu'employait Descartes.

Revenons encore à la question du « moi ». Pouvons-nous l'expédier comme une simple erreur de langage ? Chacun de nous est convaincu qu'il possède une certaine identité, quelque chose de permanent qui perdure à travers le tourbillon de nos sensations, désirs et pensées. Je suis convaincu d'être *moi*, pour moi-même d'abord, mais aussi pour les autres. Je suis moi parce que je me maintiens dans le temps et parce que je me différencie des autres. Je crois être le même que celui que j'étais hier, et même le même que celui que j'étais il y a quarante ans ; mieux, je crois que je continuerai d'être moi tant que je vivrai, et, si la mort me préoccupe, c'est justement parce qu'elle signifiera la fin de mon moi. Mais comment puis-je être aussi sûr que je continue d'être le même que cet enfant de cinq ou de dix ans, tellement différent de mon moi actuel, tant au physique qu'au spirituel ? Serait-ce la *mémoire* qui expliquerait une telle continuité ? Pourtant j'ai oublié la majorité des sensations et des incidents de ma vie passée. Supposons que quelqu'un me montre une photo de moi prise il y a plusieurs dizaines d'années dans une fête enfantine dont je ne me souviens absolument pas. Je la vois et je dis avec attendrissement : « oui, c'est moi », malgré mon oubli radical : même si je ne me souviens de rien, je suis sûr qu'à l'époque je me *sentais* autant moi-même qu'aujourd'hui et que cette sensation ne s'est jamais interrompue. Je crois aussi être toujours resté moi pendant les nuits où je dors, bien que je me rappelle rarement ce que je rêve – et jamais longtemps –, ou même durant l'inconscience totale produite par l'anesthésie. A supposer qu'un accident me laisse complètement amnésique, incapable de rien me rappeler de ma vie passée, pas même ce qui m'est arrivé la veille, je continuerai probablement à penser – peut-être avec quelques doutes ? – que j'ai toujours été le « moi » que je suis aujourd'hui... bien que je ne m'en souvienne pas.

Le psychiatre Oliver Sacks, dans son livre *L'homme qui prenait sa femme pour un chapeau*, raconte le cas d'un de ses patients – un certain M. Thomson – dont la mémoire avait été détruite par le syndrome de Korsakov et qui passait son temps à se fabriquer frénétiquement de nouveaux passés. C'était sa façon de pouvoir continuer à se considérer « le même » à travers le temps, comme nous le faisons vous et moi. « Le même » veut dire que, même s'il est évident que nous changeons d'année en année, de jour en jour, quelque chose continue à rester stable sous les changements (pour qu'une chose change, il est nécessaire que, sous un certain aspect, elle continue d'être la même : sinon, au lieu de changer, elle se détruit et est remplacée par une autre). Mais combien de changements une chose peut-elle supporter pour que nous continuions de dire qu'elle est la même que celle qu'elle était, même transformée ? Si la lame d'un couteau est cassée et si je la change pour une autre, le couteau continue d'être le même ; il le sera aussi si je change le manche ; mais si je change à la fois la lame et le manche, j'aurai beau l'appeler toujours « mon » couteau, continuera-t-il d'être le même ? Et concernant l'avenir ? Comment puis-je être aussi fortement convaincu que je continuerai d'être « moi » demain et l'année prochaine, si je vis encore, malgré toutes les transformations qui peuvent me frapper, et même si la maladie d'Alzheimer détruit mes souvenirs et me fait oublier jusqu'à mon nom ou celui de mes enfants ? Et pourquoi suis-je si *préoccupé* par ce moi futur qui devrait si peu me ressembler ?

En défense du « je » cartésien, cependant, certaines objections peuvent être opposées à ceux qui pensent comme Hume. Le philosophe anglais dit que quand il entre dans son for intérieur pour chercher son moi (pour *se chercher* ?), il ne trouve que des perceptions et des sensations d'ordres divers : il se heurte à ce que contient la conscience, jamais à la conscience elle-même. Mais qui ou qu'est-ce qui réalise cet intéressant constat ? Il est certain que ni la sensation ni la perception ne sont la même chose que de constater que quelqu'un a une sensation ou une perception. Une chose est, par exemple, de sentir le froid, et une autre de *se rendre compte* que quelqu'un sent le froid[1], c'est-à-dire de classifier cette sensation désagréable, d'imaginer ses effets négatifs possibles, de lui chercher un remède rapide. Il y a en moi une sensation de froid et aussi quelque chose qui se rend compte que je sens cela (et pas autre chose), et qui le relie à tout ce que je me rappelle, désire ou crains, en d'autres termes à ma vie prise dans sa totalité. Ce que je sens ou perçois en ce moment précis n'est pas isolé, dégagé de toute référence à l'ensemble formé par mes autres souvenirs ou mes autres perspectives, mais s'inscrit plus ou moins structurellement parmi eux. Ce qui fait que je puisse appeler *miennes* mes sensations et mes perceptions, c'est bien l'adhésion particulière que je leur manifeste et aussi la nécessité de les prendre en compte en les associant à d'autres qui ne sont pas moins miennes. Si j'ai la sensation d'un mal aux dents, par exemple, je ne pourrai m'en désintéresser ou ignorer ses implications en disant : « Tiens ! il paraît qu'il y a par là un mal aux dents. J'espère qu'il n'est pas à moi ! » Bon gré mal gré, non seulement je le sentirai, mais je devrai le prendre en compte. Et cette prise en compte n'est pas, dans la majorité des cas, un simple réflexe mais bien une réflexion par laquelle je m'approprie ce qui m'arrive et le connecte au reste de mes expériences. Bref, non seulement j'ai conscience – comme n'importe quel autre animal –, mais j'ai aussi *conscience de ma conscience*, c'est-à-dire la capacité d'objectiver ce dont je suis conscient et de le situer dans une continuité où je me vois particulièrement engagé. Non seu-

1. Il y a, bien sûr, un sens de l'expression « se rendre compte » qui en fait l'équivalent du verbe « sentir » – c'est probablement le plus courant, également en philosophie –, mais je l'emploie ici au sens de : rendre explicites les connexions entre une expérience et les expériences antérieures.

lement je sens et je perçois, mais je peux me demander ce que je sens et perçois, de même que je peux chercher ce que *signifie* pour moi ce que je sens et perçois.

Le premier témoignage littéraire de cette réflexion dans notre tradition occidentale apparaît probablement à la fin de l'*Odyssée*, quand, après avoir longtemps erré, Ulysse arrive dans son palais d'Ithaque. A la vue des prétendants qui assiègent effrontément sa femme, mangent et boivent ses biens, Ulysse est pris d'une colère vengeresse. Mais il ne se lance pas imprudemment sur eux, il se contient en disant : « Patience, ô mon cœur ! » Cette brève recommandation que le héros s'adresse à lui-même, constatant et calmant à la fois la véhémence de sa colère, est peut-être le commencement de toute notre psychologie, la première marque culturellement attestée d'une conscience de soi-même, comme l'a fort bien indiqué Jacqueline de Romilly dans un beau livre qui a justement pour titre ces paroles d'Ulysse.

Ne serait-ce pas très proche de ce que désigne Descartes quand il parle d'un moi comme *res cogitans*, c'est-à-dire comme une chose pensante ou un ensemble de faits pensés, que je peux englober dans la formule « je suis, je pense » ? Et de ce qu'il nomme, peut-être abusivement, « âme », même si cette âme est quelque chose de plus insaisissable et suscite beaucoup plus d'interrogations que sa vision substantialiste ne le suppose ?

Quoi qu'il en soit, mon « moi » n'est pas seulement formé de ce for intérieur, mental, dont nous venons de parler. Cette dimension intérieure ou intime s'accompagne aussi d'une extériorisation du moi dans le monde du perçu, en dehors de l'enceinte de ce qui perçoit : mon *corps*. De même que je considère comme mienne ma conscience quels qu'en soient les lacunes, les oublis ou les interruptions inconscientes, de même je tiens mon corps pour mien, quelles que soient les transformations qu'il peut subir, perte de cheveux, d'ongles ou de dents, voire amputation d'organes et de membres. Mon petit corps d'enfant et mon corps d'adulte, grandi et vieilli, gardent toujours pour moi une continuité irréfutable qu'il n'est pas toujours facile d'expliquer, mais dont je ne doute pas, sauf pour me livrer à une expérience toute théorique... du genre de celles auxquelles se livre la philosophie. Dans ces conditions, qu'est-ce que mon corps ?

Supposons qu'un de ces extraterrestres dont nous avons déjà parlé (mais nous ne prêterons pas à celui-là de mauvaises intentions, seulement de la curiosité) vienne dans notre monde et se mette à nous étudier, vous ou moi. Il a devant lui un être vivant, peut-être même le considère-t-il comme intelligent (soyons optimistes !), mais l'une des premières questions qu'il se posera est : où commence et où finit cette créature ? La question n'est pas absurde : beaucoup de gens, quand ils voient un bernard-l'ermite dans sa coquille, ne savent pas si celle-ci fait partie ou non de la bestiole, et il n'est pas facile non plus de déterminer si le cocon d'une chrysalide doit être également assimilé à la chrysalide au même titre que l'animal qui a sécrété celle-ci. De même, l'extraterrestre peut croire que moi et ma maison ne faisons qu'un et que je finis à la porte de la rue, ou tout au moins que mon fauteuil favori et ma veste font partie de moi, ou que le cigare que je fume est un de mes appendices et que la fumée constitue mon haleine malodorante. Si vous avez une voiture et si vous passez la journée dans celle-ci, le Martien vous classera à coup sûr parmi les Terriens à quatre roues. Mais si le voyageur interplanétaire parvient à communiquer avec nous, nous lui expliquerons qu'il se trompe, que notre frontière est marquée par notre tissu cellulaire et que – même si nous aimons beaucoup nos affaires et notre appartement – notre moi vivant ne va pas plus loin que les limites de notre peau. C'est-à-dire de notre corps. Ce à quoi le Martien pourrait nous répondre :

« Très bien, mais, tout ça, comment êtes-vous parvenus à le savoir ? »

Lui répondre de façon adéquate n'est pas aussi évident qu'il n'y paraît. Nous pourrions lui expliquer que, quand je mentionne mon corps, je me réfère à ce qui est *toujours* avec moi, à la différence du reste de ce que je possède, car mes cheveux, mes ongles, mes dents, ma salive, mon urine, mon appendice, etc. sont des parties de mon corps qui m'appartiennent aussi, mais seulement de manière transitoire. A un moment donné, elles cessent d'être moi sans que je cesse d'être moi, tout comme le serpent se débarrasse au printemps de ce vieux vêtement qu'est sa peau usée. Nous ne pourrions pourtant pas assurer à notre fouineur interplanétaire que le corps est tout ce dont nous ne pouvons nous séparer si nous voulons rester vivants, puisqu'on doit parfois greffer un autre cœur à la place du mien pour que je ne meure pas et que certains malades dépendent des appareils de dialyse qui remplacent leurs reins, sans parler de l'air ou de la nourriture qui sont aussi indispensables à mon corps que les poumons et l'estomac et qui, pourtant, ne forment pas partie de mon moi.

Si c'était une femme enceinte qu'étudiait l'extraterrestre, le problème serait encore plus compliqué, car il n'est pas facile de décider si le fœtus est simplement une partie de son corps ou s'il en est distinct. Que de complications ! Le très perspicace Lichtenberg, à la fin du XVIIIe siècle, a dit dans un de ses aphorismes : « mon corps est la partie du monde que mes pensées peuvent modifier ». Une idée ingénieuse, car pour opérer la majorité des modifications de la réalité – déplacer un fauteuil, faire démarrer une voiture, changer de vêtement –, je dois opérer au travers de mon corps, alors que pour lever le bras, ouvrir la bouche, il me suffit de le désirer ou de le penser. Et pourtant, il ne semble pas que ce soit ma pensée qui me fasse respirer ou digérer, pas plus que ma volonté ne peut me rendre les dents ou les cheveux perdus... et encore moins modifier la couleur de ma peau ou mon sexe ! Les métamorphoses de Michael Jackson ou des transsexuels nécessitent des interventions externes pour être menées à bien. Franchement, satisfaire la curiosité de l'extraterrestre peut nous mettre dans une situation embarrassante...

Pourtant, ma conviction profonde est que je commence et finis avec mon corps, quelles que soient les complications théoriques que me vaut cette conviction. Il se peut que, voyant ma nervosité, l'aimable Martien me concède ce point pour ne pas me persécuter davantage ; alors qu'il pourrait pourtant très bien me poser la question à mille francs : « D'accord, vous commencez et finissez avec votre corps, mais... que dois-je comprendre ? Que vous *avez* un corps ou que vous *êtes* un corps ? » Pareille interrogation pourrait être une cause justifiée de guerre interplanétaire ! Descartes, qui supposait que l'âme est un esprit et le corps une sorte de machine (selon lui, les animaux – qui n'ont pas d'âme – sont de simples machines... qui ne peuvent même pas expérimenter la douleur ou le plaisir !), répondrait probablement à l'extraterrestre que moi – l'esprit – *j'ai* un corps et que je m'en arrange du mieux que je peux. Selon certaine vision populaire, nous sommes *au-dedans* de notre corps à la manière de fantômes enfermés dans des sortes de robots que nous devons diriger et faire évoluer. Il y a même des mystiques qui pensent que le corps est presque aussi mauvais qu'une prison et que, sans lui, nous évoluerions avec bien plus de légèreté. Dans la Grèce antique, les orphiques – fidèles d'une très ancienne religion mythologique – faisaient un sinistre jeu de mots : *soma* (corps) = *sema* (sépulcre). L'âme est enfermée dans un zombi, dans un cadavre vivant ! De sorte que la mort définitive du corps, qui laisse l'âme s'envoler librement (le mot grec pour âme, *psukhê*, signifie également « papillon »), est une authentique libération. C'est peut-être à cela que se réfère Socrate dans ses dernières paroles, telles que Platon nous les rapporte dans *Phédon*, quand il note que l'effet de la ciguë arrive déjà à son cœur et qu'il dit à ses disciples : « Nous devons un coq à Esculape. » C'était la coutume de sacrifier un animal à Esculape, dieu de la médecine, en signe de gratitude, lorsqu'on guérissait d'une maladie : Socrate pensait-il que le poison mortel était sur le point de le libérer de cette maladie de l'âme qui consiste à être affligée d'un corps ? La vérité, c'est qu'avec un individu doué d'une telle ironie, on ne peut jamais savoir...

Mais croyons-nous réellement être *installés* dans notre corps et nous être mis au volant comme on pilote un véhicule ? S'il en est ainsi, où nous situons-nous, dans quelle partie de notre corps ? Descartes a bien parlé de l'épiphyse, mais en fait presque personne ne sait où se trouve ce machin. Quand nous disons « moi », nous faisons souvent le geste d'indiquer notre poitrine, plus ou moins à la hauteur du cœur. Si nous réfléchissons un peu plus, nous arriverons peut-être à la conclusion que nous sommes dans notre tête, en un point situé au croisement de la ligne qui passe entre les deux yeux et de celle qui relie une oreille à l'autre par le sommet du crâne. Voilà pourquoi mon ami Rafael Sánchez Ferlioso – qui peut parfois être aussi ironique que Socrate – m'a expliqué un jour à propos du caractère particulièrement insupportable des maux de dents, otites et autres migraines : « S'ils sont si pénibles, c'est parce qu'ils sont *tout près* ! » Mais je ne connais personne qui soit convaincu, par exemple, d'habiter dans le gros orteil de son pied gauche. En général, ceux qui croient *avoir* un corps et être *au-dedans* de lui se réfèrent à un « dedans » qui n'est pas l'intérieur du sac corporel, plein d'organes, de veines et de muscles, mais à une intériorité différente, qui est dans toutes les parties du corps et dans aucune, dont seul le cerveau pourrait prétendre être le siège privilégié. De plus, si je ne suis pas mon corps, d'où suis-je venu pour arriver finalement au-dedans de lui ?

Il en est, en revanche, qui croient que nous n'*avons* pas mais que nous *sommes* notre corps. Aristote pensait que l'âme est la forme du corps, en entendant par « forme » non la figure extérieure, mais le principe vital qui nous fait exister. Et la neurobiologie moderne pense, presque unanimement, que les phénomènes mentaux de notre conscience sont produits par notre système nerveux, dont le centre d'opérations est le cerveau. De sorte que, quand nous parlons de « l'âme » ou de « l'esprit », nous nous référons à l'un des effets du fonctionnement corporel, de même que, lorsque nous parlons de la lumière que répand une ampoule, nous nous référons à un effet produit par l'ampoule et qui s'arrête quand celle-ci s'éteint... ou fond. Il serait naïf de croire que la lumière est à l'intérieur de l'ampoule comme quelque chose de distinct et de séparé de celle-ci, et encore plus naïf de nous demander où va la lumière quand l'ampoule s'éteint. Mais il semble aussi évident que la lumière de l'ampoule apporte quelque chose à cette ampoule et qu'elle a des propriétés distinctes des siennes : il n'y a pas de lumière sans ampoule, mais la lumière n'est pas la même chose que le verre de l'ampoule, ni que son filament, ni que le fil qui la raccorde au courant électrique, etc. Il serait pour le moins injuste de dire que la lumière *n'est rien d'autre* que l'ampoule ou la centrale électrique qui l'alimente. De la même manière, bien que la pensée soit produite par le cerveau, elle n'est pas pour autant assimilable, sans plus, au cerveau.

Cette attitude, qui consiste à assurer que quelque chose – la lumière, l'esprit... – « n'est que » l'ampoule ou le cerveau, est appelée *réductionnisme.* Certains réductionnistes seraient d'accord pour accepter que l'esprit (la lumière) est un état du cerveau (l'ampoule), c'est-à-dire que le premier est un « mode » dans lequel est le second. Il semble néanmoins qu'ils simplifient trop une réalité plus complexe.

Dans un roman de l'écrivain anglais Aldous Huxley, nous pouvons lire ces lignes : « L'air en vibration avait ébranlé le tympan de lord Edward ; la chaîne des osselets de l'oreille interne – marteau, enclume et étrier – se mit en mouvement en agitant la membrane de la fenêtre ovale et en déclenchant une tempête infinitésimale dans le labyrinthe. Les extrémités filamenteuses du nerf auditif tremblèrent comme des algues dans une mer agitée ; un grand nombre de miracles obscurs se produisirent dans le cerveau et lord Edward murmura, en extase : Bach[1] ! » Il ne fait aucun doute que lord Edward a perçu la musique grâce aux mécanismes de son oreille et aux terminaisons nerveuses de son cerveau ; s'il avait été sourd ou si on lui avait supprimé certaines zones du cortex cérébral, l'orchestre se serait escrimé en vain pour lui produire cet effet agréable. Mais le plaisir même de la musique qu'il entend, la capacité qu'il a de l'apprécier et d'en identifier l'auteur, la *signification* vitale que tout cela contient pour l'auditeur ne peuvent se réduire au simple mécanisme auditif et cérébral. Ce signifié n'aurait pu être donné sans ce mécanisme, il ne pourrait exister sans lui, mais il ne se réduit pas simplement à lui. De même que la lumière produite par l'ampoule n'est pas la même chose que l'ampoule, de même la jouissance musicale de Bach n'est pas la même chose que le système corporel qui capte les sons, même s'ils ne pourraient être donnés sans cette base matérielle. Parfois ce qui est produit a des qualités distinctes qui *émergent* à partir de ce qui le produit. C'est pourquoi Lucrèce, le grand matérialiste de l'Antiquité romaine, tout en étant convaincu que nous sommes un ensemble d'atomes assemblés de telle ou telle manière, indique que les atomes ne peuvent pas rire ou penser, mais nous si. Nous sommes un ensemble formé par des atomes matériels, mais cet ensemble a des propriétés qui sont absentes chez les atomes. Nous *sommes* notre corps, nous ne pouvons pas rire ou penser sans lui, mais le rire et la pensée ont des dimensions supplémentaires – spirituelles ? – que nous ne parviendrons à comprendre entièrement qu'en allant plus loin que les dimen-

1. A. Huxley, *Contrepoint*, Plon.

sions purement physiologiques qui rendent compte de leur indispensable fondement matériel.

Moi en dedans, moi en dehors. Je suis un corps dans un monde de corps, un objet entre les objets, et je me déplace, je me heurte ou je me frotte à eux ; mais aussi j'éprouve douleur et plaisir, je rêve, j'imagine, je calcule et je connais une aventure intime qui a *toujours* à voir avec le monde extérieur, mais qui ne figure pas dans le catalogue de l'extériorité. Car si quelqu'un pouvait noter dans un livre (ou mieux, un CD-rom) toutes les choses qui ont un volume et occupent une place dans la réalité, jusqu'au dernier de mes atomes y figurerait, au même titre que l'Amazone, les grands requins blancs et l'étoile Polaire... mais pas ce que j'ai rêvé la nuit dernière ou ce que je suis en train de penser en ce moment. De sorte qu'il y a deux manières de lire ma vie et ce que je suis : d'un côté – le côté du *dehors* –, on peut me juger par mon *fonctionnement*, en regardant si tous mes organes marchent comme il faut (de même que nous regardons le voyant lumineux d'un appareil ménager pour voir s'il est éteint ou allumé), en déterminant le niveau de mes capacités physiques ou de ma compétence professionnelle, en vérifiant si mon comportement est conforme à la loi ou si je commets des mauvaises actions, etc. ; de l'autre côté – celui du *dedans* –, je suis une *expérience* dont seul moi-même, dans mon intériorité, peux avoir une opinion en soupesant ce que j'ai et ce que je n'ai pas, en comparant ce que je veux et ce que je refuse, etc. Et, bien entendu, mon fonctionnement influe de manière décisive sur mon expérience, et *vice versa*.

Quant au vieux débat sur les relations entre mon âme – mais d'où peut venir l'âme, sinon du corps ? – et mon corps – mais puis-je appeler *mien* un corps sans âme ? –, peut-être devrions-nous délaisser un instant les philosophes pour recourir aux poètes :

L'âme revient au corps
gagne les yeux
et percute. Lumière ! Tout mon être
m'envahit. Éblouissement !

Jorge Guillén,
« Plus loin », dans *Cantique.*

Ainsi suis-je : envahi et possédé par tout mon être qui est autant le regard intérieur de l'âme que la lumière du monde, inséparables, indubitables. Est-ce celle-là, cette certitude que chercha le grand Descartes ?

Après avoir tenté d'explorer mon moi, ce que je suis, un autre doute m'assaille : y a-t-il quelqu'un au-dehors ? Suis-je seul ? Existe-t-il un autre « moi », à part le mien ? Bien sûr, je constate que je suis entouré d'êtres apparemment semblables à moi dont je ne connais que les manifestations extérieures, gestes, exclamations, etc. Comment puis-je savoir si eux aussi connaissent, par la souffrance ou le plaisir, une intériorité comme la mienne, si douleurs, plaisirs, rêves, pensées et significations existent aussi pour eux ? La question paraît arbitraire, voire folle – nous avons déjà eu l'occasion de voir que beaucoup de questions philosophiques ont une étrange allure en première instance ! –, mais il n'est nullement facile d'y répondre. Celui qui arrive à la conclusion qu'il n'y a dans le monde d'autre « moi » que le sien – puisque, de tous les autres, il ne connaît que les comportements et les apparences qui ne garantissent pas l'existence d'une vision intérieure comme la sienne – est appelé dans l'histoire de la philosophie un *solipsiste*. Et croyez bien que les solipsistes ont été nombreux, car il n'est pas facile de réfuter cette conviction extravagante. Après tout, comment arriver à savoir que les autres ont également un *esprit* comme le mien si, par définition, mon esprit est ce à quoi moi seul ai directement accès ? L'affaire est si grave que l'un des plus grands philosophes de notre siècle, l'Anglais Bertrand Russell, raconte qu'il a reçu un jour une lettre d'un solipsiste qui lui expliquait sa position théorique et s'étonnait de ce que, celle-ci étant irréfutable, il n'y ait pas plus de solipsistes dans le monde...

A mon point de vue, l'argument antisolipsiste le plus solide a été fourni par un autre grand penseur contemporain – qui fut d'ailleurs l'ami et le disciple de Russell –, l'Autrichien Ludwig Wittgenstein. Pour Wittgenstein, il ne peut y avoir un langage privé : toute langue humaine a besoin, pour être ce qu'elle est, de pouvoir être comprise par d'autres et a pour objet de partager avec eux le monde des significations. A l'intérieur de moi, dès que je commence à réfléchir sur moi-même, je trouve un langage sans lequel je ne saurais pas penser, ni même rêver : un langage que je n'ai pas inventé, un langage qui, comme tous les langages, doit être obligatoirement *public*, c'est-à-dire partagé avec d'autres êtres capables comme moi de comprendre des significations et de se servir de paroles. Des termes comme « je », « moi », « exister », « penser », « malin génie », etc., ne sont pas des produits spontanés d'un être isolé, mais des créations symboliques qui occupent une place dans l'histoire et la géographie humaines : dix siècles plus tôt ou sous une latitude différente, personne ne se serait posé les questions de Descartes. Par le moyen du langage qui donne forme à mon intériorité, je peux postuler – je *dois* postuler – l'existence d'autres intériorités entre lesquelles s'établit le lien révélateur de la parole. Je suis un « moi » parce que je peux me désigner ainsi face à un « toi » dans une langue qui permet ensuite au « toi » de parler depuis le lieu du « moi ». Établir le territoire des significations linguistiques partagées, c'est délimiter les frontières de l'humain : ne serait-ce pas justement là, dans l'humain, dans ce que je partage avec d'autres semblables capables de parler et donc de penser, que je pourrai trouver une meilleure réponse à la question : qui ou que suis-je ?

Sujets de réflexion...

Puis-je être réellement certain d'au moins une de mes connaissances ? Est-il imaginable que je me trouve perpétuellement en train de rêver ou que je sois trompé par quelque entité puissante et malintentionnée ? Pourquoi Descartes a-t-il avancé cette hypothèse et l'a-t-il considérée comme faisant partie d'un doute méthodique ? Était-il le plus grand des sceptiques ou le premier des investigateurs modernes, à la recherche de la certitude rationnelle ? Est-il hors de doute que « je » existe, ou seulement que « quelque chose » existe qui pourrait être impersonnel et fragmentaire ? Qu'était le « moi » pour Descartes ? Qu'entendait-il par res cogitans *? Le « moi » est-il une substance stable et personnelle, ou pourrait-il n'être seulement qu'un effet localisateur du langage ? Quand je pratique l'introspection, est-ce que je trouve, à un moment quelconque, un « moi » comme le croit Descartes, ou seulement des perceptions comme l'assure Hume ? Être conscient, est-ce la même chose qu'être conscient de soi ? Mon corps est-il seulement un esprit qui perçoit, ou a-t-il une prolongation dans le monde des objets perçus ? Vu du dehors, quelles sont les limites de mon « moi » ? Pourquoi dis-je que le corps est « mon » corps ? Suis-je mon corps, ou ai-je un corps ? Si l'âme a un corps mais n'est pas le corps, quel lieu occupe-t-elle en lui ? D'où est-elle venue en lui ? Si l'âme ou l'esprit est le cerveau, pouvons-nous dire que l'âme ou l'esprit n'est que le cerveau ? Bien qu'il n'y ait pas de conscience sans cerveau, le cerveau a-t-il les mêmes propriétés que la conscience ? Comment puis-je établir s'il y a dans le monde d'autres esprits semblables au mien ? Qu'est-ce que le solipsisme ? Pourrions-nous être tous solipsistes ? Est-ce moi qui ai inventé le langage que je trouve en moi ? Pourrait-il y avoir un langage pour mon usage personnel exclusif, sans référence à d'autres esprits semblables au mien ?*

CHAPITRE QUATRIÈME

L'animal symbolique

Les tâtonnements exploratoires à la recherche d'une quelconque connaissance certaine concernant mon moi, mon esprit et/ou mon corps m'ont apporté beaucoup plus de perplexités que de certitudes. Mais au moins mes quelques certitudes ont-elles cessé d'être de naïves routines irréfléchies, tandis que mes perplexités sont désormais des doutes philosophiques, c'est-à-dire suffisamment stimulants pour que je n'aie pas envie de m'en débarrasser au plus vite. Ce que je sais de plus certain à propos de moi est que je suis un être parlant, un être qui s'exprime (avec lui-même, pour commencer !), quelqu'un qui possède un langage et qui, de ce fait, doit avoir des semblables. Pourquoi ? Parce que je n'ai pas inventé le langage que je parle – il m'a été appris, inculqué – et parce que tout langage est public, qu'il sert à objectiver et à partager le subjectif, qu'il est nécessairement ouvert à la compréhension des êtres intelligents... faits à mon image et à ma ressemblance. Le langage est le certificat d'appartenance à mon espèce, le véritable code génétique de l'humanité.

Du calme, ne nous emballons pas, ne cherchons pas à *savoir* trop vite. Revenons encore une fois sur la question initiale (la philosophie avance de façon circulaire, en spirale, elle est toujours prête à retomber plusieurs fois sur les mêmes questions, mais en les prenant un tour plus haut) : que ou qui suis-je ? Essayons une autre réponse : je suis un être humain, un membre de l'espèce humaine. Ou, comme l'assure un dramaturge latin, Térence, « je suis humain et rien de ce qui est humain ne m'est étranger ». D'accord – provisoirement, bien entendu –, mais que signifie être humain ? En quoi consiste cet « humain » auquel je m'identifie ?

Quelque cinq cents ans avant J.-C., le grand tragique grec Sophocle fait figurer dans son *Antigone* une réflexion sur l'humain, dite par le chœur, qui mérite d'être citée intégralement :

Entre tant de merveilles, la plus grande merveille
c'est l'homme !
Il parcourt la mer qui moutonne
quand la tempête souffle du sud,
Il passe au milieu des houles hurlantes,
Et la mère souveraine des dieux, la Terre,
L'Impérissable, l'Inépuisable, une année après l'autre,
Il la tourne et la retourne au pas de ses chevaux
sous la charrue qui va et vient...
Le peuple oiseau à la tête légère,
Et les bêtes sauvages, et la faune marine,
Il les capture et les traîne dans les replis de ses filets,
Cet esprit plein de ruses.
Il prend à ses pièges les animaux errant
dans les prairies de la montagne,
Il empoigne les chevaux à la crinière
et les courbe sous le collier,
Il dompte le taureau des monts dans le plein de sa force.
Le langage, et les hautes pensées où souffle l'esprit,
et les lois et les mœurs,
Il s'est tout enseigné seul,
Comme à fuir les rigueurs de l'air,
– Gelées hostiles, flèches de la pluie.
Comprenant tout, jamais pris de court,
Il va son chemin. Seule la Mort
Ne le manquera pas ;
Et à des maux sans espoirs il a déjà trouvé remède.

Doué d'une industrie incroyable,
Tantôt il suit le mal, tantôt il suit le bien[1].

Dans cette célèbre description sont accumulés tous les traits distinctifs de l'espèce humaine : la capacité technique de contrôler les forces naturelles en les mettant à notre service (la navigation, l'agriculture, et nous ajouterions aujourd'hui les voyages interplanétaires, l'énergie électrique et nucléaire, la télévision, les ordinateurs, que sais-je encore ?) ; l'habileté à chasser ou à domestiquer la majorité des êtres vivants (même s'il se heurte encore à la résistance de certains microbes ou bactéries) ; la possession du langage et de la pensée rationnelle (Sophocle insiste sur le fait que le langage a été inventé par les humains eux-mêmes pour communiquer entre eux, il ne leur vient pas du dehors comme un cadeau de quelque divinité) ; l'intelligence pour se prémunir contre les inclémences climatiques (avec des habitations et des vêtements) ; la prévision de l'avenir et de ses menaces, en préparant les moyens d'y parer ; la guérison de nombreuses maladies (mais pas de la mort, car, là, nous n'avons pas d'échappatoire possible) ; et surtout la faculté d'utiliser en bien ou en mal tant de savoir-faire (ce qui suppose préalablement la disposition à distinguer le bien du mal dans les actions ou les intentions, de même que la capacité d'opter entre eux, c'est-à-dire : la liberté). Mais ce qui, peut-être, est véritablement le plus humain, c'est cet *émerveillement* du chœur sophocléen devant l'humain, ce mélange d'admiration, d'orgueil, de responsabilité et même de crainte que les exploits et les méfaits humains (Sophocle ne s'attarde pas ici sur ces derniers, il est vrai, mais n'oublions pas que le fragment s'insère dans la narration d'une terrible tragédie) éveillent chez les hommes. Le principal destin des humains semble être de s'émerveiller – pour le meilleur comme pour le pire ! – les uns les autres.

1. Sophocle, *Théâtre,* traduction de Robert Pignarre, Garnier.

Cette condition de l'homme, l'étonnement admiratif, a été également soulignée, sur un ton encore plus jubilatoire, dans l'*Oratio de hominis dignitate* (Discours sur la dignité de l'homme) composé au XVe siècle par le Florentin Pic de la Mirandole et considéré par certains comme une sorte de manifeste humaniste de la Renaissance. Mais Pic de la Mirandole ne confirme pas seulement le point de vue de Sophocle, il croit avoir trouvé l'authentique racine qui fait l'homme si prodigieux : « Finalement, j'ai cru comprendre pourquoi l'homme est le mieux loti des êtres animés, digne par conséquent de toute admiration, et quelle est en fin de compte cette noble condition qui lui est échue dans l'ordre de l'univers, où non seulement les bêtes pourraient l'envier, mais les astres, ainsi que les intelligences supramondaines. Chose incroyable et merveilleuse[1] ! » A quelle capacité prodigieuse l'humaniste enthousiaste se réfère-t-il ?

Le point de vue de Pic de la Mirandole est certainement original. Jusque-là, les philosophes assuraient que le mérite des humains provenait de notre condition rationnelle, de ce que nous sommes faits à l'image et à la ressemblance de Dieu, de ce que nous sommes capables de soumettre le reste des êtres vivants, et autres considérations du même genre. C'est-à-dire qu'ils exaltaient l'homme parce qu'il est *quelque chose de plus* que le reste du monde. Mais, pour Pic de la Mirandole, la dignité de notre condition nous vient de ce que nous sommes *quelque chose de moins* que les autres êtres créés. En effet, tout ce qui existe, de l'archange à la pierre – en passant par les bêtes plus ou moins intelligentes, les plantes, l'eau, le feu, etc. –, a sa place fixée par Dieu une fois pour toutes, en bas ou en haut, dans l'ordre de l'univers. Les choses de ce monde ne peuvent être que ce qu'elles sont, c'est-à-dire telles que

1. G. Pico Della Mirandola (dit Jean Pic de la Mirandole), *De la dignité de l'homme*, traduit du latin par Yves Hersant, Éditions de l'Éclat.

Dieu les a faites et a voulu qu'elles soient. Toutes les choses, tous les êtres sont ainsi fixés dès l'origine… sauf l'homme.

Après avoir terminé de disposer tout l'univers en ordre, le Créateur s'est adressé au premier homme – selon Pic de la Mirandole ! – en ces termes : « Si nous ne t'avons donné, Adam, aucune place déterminée, ni un aspect qui te soit propre, ni aucun don particulier, c'est afin que la place, l'aspect, les dons que toi-même aurais souhaités, tu les aies et les possèdes selon ton vœu, à ton idée. Pour les autres, leur nature définie est tenue en bride par des lois que nous avons prescrites ; toi, aucune restriction ne te bride, c'est ton propre jugement, auquel je t'ai confié, qui te permettra de définir ta nature. Si je t'ai mis dans le monde en position intermédiaire, c'est pour que de là tu examines plus à ton aise tout ce qui se trouve dans le monde alentour. Si nous ne t'avons fait ni céleste ni terrestre, ni mortel ni immortel, c'est afin que, doté pour ainsi dire du pouvoir arbitral et honorifique de te modeler et te façonner toi-même, tu te donnes la forme qui aurait eu ta préférence. Tu pourras dégénérer en formes inférieures, qui sont bestiales ; tu pourras, par décision de ton esprit, te régénérer en formes supérieures, qui sont divines. »

De sorte que ce qui est prodigieux chez l'homme, selon Pic de la Mirandole, c'est qu'il se maintient *ouvert* et *non déterminé* dans un univers où tout a sa place assignée et doit répondre sans excentricités à ce qui correspond à sa nature. Dieu a créé tout ce qui existe mais il a laissé l'homme, pour ainsi dire, à moitié créé : il lui a accordé la possibilité de terminer en lui l'œuvre divine, en se créant lui-même. Si bien que l'homme est aussi un peu Dieu, car il lui a été octroyé la faculté de créer, au moins appliquée à lui-même. Il peut faire mauvais usage de ce pouvoir discrétionnaire et retomber dans la condition du végétal ou du minéral ; mais il peut aussi se hisser jusqu'à l'angélique, voire jusqu'à l'immortalité. Il ne fait aucun doute que Pic de la Mirandole montre plus d'optimisme que Sophocle en ce qui concerne les capacités des humains ! Nous aurons l'occasion de revenir plus loin (dans les chapitres sixième et septième de ce livre) sur notre réflexion à propos de certains des problèmes que pose cette vision de l'humain par la Renaissance, une vision très volontariste, arrogante même, et en cela très *moderne*. Pour le moment, il nous suffira de relever ce que Pic de la Mirandole apportait de nouveau aux affirmations du chœur d'*Antigone*. Pour le tragique grec, ce qui est admirable dans l'homme – pour « admirable » il emploie un terme qui peut se lire aussi bien comme « merveilleux » que comme « impressionnant » ou « terrible » –, c'est ce que l'homme peut parvenir à *faire avec le monde*, que ce soit par la technique, l'astuce ou le langage rationnel ; mais l'humaniste florentin met au premier plan ce que l'homme peut *faire avec lui-même*, par l'exercice quasi divin de son libre-arbitre ou de sa volonté. Et notons au passage que pour Pic de la Mirandole la dignité de l'homme vient de ce qu'il est l'être le plus « heureux » ou « fortuné » de la création... chose que, évidemment, Sophocle ne se serait jamais risqué à affirmer !

Quoi qu'il en soit, il semble qu'on a toujours essayé de définir l'humain en l'opposant (et aussi en le comparant) à l'animal et au divin. Est humain celui qui n'est ni animal ni dieu. De nos jours, bien sûr, il est devenu tout à fait évident que nous ne sommes pas des dieux, en partie du fait de nos déficiences patentes, et en partie parce qu'on croit beaucoup moins aux dieux ou en Dieu qu'à d'autres époques. Mais, en revanche, on remet sérieusement en question cette certitude de ne pas être des animaux, on doute même que nous ne puissions être des animaux d'une sorte très particulière, différents des autres, comme nous aimerions le supposer. Qu'il existe des ressemblances entre les animaux et les êtres humains est une chose évidente, et le torrent d'éloquence qui a été déversé au cours des siècles pour bien démontrer que nous ne sommes *pas* des animaux en serait déjà, à lui seul, une preuve. Car personne ne s'est jamais démené de la sorte pour démontrer que nous ne sommes pas des pierres ou des plantes... Par ailleurs, dans les contes traditionnels de presque tous les pays, apparaissent des animaux qui sont présentés comme des exemples de toutes les qualités que les humains aimeraient posséder : courage, fidélité, prudence, astuce, etc. ; ainsi le taureau, le chien, le lynx, l'aigle. De même, on manifeste sa réprobation à l'encontre des vicieux en les insultant avec des noms d'animaux : on appelle l'ignorant un « âne », le sale ou le dépravé un « cochon », le lâche une « poule mouillée » et les ennemis des « chiens » ou des « rats ». Ces comparaisons positives ou négatives sont une manière de reconnaître des similitudes révélatrices (même si elles sont en grande partie imaginaires !), en même temps qu'elles expriment notre peur toujours latente d'être confondus avec les autres bêtes.

Cependant, depuis que Darwin a rendu publique sa théorie de l'évolution humaine à partir d'autres formes de vie animale, notre filiation zoologique est devenue une doctrine scientifique presque universellement respectée. Je dis « presque », car il y a encore des obstinés qui, pour des raisons religieuses, refusent d'assumer cette origine peu glorieuse. Il est curieux de constater que, dans la majorité des croyances religieuses, on trouve toujours un mélange d'humilité et d'orgueil : nous devons nous soumettre à Dieu, mais cette soumission nous relie à la divinité et nous *élève* au-dessus du reste des êtres naturels. A l'époque moderne, les humains ont dû accepter trois grandes humiliations théoriques, toutes trois liées à la science et toutes trois radicalement opposées aux dogmes religieux. La première s'est produite aux XVIe et XVIIe siècles, et est l'œuvre de Copernic, Kepler et Galilée : la Terre, la planète humaine, a quitté le centre de l'univers et perdu sa majestueuse immobilité pour se mettre à tourner autour du Soleil. La seconde a eu lieu au XIXe siècle : Darwin a démontré d'une manière suffisamment convaincante que notre espèce n'est qu'une espèce parmi d'autres dans l'ensemble des êtres vivants et que nous n'avons pas été créés directement par un

Dieu à son image et à sa ressemblance, mais que nous procédons, par des mutations hasardeuses, d'une longue série génétique de mammifères anthropoïdes. La troisième humiliation nous a été infligée à la fin du XIXe siècle et au début du XXe par Sigmund Freud, qui a transformé notre conscience ou âme en quelque chose de complexe et d'opaque, traversé par des pulsions inconscientes dont nous ne sommes pas maîtres. Dans les trois cas, nous avons perdu certains caractères *exceptionnels* qui faisaient notre orgueil et pour lesquels on avait cherché des fondements théologiques : chaque fois, nous ressemblons davantage à ce que nous ne voulons pas être...

Pourtant, même si nous acceptons aujourd'hui cette indéniable *continuité* entre l'animal et l'humain, les différences fondamentales qui justifient encore cet « émerveillement » devant l'homme, exprimé par le chœur de Sophocle et par Pic de la Mirandole, ne paraissent pas avoir été effacées pour autant. Comme nous l'indiquions dans le chapitre précédent, ce n'est pas pareil de dire que quelque chose – une capacité, un être – provient ou émerge d'un autre quelque chose – un processus physiologique, un anthropoïde – et d'assurer que les deux sont identiques, que le premier n'est *rien de plus* que le deuxième ou se réduit à lui. Que les êtres humains soient aussi des animaux et que, en tant qu'espèce, nous devions chercher nos parents chez les bêtes et non parmi les dieux ou les anges (nous ne sommes pas *tombés* du ciel, nous sommes *sortis* de la terre, comme l'indiquaient déjà certaines mythologies) n'empêche pas que nous constations des traits qui sont caractéristiques de l'humain et déterminent un authentique saut qualitatif par rapport à nos ancêtres zoologiques. Les relever avec précision est important (mais pas toujours facile !), non par désir de perpétuer ainsi quelques lambeaux de notre supériorité exceptionnelle du passé, aujourd'hui bien mal en point, mais pour arriver à comprendre, vaille que vaille, ce que nous sommes effectivement. De sorte que les questions seront désormais celles-ci : s'il n'est pas suffisant de nous classifier simplement comme des animaux, que sommes-nous *d'autre* ? Y a-t-il quelque chose qui distingue radicalement, en profondeur, l'animal humain des autres animaux ?

Traditionnellement, on a parlé de l'être humain comme d'un « animal *rationnel* ». C'est-à-dire la bête la plus intelligente de toutes. Il n'est pas facile de formuler de façon élémentaire ce que nous entendons par raison (bien que nous nous y soyons essayé dans le chapitre deuxième), d'une façon suffisamment large pour que les animaux ne s'en trouvent pas exclus dès le départ. Comme l'a très bien montré le philosophe anglais Roger Scruton, « les définitions de la raison et de la rationalité varient grandement ; elles varient tellement que, lorsqu'ils prétendent définir les différences entre hommes et animaux en termes de raison, les philosophes définissent en réalité la raison en termes de différences entre hommes et animaux[1] ». Disons, comme première approximation, que la raison est la capacité de trouver les moyens les plus efficaces pour parvenir aux fins que l'on se propose. En ce sens, il apparaît évident que les animaux ont leur propre raison et mettent en œuvre des stratégies intelligentes pour rester en vie et reproduire leur espèce. Naturellement aucun animal ne fabrique des bombes atomiques ni ne manipule des ordinateurs, mais est-cc par manque d'intelligence ou parce qu'il n'en a pas besoin ? Pouvons-nous dire que de faire seulement ce qui est indispensable pour vivre, sans chercher de plus grandes complications, est la preuve d'un manque d'intelligence ? Voilà donc une première différence entre l'intelligence des animaux et celle des êtres humains : chez les animaux, l'intelligence sert pour se procurer ce dont ils ont besoin ; chez les humains, en revanche, elle sert à se découvrir de nouveaux besoins. L'homme est un animal *insatisfait*, incapable de pourvoir à des besoins sans en voir d'autres pointer à

1. R. Scruton, *An Intelligent Person's Guide to Philosophy*, Londres, Duckwork.

l'horizon de sa vie. Pour le dire d'une autre manière : la raison animale cherche les meilleurs moyens d'atteindre certaines fins stables et déterminées, tandis que la raison humaine cherche des moyens d'arriver à des fins déterminées et *aussi* à des fins nouvelles, encore incertaines et indéterminées. C'était peut-être cette caractéristique que visait Pic de la Mirandole dans sa description de la dignité humaine...

Chez les animaux l'intelligence semble être exclusivement au service de leurs *instincts*, lesquels leur indiquent leurs besoins ou les finalités basiques de leur vie. C'est-à-dire que leur conduite répond seulement à un ensemble de situations qui reviennent périodiquement – nécessité de se nourrir, de s'accoupler, de se défendre, etc. –, dont l'importance relève de la vie de l'espèce et non du choix de chaque individu. L'intelligence au service des instincts fonctionne avec une grande efficacité, mais elle n'invente jamais rien de nouveau. Certes, des primates peuvent découvrir des trucs ingénieux pour obtenir leur nourriture ou se défendre de l'ennemi et ils arrivent même à les répandre dans leur groupe. Mais, fondamentalement, leurs efforts s'en tiennent toujours à la règle élémentaire de l'instinct. Les humains, en revanche, utilisent l'intelligence autant pour satisfaire leurs instincts que pour interpréter les nécessités instinctives sous des formes nouvelles : du besoin de nous nourrir nous passons à la diversité gastronomique, de l'accouplement nous arrivons à l'érotisme, de l'instinct de défense nous débouchons sur la guerre, etc. Chez les animaux prévalent l'espèce, le bénéfice de l'espèce, l'expérience génétiquement accumulée de l'espèce, tandis que les objectifs particuliers de l'individu ou son expérience privée comptent très peu ou pas du tout. Alors que les animaux semblent naître en en sachant beaucoup plus que ce qu'ils apprendront dans leur vie, on dirait que les humains ne savent presque rien au moment de leur naissance et apprennent presque tout. Pour marquer cette différence, certains parlent de « conduite » animale (prédéterminée) et de « comportement » humain (non déterminé, libre), encore que, probablement, de tels distinguos terminologiques ne soient pas vraiment éclairants.

Ce qui est certain, c'est que les animaux *réussissent* la plupart du temps là où ils ne sont pas devant des nouveautés trop importantes, alors que les humains tâtonnent et se trompent beaucoup plus, mais savent, en revanche, mieux répondre à des changements radicaux de circonstances. Si, chez un animal particulier, l'instinct de son espèce ne s'est pas suffisamment développé, il aura du mal à le remplacer par quelque chose qu'il aurait appris ou inventé lui-même. L'humoriste galicien Julio Camba en donne un exemple amusant quand il parle de la pêche au « lingueiron », un coquillage qui ressemble au couteau. Le lingueiron vit enterré dans le sable des plages, en ne laissant qu'un trou minuscule comme sortie de son terrier. Quand la marée monte, il sort du sable pour s'alimenter. On le pêche en déposant un grain de sel sur le trou sous lequel il attend, en lui faisant croire ainsi qu'il est déjà recouvert par l'eau de mer, ce qui déclenche son apparition. « Je suis arrivé, raconte Julio Camba, à déboussoler totalement un pauvre lingueiron, à force de le provoquer tous les jours avec mon grain de sel : quand la marée montait le malheureux croyait que c'était le grain de sel et, quand j'en mettais un, il se figurait que c'était la marée. Ayant perdu confiance en son instinct, cet infortuné lingueiron s'était presque transformé en être pensant, et, chaque fois, il avait tout faux[1]. » Plaisanterie mise à part, il est certain que – placé dans le cas difficile du lingueiron pour qui Camba fut une sorte de « malin génie » cartésien – un humain aurait *inventé* quelque chose pour vérifier la montée de la marée... ou se serait arrangé pour changer d'habitudes et de régime alimentaire.

1. J. Camba, *La Casa de Lúculo*, Madrid, Austral.

Jusqu'ici, nous avons comparé les animaux et les humains sous un angle plutôt anthropocentrique. Mais que disent ceux qui les considèrent les uns et les autres du point de vue zoologique ? Même si, cédant à notre goût bien connu des éloges que nous nous décernons à nous-mêmes, nous avons appelé notre espèce d'abord *Homo habilis* et ensuite *Homo sapiens*, ce ne sont ni notre habileté technique ni notre sagesse et notre science qu'ont retenues comme critères de différenciation ceux qui nous ont étudiés comme une variété de mammifères parmi d'autres. Après tout, il s'avère que nous partageons avec les chimpanzés quatre-vingt-dix et quelques pour cent de notre dotation en chromosomes ! En 1991, une équipe de primatologues (c'est-à-dire de spécialistes des primates) a établi une série de particularités qui distinguent les groupes humains de nos plus proches voisins zoologiques [1]. Le premier est que les humains adultes, qu'ils quittent ou non leur milieu familial et qu'ils soient mâles ou femelles, conservent tout au long de leur vie des liens affectifs avec leur parenté rapprochée. Les autres primates, eux, ne restent liés à leurs consanguins que dans la mesure où ils font partie du même groupe et seulement avec ceux qui sont du même sexe. Chez les autres primates, ou bien l'organisation sociale est fondée sur le couple monogame – c'est le cas des gibbons ou des orangs-outangs –, ou bien ils forment une bande dans laquelle toutes les femelles sont monopolisées par le mâle qui est le chef, comme chez les gorilles (l'unique exception est peut-être le fait des intelligents chimpanzés bonobos qui, à ce qu'on raconte, parviennent à mener une vie tribale en pratiquant une enviable promiscuité sexuelle). Mais seuls les humains associent la monogamie avec la vie en groupe, probablement parce qu'ils gardent des relations avec leurs enfants des deux sexes, même quand ceux-ci ont atteint la maturité. Ils établis-

1. Rodseth, Wrangham, Harrigan et Smuts, *Current Anthropology*, cités par Adam Kuper, dans *The Chosen Primate*, Harvard (Mass.), Harvard University Press.

sent également des relations de coopération à l'intérieur du groupe et de spécialisation dans la recherche des aliments, la défense, etc., inconnues chez les autres primates. Et surtout, le plus caractéristique est qu'ils sont les seuls capables de conserver des relations significatives avec ceux à qui ils se lient, y compris en leur absence, c'est-à-dire au-delà des limites effectives du groupe ou de la tribu. En un mot, ils sont capables de *se souvenir* socialement des autres même s'ils ne vivent plus avec eux.

Quelles conclusions pouvons-nous tirer de tout cela ? Il apparaît que les autres primates – et bien plus encore les autres animaux – vivent comme incrustés ou plongés dans le milieu de vie qui leur est propre (Georges Bataille, dans sa *Théorie de la religion*, dit qu'ils sont « comme l'eau dans l'eau »). Ils demeurent irrémédiablement collés à leurs semblables dont ils partagent la vie, et à l'objectif de leurs instincts, à ce qu'ils doivent chercher pour survivre et se reproduire. Ils ne sont pas capables de *se distancier* de ceux qui les entourent ni de ce qui fait partie des besoins de leur espèce. Ils forment un continuum avec ce qui leur est nécessaire et qu'ils convoitent, et même aussi avec ce qui les menace et qu'ils fuient : ils ne peuvent rien voir objectivement, en soi, tout est lié aux nécessités propres de l'espèce. Le biologiste Johannes von Uexküll disait que dans le monde d'une mouche nous ne trouvons que des « choses de mouche » et dans le monde de l'oursin que « des choses d'oursin ». En revanche, il apparaît que les humains ont la capacité de se distancier des choses, de se *décoller* biologiquement d'elles et de les appréhender comme des objets ayant leurs propres qualités, lesquelles n'ont très souvent rien à voir avec nos nécessités et nos peurs. C'est pour cela que certains philosophes contemporains (entre autres Max Scheler, dans un livre intéressant qui a eu une grande influence, *La Situation de l'homme dans le monde*) font la distinction entre le *milieu* dans lequel habitent les animaux et le *monde* dans lequel nous vivons (et dont nous essaierons de nous occuper davantage dans le prochain chapitre). Dans le milieu animal, rien n'est neutre, tout est pour ou contre ce qu'exige l'espèce pour se perpétuer ; dans le monde des humains, on trouve n'importe quelle chose, y compris ce qui n'a rien à voir avec nous, ou ce qui n'a plus rien à voir, ce que nous avons perdu, ce que nous n'avons pas encore eu. Mieux, la possibilité de voir les choses objectivement, comme réelles par elles-mêmes (un penseur espagnol contemporain, Xabier Zubiri, définit l'homme comme « animal de réalités »), s'étend à la capacité d'objectiver nos propres besoins et de réinterpréter les exigences biologiques de notre espèce... c'est-à-dire à la capacité de nous distancier de nous-mêmes ! Les humains peuvent étudier les choses du monde en elles-mêmes et notre propre condition objective comme élément du monde réel, alors qu'il ne semble pas qu'il puisse y avoir des animaux *zoologistes*...

Il existe dans certains zoos une section spéciale affectée aux animaux dont l'activité est nocturne. Dans des terrariums spécialement aménagés, on a recréé leurs conditions de vie et, par des jeux de lumière, on a interverti le temps réel, de manière à ce que les bêtes croient qu'il fait jour quand c'est la nuit et inversement. Les visiteurs peuvent ainsi observer les chauves-souris, les hiboux et autres êtres semblables en action. Dans un essai qui a acquis une certaine renommée, Thomas Nagel se demande « comment ce serait de se sentir une chauve-souris [1] ». Évidemment, ce qui intrigue Thomas Nagel n'est pas ce qu'il sentirait lui-même, ce que nous sentirions vous ou moi, qui sommes des humains, en volant très vite en aveugle et la bouche ouverte, en nous guidant à l'aide d'un sonar, en nous suspendant aux toits tête en bas et en nous nourrissant d'insectes. A cette question primaire, la réponse serait également évidente : nous nous sentirions *bizarres.* Mais

1. Dans *Cuestiones Morales,* Fondo de Cultura Ecónomica, Mexico.

cette bizarrerie proviendrait de ce que nous ne sommes *pas* des chauves-souris et que, pourtant, nous nous comporterions comme telles. Ce que Nagel se demande n'est pas ce que peut sentir un être humain transformé en chauve-souris, mais à quoi ressemble une chauve-souris... pour une chauve-souris ! (Nous pourrions de même nous demander, par exemple, ce qu'on ressent quand on est un lingueiron, surtout avant qu'arrive un Julio Camba et qu'il nous joue ses tours.) Il est impossible de donner une réponse à la question car, pour cela, nous devrions non seulement posséder les dons sensoriels particuliers des chauves-souris et des lingueirons, mais aussi partager le même milieu. Et nous avons beau vivre ensemble, nos milieux sont radicalement différents. Nous sommes *présents* dans leur milieu comme *interférences*, et cette présence se résume tout entière à la répulsion que nous pouvons leur causer ou à l'obstacle que nous pouvons constituer pour leur existence, tandis qu'ils occupent notre monde comme des êtres indépendants et donc étrangers aux réactions (peur, amusement) qu'ils suscitent chez nous. Dans tous les cas, ce qui est sûr, c'est qu'il nous serait impossible de reproduire dans un zoo imaginaire les conditions de vie de l'*Homo sapiens*, son milieu naturel. Notre milieu naturel est l'ensemble de tous les milieux, un monde fait avec tout ce qu'il y a, et aussi avec ce qu'il n'y a plus et ce qu'il n'y a pas encore. Un monde qui, en plus, change suivant le lieu. Le mode de vie, non seulement des chauves-souris et des lingueirons, mais des chimpanzés et des autres animaux qui nous ressemblent le plus, est essentiellement identique, même s'ils vivent séparés par des milliers de kilomètres ; mais quelques centaines de mètres suffisent pour changer de façon spectaculaire les comportements des groupes humains, bien que nous appartenions tous à la même espèce biologique. Pourquoi ?

Du fait, surtout, de l'existence du *langage*. Le langage humain (*n'importe quel* langage humain) est profondément différent de ce qu'on appelle les langages animaux, bien plus que ne l'est toute la physiologie humaine de celle des autres primates ou mammifères. C'est grâce aux langages que ces choses qui n'existent plus ou qui n'existent pas encore... et même qui ne peuvent pas exister comptent pour les humains. Ce qu'on appelle les langages animaux se réfère toujours aux finalités biologiques de l'espèce : la gazelle prévient ses semblables de la proximité du lion ou d'un incendie, les danses de l'abeille informent ses compagnes de ruche de la distance à laquelle se trouvent les fleurs qu'elles doivent butiner, etc. Mais le langage humain n'a pas un contenu préalablement défini, il sert pour parler de n'importe quel sujet – présent ou futur –, comme pour inventer des choses qui ne sont pas encore arrivées ou évoquer la possibilité ou l'impossibilité qu'elles arrivent. Les signifiés du langage humain sont des *abstractions*, non des objets matériels. Dans un de ses voyages imaginaires, le Gulliver de Jonathan Swift trouve un village dont les habitants veulent être tellement précis que, au lieu de parler, ils portent dans un sac toutes les choses auxquelles ils veulent se référer et les sortent devant les autres pour communiquer leur pensée. Procédé qui ne va pas sans poser des problèmes car, comme l'a signalé le grand linguiste contemporain Roman Jakobson, à supposer que quelqu'un qui veut parler de toutes les baleines du monde parvienne à transporter ces cétacés dans son sac, même ainsi, comment parviendra-t-il à dire qu'il s'agit de « toutes » les baleines ? Sur le terrain émotionnel, les difficultés ne sont pas moindres : l'antilope qui monte la garde dans un troupeau peut alerter les autres de la présence redoutable du lion, mais comment pourrait-elle leur dire, en l'absence du prédateur, qu'elle a peur des lions ou qu'elle croit que ce fauve n'est pas aussi terrible qu'on le dépeint ? Comment pourrait-elle leur faire la farce d'annoncer un lion qui n'existe pas, ou leur rappeler combien le lion de la semaine précédente semblait féroce ? Or ce type de réflexions forme une partie essentielle de ce que nous nommons le « monde » des humains.

Les langages que l'on nomme animaux (si différents du nôtre qu'il semble franchement abusif de les appeler également « langages ») envoient des avis ou des signaux utiles à la survie du groupe. Ils servent à dire ce qu'il y a à dire, tandis que la caractéristique du langage humain est qu'il sert à dire ce que nous *voulons* dire, quel qu'en soit le contenu. C'est précisément ce « vouloir dire » qui est essentiel dans notre langage. Quand nous entendons une phrase dans une langue inconnue, nous nous demandons *ce que ça veut dire.* Il se peut que nous ne sachions pas cette langue, mais nous savons très bien que ces sons et ces lettres écrites révèlent une volonté de communication qui la rend sœur de la langue que nous pratiquons nous-mêmes. Le fait de partager la possession d'un langage (d'un *vouloir dire* qui ne concerne pas seulement la vie immédiate, qui peut parler du possible et de l'impossible, de l'actuel, du passé ou du futur, qui peut même traiter du parler lui-même – comme nous le faisons ici et comme aucun autre animal ne peut le faire – et qui sert à faire valoir des arguments, alors que les animaux préviennent ou menacent, mais ne « discutent » pas), ce fait-là est le trait le plus spécifique de notre condition (avec celui de savoir que nous sommes mortels) : ce qui nous fait ressembler à n'importe quel autre être humain, à savoir cette capacité de parler, a beaucoup plus d'importance que ce qui nous en sépare, à savoir le fait d'utiliser des langues différentes.

Ce « vouloir dire » est décisif y compris dans l'apprentissage du langage lui-même. Les chercheurs qui ont essayé d'enseigner à des chimpanzés des rudiments de communication linguistique au moyen de cartons et de dessins (avec parfois des résultats intéressants, comme ceux qu'ont obtenus les Premack sur leur célèbre guenon Sarah) soulignent toujours le manque d'initiative des primates dans l'expression symbolique et leur absence d'intérêt pour ce qu'on les force laborieusement à apprendre. Ils parviennent à dire des choses *malgré eux-mêmes*, stimulés par des récompenses, mais sans montrer aucun goût personnel pour l'habileté ainsi acquise. Ce qui les intéresse n'est pas de communiquer, mais qu'on leur donne quelque chose pour qu'ils communiquent. Les enfants, en revanche, *se jettent* sur la possibilité de communiquer que leur ouvrent les paroles, ils n'apprennent pas d'une manière purement réceptive, mais participent activement et fougueusement à leur dressage verbal, comme s'ils débordaient déjà de choses à dire et n'attendaient pas de savoir comment les dire. A la différence d'apprendre à lire ou à écrire, aucun enfant ne *résiste* à apprendre à parler et l'on n'a pas à lui offrir de récompenses pour mener à bien ce qui, pourtant, n'est pas un petit exploit. Tout se passe comme si, dès le berceau, s'éveillait chez l'enfant l'*intention* de parler, qui fait précisément défaut chez les primates, si éveillés soient-ils.

On dirait que l'être humain a le projet de communiquer symboliquement avant même d'en avoir les moyens. Peut-être l'unique exemple qui aille relativement à l'encontre de ce constat est-il celui de l'enfant élevé parmi des animaux sauvages dans l'Aveyron, à qui un pédagogue du XVIIIe siècle, Jean Itard, essaya en vain d'apprendre à parler, ce qui peut indiquer que nous recevons notre première disposition à communiquer en grandissant parmi des humains. Rien ne manifeste mieux cet enthousiasme des enfants pour le langage, dès qu'ils connaissent le monde communicable que leur ouvre la parole, que les *erreurs* mêmes qu'ils commettent au cours de leur apprentissage, lesquelles ne démontrent pas un manque de mémoire ou d'attention, mais, au contraire, une véhémence spontanée qui devance ce qu'on leur enseigne trop lentement. Sanchez Ferlioso raconte que sa fille, quand elle était petite, dit en ouvrant une pomme gâtée par les vers qu'elle avait des « tuyaux ». Cette naïveté ne révèle pas une erreur grossière, mais une fulgurante association entre plusieurs sens qui cherche à se frayer un chemin pour s'exprimer tout de suite, court-circuitant la lenteur de l'apprentissage du vocabulaire...

Comme nous l'avons vu, la caractéristique du langage humain n'est pas de permettre d'exprimer des émotions subjectives – peur, colère, plaisir et autres sentiments qui peuvent aussi bien être manifestés par des gestes ou des attitudes, comme en est capable n'importe quel animal –, mais d'*objectiver* un monde communicable de réalités déterminées auquel les autres participent en même temps que nous. On dit parfois qu'une mimique ou un haussement d'épaules peuvent être plus expressifs que n'importe quel message verbal. Ils expriment peut-être mieux ce qui se passe en nous, mais ils ne communiquent jamais mieux ce qu'il y a à l'extérieur. La principale tâche du langage n'est pas de me révéler moi-même au monde, elle est de m'aider à comprendre le monde et à y participer.

Grâce au langage, les humains n'habitent pas simplement un milieu biologique, mais un monde de réalités indépendantes et significatives, y compris quand celles-ci ne sont pas effectivement présentes. Comme ce monde que nous habitons dépend du langage que nous parlons, certains linguistes (Edward Sapir et Benjamin L. Whorf sont les plus connus) ont supposé que chaque langue ouvre un monde différent, et certains relativistes actuels en ont déduit que chaque groupe de locuteurs à son propre univers, plus ou moins fermé à ceux qui ne connaissent pas sa langue. Mais il semble qu'ils exagèrent. L'anthropologue Rosch rapporte à ce sujet une expérience intéressante dans ses travaux sur les Dani de Nouvelle-Guinée. Ce peuple parle une langue dans laquelle il n'y a que deux termes pour désigner les couleurs : l'un nomme les tons intenses et chauds, l'autre les tons pâles et froids. Rosch les a soumis à un test, consistant à identifier quarante échantillons de teintes et d'intensités différentes, d'abord en nommant chacun, puis en recommençant à les identifier après un bref temps d'éloignement. Les Dani eurent beaucoup de mal à nommer chacune des nuances qui leur étaient proposées, mais ils n'eurent pas de difficultés, ensuite, quand il leur fut demandé de les reconnaître parmi les autres. C'est que le langage – tout langage, n'importe quelle langue – nous permet d'avoir un monde, mais, une fois celui-ci acquis, il ne le *ferme* pas aux nouveaux apports de nos sens et encore moins à la volonté de comprendre et de communiquer avec nos semblables. C'est pourquoi ce qu'il y a de plus humain dans une langue est que l'essentiel de ses contenus peut être traduit dans toutes les autres : il n'y a pas de « vouloir dire » sans *vouloir comprendre* et *se faire comprendre*...

Bien sûr, le langage humain est aussi entouré d'énigmes... comme tout ce qui nous intéresse vraiment ! La première énigme est l'*origine* même du langage. Si ce qui distingue les humains est la parole, comment sommes-nous arrivés à l'acquérir ? Les premiers humains ont-ils inventé le langage ? En ce cas, ils étaient déjà des humains avant de l'avoir, mais des humains sans langage, ce qui contredit tout ce que nous savons aujourd'hui sur notre espèce. Est-ce que ce sont des primates préhumains qui ont inventé le parler ? Mais comment ces animaux ont-ils pu développer un monde symbolique aussi éloigné de l'animalité en tant que telle, exploit qui semble requérir l'intelligence pleinement évoluée dont nous supposons justement qu'elle est issue de l'échange linguistique ? Bref, si c'est le langage qui nous fait humains, les humains n'ont pas pu inventer le langage... mais cela nous semble encore plus incroyable que d'autres animaux l'aient inventé, ou qu'il nous ait été enseigné par des extraterrestres arrivés voici des milliers d'années (comment ces extraterrestres ont-ils eux-mêmes commencé à parler ?) ou par des dieux amateurs de grammaire ! Le plus sensé est de supposer qu'il y a eu une interaction entre commencement du langage et commencement de l'humanité : certains cris semi-animaux ont été transformés en paroles et, *en même temps*, certains primates supérieurs se sont progressivement humanisés. Un facteur a agi sur l'autre, et *vice versa*. A la fin du XIXe siècle, le grand linguiste Otto Jespersen a supposé qu'il y a eu au début des exclamations émotives ou peut-être des phrases rythmiques, musicales, qui exprimaient des aspirations ou des sentiments collectifs (Jean-Jacques Rousseau avait suggéré quelque chose d'un peu semblable au XVIIIe siècle) : le pas décisif, dit Jespersen, a été quand « la communication a prévalu sur l'exclamation ». Il resterait encore à lui demander : « Et cela, comment est-ce arrivé ? Car c'est précisément ce que nous voudrions savoir... »

Quoi qu'il en soit, il en ressort qu'Ernst Cassirer – autre penseur contemporain important – avait raison quand il affirmait que « l'homme est *un animal symbolique*[1] ». Qu'est-ce qu'un symbole ? C'est un signe qui représente une idée, une émotion, un désir, une forme sociale. Et c'est un signe *conventionnel*, convenu entre eux par des membres de la société humaine, non un signal naturel indiquant l'existence d'autre chose, comme la fumée indique où il y a du feu ou comme des empreintes sur le sol précisent quelle bête sauvage est passée par là. Dans les symboles, les hommes se mettent d'accord pour évoquer ou communiquer quelque chose, c'est pourquoi ils doivent être *appris*, et c'est pourquoi aussi ils varient d'un lieu à l'autre (ce qui n'est pas le cas de signaux tels que la fumée ou les empreintes). Les mots ou les nombres sont les exemples les plus clairs de symboles, mais nullement les seuls. Certains êtres ou certains objets peuvent également être chargés par les hommes d'une valeur symbolique : l'arbre de Guernica, par exemple, est un végétal comme bien d'autres et il est en plus le symbole des *fueros*, les droits historiques du peuple basque ; la lumière verte et la lumière rouge d'un feu de croisement représentent l'autorisation de traverser la rue ou l'ordre d'attendre ; la défunte Lady Di s'est transformée en symbole du fait de diverses qualités, etc. N'importe quelle chose naturelle ou artificielle peut être un symbole si nous voulons qu'elle le soit, même s'il n'y a aucune relation appa-

1. Voir E. Cassirer, *Un essai sur l'homme*, Éditions de Minuit, 1975.

rente ni de parenté directe entre ce qui symbolise matériellement et ce qui est symbolisé : quelqu'un qui sait comment volent les flèches pourra peut-être en déduire qu'une flèche indique le chemin à suivre, mais personne ne sera capable de deviner tout seul que le noir est la couleur du deuil (de fait, dans certains pays orientaux, c'est le blanc) ou que « chien », « perro » et « dog » sont des noms communs qui désignent la même espèce animale. Les symboles ne se réfèrent qu'indirectement à la réalité physique et pourtant ils indiquent directement une réalité *mentale*, pensée, imaginée, chargée de sens, dans quoi les humains habitent exclusivement en tant qu'humains et non en tant que primates mieux ou moins doués que les autres. Les mythes, les religions, la science, l'art, la politique, l'histoire et bien sûr aussi la philosophie... tous sont des *systèmes symboliques*, fondés sur le système symbolique par excellence qu'est le langage. La vie elle-même à laquelle nous tenons tant ou la mort que nous craignons tant ne sont pas seulement des faits physiologiques, mais aussi des processus symboliques : c'est pour cela que certains sont prêts à sacrifier leur vie physique pour défendre leurs symboles vitaux et qu'il y a des morts symboliques que nous craignons encore davantage que la mort de notre corps. Comme l'a dit un poète, Stéphane Mallarmé, nous habitons une *forêt de symboles* : les forêts humaines par lesquelles nous errons sont faites de symboles.

Notre condition essentiellement symbolique est aussi la base de l'importance de l'*éducation* dans nos vies. Il y a des choses – par exemple que le feu brûle, que l'eau mouille – que nous pouvons apprendre par nous-mêmes, mais les symboles doivent nous être enseignés par d'autres humains, nos semblables. Peut-être est-ce pour cela que nous sommes les primates qui ont l'enfance la plus longue, car nous avons besoin de beaucoup de temps pour nous faire à tous ces symboles qui donneront ensuite forme à notre mode d'existence. En un certain sens, nous restons toujours des enfants, car nous ne cessons jamais d'apprendre des symboles nouveaux... Et le développement de l'imagination symbolique détermine notre manière de tout regarder, à tel point que, parfois, nous croyons découvrir des symboles même là où aucune convention humaine n'a pu les établir. Comme notre principale réalité est symbolique, il nous arrive d'éprouver la tentation de croire que *tout* le réel est symbolique, que toutes les choses se réfèrent à un signifié caché que nous pouvons tout juste entrevoir. Dans *Moby Dick*, le chef-d'œuvre de Herman Melville, quand un membre de l'équipage reproche au capitaine Achab de poursuivre la baleine blanche comme si elle était le Mal incarné, alors qu'il ne s'agit que d'une simple bête sans dessein rationnel, Achab répond : « Tous les objets visibles ne sont que des mannequins de carton, mais dans chaque événement... dans l'acte vivant... derrière le fait incontestable, quelque chose d'inconnu et qui raisonne se montre derrière le mannequin qui, lui, ne raisonne pas. Comment le prisonnier pourrait-il s'évader, atteindre l'air libre sans percer la muraille ? Pour moi, cette baleine blanche est cette muraille, tout près de moi. Parfois je crois qu'au-delà il n'y a rien. Mais tant pis. Ça me travaille, ça m'écrase ! » Aux oreilles sensées du quartier-maître Starbuck, ces mots trahissent la folie. Et là est le grand problème : pouvons-nous jamais arriver à savoir tout à fait ce qui est symbolique et ce qui ne l'est pas, jusqu'où va la convention, où s'arrête ce que le *signifié* a d'interprétable et où commence ce qui ne peut dépasser le stade de la simple description ou de l'explication ? Car bien délimiter ces champs c'est, pour nous, établir la différence entre le sensé et le dément ou l'halluciné.

Nous devrons revenir plus longuement sur la question que pose cet animal symbolique à l'étrange espèce duquel nous appartenons (en tenant pour acquis que toi, lecteur, tu es bien humain comme moi, ce que je déduis du fait que tu es en train de me lire). Mais peut-être serait-il bon auparavant de nous demander ce qu'est ce *monde* lui-même dans lequel nous vivons symboliquement. Après avoir tenté de répondre, en recourant au doute, aux questions « qui suis-je ?, qui sommes-nous ? », sur lesquelles nous aurons à revenir, passons pour un moment à d'autres interrogations : où sommes-nous ? comment sommes-nous arrivés là ? qu'est-ce que le monde ?

Sujets de réflexion...

Pourquoi le langage est-il la preuve que je ne suis pas l'unique être pensant qui existe ? Qu'est-ce que je veux dire quand j'affirme que j'appartiens à l'espèce humaine ? Qu'entend Sophocle en disant que l'homme est ce qu'il y a de plus admirable sur la terre ? L'homme lui semble-t-il seulement quelque chose d'extraordinaire ou également de terrible et de tragique ? Quelle est l'originalité de l'humanisme de Pic de la Mirandole ? L'homme est-il grand par ce qu'il a de plus ou par ce qu'il a de moins que les autres êtres vivants ? Les humains craignent-ils d'être confondus avec les animaux ? Quels sont les arguments qui démontrent notre parenté avec eux ? La zoologie suffit-elle pour comprendre l'humain ? En quoi notre intelligence diffère-t-elle de celle des autres animaux ? Sommes-nous plus malins qu'eux ? Sommes-nous plus satisfaits qu'eux de ce que nous obtenons ? Y a-t-il une différence entre « conduite » animale et « comportement » humain, entre habiter dans un « milieu » et avoir un « monde » ? Pouvons-nous avoir une idée de ce que c'est d'être une chauve-souris ou un lingueiron ? Si, dans le milieu animal, il n'y a que des êtres et des choses présents, y a-t-il dans le monde humain des êtres et des choses absents, les probables et les impossibles ? En quoi le langage humain se différencie-t-il des langages animaux ? Sont-ils tous également un « langage » au même sens du mot ? Pourquoi ce que les humains « veulent dire » est-il plus important que ce qu'ils disent ? Qu'est-ce qui caractérise l'apprentissage du langage par les enfants ? Pourquoi sommes-nous des « animaux symboli-

ques » ? Les symboles sont-ils naturels ou conventionnels ? « Symbole » est-il la même chose que « parole » ? Le langage sert-il à nous exprimer ou à communiquer ? Chaque langage a-il son monde propre, incompréhensible pour les autres ? Pouvons-nous croire que les symboles sont peut-être toutes les réalités qui existent dans le monde ?

CHAPITRE CINQUIÈME

L'univers et ce qui l'entoure

Il ne suffit pas à l'homme de faire partie de la réalité : il a besoin de savoir qu'il est dans un *monde* et se demande immédiatement comment est ce monde dans lequel il ne fait pas qu'habiter, mais dont il fait aussi partie. Car, en un certain sens, ce monde m'appartient (il est *mon* monde), mais je lui appartiens également, l'espèce humaine entière lui appartient et *en est issue* au même titre que n'importe quel autre de ses composants. Qu'est-ce qu'un « monde » ? Un environnement de sens, un cadre à l'intérieur de quoi tout garde une certaine relation et se manifeste sur un mode explicable. Pour commencer, l'idée de « monde » a plusieurs niveaux, du plus proche et apparemment banal au plus écrasant et cosmique. A l'étage du bas se trouve ce que chacun de nous appelle familièrement « mon monde » ou même « mon petit monde », c'est-à-dire le cercle de famille, le groupe d'amis, les lieux de travail et de loisirs, les endroits qui nous sont les plus habituels et que nous aimons le plus, le foyer. Un échelon plus haut se trouve mon milieu social et culturel, les gens qui sont « comme moi », même si je les connais à peine ou si je ne les connais pas du tout. En continuant à monter, je passe par mon pays, la communauté nationale à laquelle j'appartiens, l'aire internationale dans laquelle ma communauté s'intègre, l'humanité même, dont je partage la condition symbolique, le monde de l'humain. Puis, sortant du monde affectif, sociologique, spécifiquement humaniste, je passe à l'échelle planétaire : mon « monde » est cette Terre où nous naissons et mourons, la planète bleue avec ses mers et ses forêts où nous vivons avec bien d'autres êtres vivants et inanimés, ce que ce brave E. T. aurait appelé (s'il avait été « T. » et pas « E. T. ») avec émotion son « chez moi » ! Et plus loin encore, notre monde est le système solaire, déjà en partie visité par des explorateurs ou des instruments humains, et la Voie lactée où se situe notre Soleil. Ensuite le monde se poursuit, débordant dans le gigantesque, le lointain et l'inconnu, se charge de nouvelles étoiles, galaxies, nébuleuses, trous noirs, matière et antimatière... jusqu'à ce que, cessant d'être « monde », il devienne « univers » : le lieu dans lequel se trouvent tous les lieux, l'ensemble qui comprend tout ce qui existe, sur l'immense majorité de quoi nous ne savons rien de certain.

N'est-elle pas vertigineuse, cette succession de « mondes » dont chacun est à l'intérieur d'un autre plus vaste, comme les poupées russes et les boîtes chinoises ? De ma chambre, ou de la cafétéria où je prends mon petit déjeuner jusqu'aux confins des espaces sidéraux, dont le silence supposé effrayait Pascal, comme l'avouait ce penseur tourmenté du XVIIe siècle ! De mon « petit monde » à l'univers de tous et de tout ! Et, soit dit en passant, le plus remarquable dans cette succession de mondes est que les plus exigus et les plus petits sont ceux dont l'importance est pour moi la plus vitale. La fuite de gaz dans mon appartement ou le tremblement de terre dans mon pays m'inquiètent beaucoup plus que les conflagrations colossales des astres dont le rayonnement mettra des siècles à parvenir aux observatoires terrestres... s'il arrive un jour ! Mais, en dépit de cette perspective irrémédiablement provinciale, je reste aussi un être conscient de faire partie de l'Univers avec une majuscule. Et, non moins irrémédiablement, je me pose des questions sur lui : de quoi est-il fait ? Est-il fini ou infini ? Comment a-t-il commencé ? Finira-t-il un jour ? Était-il prévu que nous, les humains, et donc moi-même, apparaissions un jour dans un décor aussi fabuleux ? Etc., etc.

Les interrogations sur l'univers sont sans doute les premières que se sont formulées les philosophes les plus anciens (qui ne savaient même pas encore en quoi cela consistait d'être « philosophes » !). Ils n'ont sûrement pas commencé par se poser des questions sur leur « moi », comme nous dans ce petit livre coupablement moderne, et cela pour la même raison qui fait que les enfants commencent par demander combien d'eau contient la mer ou pourquoi les étoiles ne tombent pas, et jamais « qui suis-je ? ». La curiosité étonnée qui, selon Aristote, est le premier aiguillon qui fait philosopher, c'est le monde qui l'éveille, avant la question de savoir ce que je peux bien faire dedans. Dans les anciens temps, les explications de l'univers prenaient toujours la forme de *mythes* : les astres étaient des dieux, la Terre aussi, et les volcans, les mers ou les animaux avaient toujours pour origine des êtres fabuleux. Le tonnerre dans le ciel était un gong que faisait retentir un géant invisible... Ne croyons pas que de telles légendes, en réponse à des questions concrètes, indiquent seulement une regrettable superstition, incapable de raisonnement logique. Les divinités et les ancêtres mythiques représentent aussi des *idées*, dans les sens où Spinoza définit celles-ci dans ses *Pensées métaphysiques* : « Les idées ne sont autre chose que des narrations mentales de la nature. » Et de telles idées mythiques sont quelquefois profondes, très suggestives et certainement capables de nous aider à mieux prendre en compte ce que le monde signifie *mentalement* pour nous. Ce qu'ont fait les premiers philosophes, c'est d'échanger ces idées mythiques contre une autre forme de *narration mentale de la nature*. Leurs idées sont devenues moins anthropomorphiques et ont recouru à des éléments impersonnels pour expliquer la réalité. Lorsque Thalès de Milet a voulu montrer que la réalité universelle est fondamentalement humide et fluide, il n'a pas parlé d'Océan ou de Thétis – les divinités aquatiques –, mais il a dit que « tout est fait d'*eau* ». Une affirmation littéralement « démystificatrice » et aux conséquences révolutionnaires. Pourquoi ?

Pas, bien entendu, parce qu'elle était beaucoup plus vraie que les histoires racontées par les mythes. Si nous voulons nous montrer pointilleux, l'idée que le monde soit fait d'eau est aussi fausse que celle qu'il ait été fabriqué par Chaos, fils rebelle de Cronos, etc. D'ailleurs nous avons déjà dit dans le chapitre deuxième qu'il existe plusieurs champs de vérité, chacun étant acceptable à l'intérieur de ses propres limites. Mais, malgré tout, les idées philosophiques ont une série d'avantages sur les idées mythiques. D'abord, elles ne sont pas de simples répétitions d'une tradition, elles supposent un point de vue personnel sur ce qui existe : disons que les idées philosophiques ont une *signature*, que ce soit celle de Thalès, d'Héraclite ou d'Anaximandre. Deuxième point, elles recourent ordinairement à des éléments matériels non anthropomorphiques ou à des formes intellectuelles dépersonnalisées (l'Intelligence cosmique proposée par Anaxagoras est exempte d'amours et autres péripéties biographiques comme celles qui parlent d'Aphrodite ou de Zeus). Notons bien le paradoxe : les mythes sont anonymes, mais ils racontent le monde à travers des noms propres et des figures personnelles, tandis que les idées philosophiques sont impersonnelles (l'eau, le feu, l'*apeiron*, les atomes...), tout en étant liées à la personnalité de ceux qui les ont soutenues (Diogène Laërce a écrit sa *Vie des philosophes illustres* alors que personne ne sait rien de ceux qui ont inventé les mythes). D'où ce troisième point : la plus grande *objectivité* ou le plus grand *réalisme* de la philosophie, si nous entendons par là d'accepter que le monde n'est pas fait par des êtres qui nous ressemblent au moins par leur esprit, leurs passions et leurs occupations (même s'ils sont immortels et à l'échelle surhumaine), mais par des principes éloignés de tout ce qui est subjectif et qui ont peu de chose à voir avec les aspirations qui nous caractérisent. En quatrième lieu, les propositions philosophiques font toujours une distinction fondamentale entre les *apparences* fournies par les sens et la réalité qui sous-tend ces apparences, laquelle ne peut être découverte qu'en utilisant la raison ou en « écoutant le *logos* », comme disait le présocratique Héraclite.

Surtout et enfin, les mythes doivent être acceptés ou rejetés collectivement, mais n'admettent pas d'être *argumentés* ou discutés par ceux à qui ils sont destinés. On ne peut présenter d'objections à un mythe, il faut lui accorder un crédit sans limites. C'est pour cela que, en dehors de la communauté culturelle où ils naissent, ils apparaissent arbitraires ou absurdes. Le Grec qui parle de la déesse Gaia et le Babylonien qui conte l'histoire de Tiamat n'ont pas grand-chose à discuter entre eux. Tout juste peuvent-ils se demander mutuellement d'accepter que le monde grec provient de Gaia, tandis que le monde babylonien est issu de Tiamat, et s'en retourner tous les deux contents. Les idées philosophiques, elles, naissent de et pour la controverse. Dans leur majorité, les Grecs acceptaient l'idée d'un univers fini, mais Archytas de Tarente, contemporain de Platon, a formulé le doute suivant : « Si je me trouvais à la limite extrême du ciel, pourrais-je tendre la main ou un bâton à l'extérieur ? Il serait certainement absurde que je ne puisse pas le faire ; mais si j'y parviens, cela doit impliquer qu'il y a quelque chose à l'extérieur, que ce soit un corps ou un lieu. » De sorte que le fini doit être moins fini qu'il n'y paraît... Il serait ridicule de faire semblable reproche à un mythe (de même qu'il ne nous semble pas juste de reprocher à Cervantès les folies commises par don Quichotte), mais, en revanche, l'objection est parfaitement raisonnable quand il s'agit d'une idée philosophique ou scientifique, qui est là pour être discutée, non pour être révérée ou employée, sans plus.

Et peu importe que les personnes impliquées appartiennent à des communautés culturelles différentes, car « raisonner philosophiquement » consiste à tenter de tendre des ponts dialectiques entre ceux qui pensent autre chose d'une autre manière... mais *qui pensent.* Bertrand Russell raconte le cas d'un gourou indien qui était venu à Oxford pour donner une conférence sur l'univers. Il assurait que le monde est soutenu par un gros éléphant dont les pattes sont posées sur le dos d'une tortue géante. Une dame de l'assistance demanda sur quoi reposait la tortue et le savant expliqua qu'elle s'appuyait sur une araignée cyclopéenne. La dame insista en s'enquérant du support de l'araignée et le gourou – légèrement énervé – lui répliqua qu'elle se tenait fermement sur un rocher colossal. Naturellement la dame continua, elle voulut savoir sur quoi reposait cette grosse pierre et le savant exaspéré se mit à crier : « Madame, je vous assure que le rocher va *jusqu'en bas* ! » Le problème n'était pas que le gourou était indien et la dame indiscrète anglaise, mais que l'un parlait le langage du mythe (dans lequel on « narre » les choses, mais on ne les « pense » pas en les argumentant) et que l'autre avait une authentique et impertinente curiosité philosophique, si bien qu'ils sortirent tous les deux de la réunion de fort mauvaise humeur...

Les philosophes et les scientifiques se sont posé tout au long des siècles autant de questions sur l'univers (c'est-à-dire sur l'ensemble de la réalité, depuis celle qui nous est la plus proche et la plus connue jusqu'à la plus lointaine et la plus ignorée) que l'immensité du sujet le mérite. Certaines questions concrètes, par exemple la composition chimique de l'eau ou l'orbite de la Terre autour du Soleil, ont reçu des réponses suffisamment valables, mais d'autres, plus générales, demeurent ouvertes, malgré ce que veulent croire certains scientifiques aussi inconscients qu'optimistes. Je parle des questions *cosmologiques*, de celles qui tentent de dégager le quoi, le comment et le pourquoi de l'univers. Au risque de simplifier, j'en vois trois principales, encore que chacune des trois puisse se subdiviser en quantité d'autres :

a) Qu'est-ce que l'univers ?
b) L'univers a-t-il un ordre ou une finalité quelconque ?
c) Quelle est l'origine de l'univers ?

a) Qu'est-ce que l'univers ? Pour répondre à cette question, il faudrait commencer par éclaircir ce que nous entendons par « univers ». Disons qu'il y a deux sens à ce terme, l'un *heavy* et l'autre plutôt *light*. Suivant le premier sens, l'univers est une totalité nettement dessinée et distincte de l'addition de ses différentes parties, à propos desquelles il reste à se poser des interrogations spécifiques. Suivant le second, il n'est que le nom que nous donnons à l'ensemble ou à la réunion indéterminée de tout ce qui existe, une sorte d'abréviation sémantique pour désigner l'accumulation innombrable et sans fin de choses grandes et petites, sans constituer pour autant une entité particulière sur quoi nous puissions théoriser aisément. Le premier concept d'univers est celui qui semble rencontrer notre plus grande adhésion intuitive : s'il existe des parties ou des éléments, il semble impossible qu'il n'y ait pas un tout défini dans lequel, d'une manière ou d'une autre, ces parties ou ces éléments trouvent place. La majorité des philosophes grecs ont cru à un univers de ce type, un grand Objet dont tous les autres objets ne sont que des composants et reçoivent de lui leur coordination. Naturellement, pour eux, un tel objet devait être *fini* (pouvons-nous imaginer un objet infini ? Et s'il est infini, comment pouvons-nous savoir qu'il est *un* ? Ou comment une telle infinitude pourrait-elle servir à coordonner entre elles, de façon intelligible, les parties finies ?), mais d'une finitude qui aurait cette particularité de ne rien laisser à l'extérieur d'elle-même. C'est ce paradoxe de la finitude sans extérieur qu'Archytas de Tarente a voulu souligner en sortant – en imagination – la main à l'extérieur de l'univers, comme s'il voulait savoir s'il pleuvait ou non... hors du cosmos ! Car si nous acceptons intuitivement que tous les objets doivent être finis, alors nous devons aussi accepter que tous les objets ont un extérieur. S'il y a un objet qui n'a pas d'extérieur, pourquoi disons-nous qu'il est fini ? S'il n'est pas fini, pourquoi disons-nous qu'il est un objet ?

La difficulté qui se présente ici – la même que celle qui s'est présentée aux Grecs puis à tous leurs héritiers intellectuels – est liée à la tendance à formuler sur l'immensité les mêmes questions que celles qui ont un sens à une échelle plus réduite... et peut-être seulement à cette échelle-là. Par exemple : nous savons que chaque chose occupe une place et donc nous pouvons avoir la tentation de nous demander : « Quelle place occupe alors l'ensemble de toutes les choses ? » Nous savons qu'un film commencera à une heure déterminée et s'arrête un certain nombre de minutes plus tard, ce qui nous conduit à supposer que l'univers – qui est sûrement une superproduction meilleure qu'*Autant en emporte le vent* – a dû, lui aussi, commencer à un moment déterminé et devra s'arrêter à un autre. Mais, comme l'a observé Bertrand Russell, même si chaque être humain a une mère, cela n'autorise pas à supposer que l'humanité entière, elle aussi, soit obligée d'avoir une mère.

Nous voyons que tous les objets que nous connaissons sont formés de parties, et qu'eux-mêmes sont des parties d'objets plus grands (pierres, terre et végétation forment une montagne, laquelle est à son tour intégrée à une chaîne, laquelle est une part d'un continent, qui à son tour fait partie de notre planète, etc.), ce qui nous permet de supposer de façon plausible un objet colossal formé de tous les objets existants ou à venir. Et sur cet objet, nous commençons à nous poser les mêmes questions que celles que nous avons l'habitude de formuler sur les choses qui nous entourent, mais avec des résultats profondément déconcertants. A commencer par les difficultés que nous rencontrons quand nous essayons de concevoir cet objet, qu'il soit fini ou qu'il soit infini, difficultés que Kant a étudiées avec pertinence à la fin de sa *Critique de la raison pure*.

Et si une chose telle que cette superchose-univers n'existait pas ? Et s'il n'y avait que des choses, d'innombrables choses qui se suivent les unes les autres, s'assemblent et se séparent, finissent et commencent, mais aucune grande Chose formée de toutes les choses ? Pourquoi, alors, ressentons-nous cette quasi-nécessité de croire en une telle chose universelle ? Le poète portugais Fernando Pessoa, qui fut aussi philosophe, avance une explication qui vaut la peine d'être prise en compte : « La matière est constituée d'*objets*, de choses... La conscience ne l'est pas. Seul ce que l'on peut appeler l'*ensemble* de la conscience est "réel" ; dans la matière, l'ensemble n'est pas réel, *il n'y a pas d'ensemble* ; il y a des parties, des objets seulement. L'idée qu'il y a un Univers, un *ensemble* de la matière, est une application à la matière de la caractéristique de la conscience[1]. » Chacun d'entre nous se considère *un*, un sujet : c'est peut-être pour cela que nous avons besoin d'unifier notre expérience de la réalité en objets et tous les objets en un grand Objet unique qui les rassemble totalement face à la conscience.

Depuis l'Antiquité, la négation de l'univers comme objet unique est liée à la philosophie matérialiste, que personne mieux que Lucrèce n'a su exposer dans son long poème cosmologique *De rerum natura*. Évidemment, le *matérialisme* philosophique n'a rien à voir avec certains usages communs du mot, qui qualifient de « matérialiste » le goût de la richesse et des excès sensuels, joint à l'absence d'idéal et de générosité. En philosophie, le matérialisme est une perspective fondamentalement caractérisée par deux principes complémentaires : le premier est qu'il n'existe pas un Univers, mais une pluralité infinie de mondes, objets ou choses, que l'on ne peut jamais concevoir ou considérer sous le concept d'unité ; le second est que tous les objets ou choses que nous percevons sont composés de parties et que, tôt ou tard, ils se décomposeront en parties. Les matérialistes classiques appellent les ulti-

1. Cité dans *Fernando Pessoa : Máscaras y paradojas*, anthologie par Perfecto F. Cuadrado, Barcelone, Edhasa.

mes parties, imperceptibles, de tout le réel « atomes », c'est-à-dire ce qui ne peut plus être divisé en parties plus petites. Mais il s'agit d'une supposition métaphysique, non d'une observation physique (il ne faut pas confondre les atomes de Leucippe, Démocrite et Lucrèce avec ceux de la physique contemporaine !).

b) L'univers a-t-il un ordre ou une finalité quelconque ? Que nous acceptions l'existence d'un univers au sens « fort », comme un objet unique dont tout fait partie, ou que nous prenions seulement le terme univers dans son acception plus « légère », comme une abréviation pour nous référer à toutes les choses réelles, il s'avère inévitable de nous demander s'il y a en lui une quelconque forme d'ordre que notre raison puisse comprendre. De fait, en grec comme en latin, les mots qui le nomment indiquent ordre et harmonie : le *cosmos* est ce qui est bien organisé et disposé (d'où le mot « cosmétique » qui désigne le bon arrangement d'une apparence personnelle), et de même *mundus* en latin, dont l'opposé est ce que l'on appelle « immonde », parce que sale et déréglé. Mais, selon la mythologie grecque, telle que la relate Hésiode dans sa *Théogonie*, l'origine de tous les dieux comme de tous les mortels est une divinité première nommée *Chaos*, l'Abîme, la grande Faille, le sans-forme, à jamais incompréhensible selon des normes bien réglées. Et celui qui fut probablement le plus énigmatique et le plus profond des premiers philosophes, Héraclite, assure dans un de ses aphorismes dont nous sont parvenus des fragments : « Tel un amas de déchets assemblés par le hasard dans l'ordre le plus harmonieux, tel est aussi le cosmos. » Il reste alors à se demander si au début était l'ordre – le cosmos – et non, plutôt, le désordre chaotique. Ou peut-être – comme semble le suggérer ironiquement Héraclite – l'ordre cosmique ressemble-t-il lui-même à un tas de choses accumulées au hasard, coïncidant ainsi exactement avec ce que d'autres appellent « chaos » ?

Avant d'aller plus loin, nous devrions essayer d'éclaircir ce que nous entendons par « ordre », une notion philosophique cruciale, mais qui n'a rien d'évident. En ce moment même, sur la table où j'écris, s'amoncellent des papiers, des notes, des fiches, des trombones, des clefs et tout un tas de babioles dont le désordre apparent semble autant dû au hasard que le désordre évoqué par Héraclite. Mais si une main bien intentionnée, dans le but de m'aider, commence à grouper les papiers en petits tas symétriques, range les clefs dans le tiroir et change les trombones de place, je suis sûr que je pousserai un cri : « Qui a dérangé ma table ? Maintenant je ne retrouve plus rien ! » Avant, dans le désordre apparent, je me déplaçais familièrement en localisant sans presque regarder ce dont j'avais besoin selon chaque cas ; maintenant, l'ordre étranger qui m'a été imposé me prive de mes repères habituels et devient pour moi un authentique chaos. Mon impertinent bienfaiteur (ou bienfaitrice !) fera patiemment valoir les raisons de la nouvelle disposition des choses : les fiches doivent être avec les fiches, les notes ne doivent pas se mélanger aux trombones, il est préférable que les clefs ne se promènent pas n'importe où, il y a maintenant beaucoup plus d'espace libre sur la table, etc. Et je continuerai à protester que tout ça m'est égal, que je me fiche bien de l'aspect de mon bureau du moment que j'y trouve ce que je cherche. Les fiches étaient éparpillées, mais j'avais à portée de main celles que j'utilise en ce moment et un peu plus loin celles dont j'allais me servir ensuite, je savais très bien que ces fiches recouvraient telles ou telles notes et les clefs me servaient de presse-papiers pour qu'une feuille importante ne s'envole pas, etc. Moralité : *mon* désordre était bien ordonné pour ce que je voulais faire, mais je me perds dans l'ordre actuel. Dans ces conditions, quand puis-je dire que ma table est réellement en ordre : avant ou maintenant ? Je te le demande à toi, lecteur, qui es neutre.

Revenons à l'espace sidéral. Dans la nuit claire d'été, je découvre les étoiles de la Grande Ourse et j'identifie également d'autres constellations, Cassiopée, etc. Comme des millions d'hommes au cours des siècles, j'observe et j'admire l'ordre majestueux des cieux. Mais si je parle avec un de mes amis, astronome professionnel, il se moquera de mon ignorance. Ces groupements stellaires sont purement capricieux, pour ne pas parler des figures qu'ils sont supposés former, et il n'y a ni Grande Ours ni Petite Ourse qui tiennent. La tradition alliée à l'imagination sont les seuls fondements de cet ordonnancement du ciel en constellations, qui ne sert qu'à donner pâture aux chuchotements des amoureux et aux supercheries des astrologues. Si, me dit mon ami, tu m'accompagnes à l'observatoire, je te montrerai les contours de notre galaxie et de celles qui nous entourent, je t'indiquerai les principaux systèmes solaires et tu verras – de façon, c'est vrai, un peu nébuleuse – les nébuleuses, je t'expliquerai ce qu'est un trou noir et pourquoi nous estimons que 95 % de la masse de notre univers est invisible, bref tu te feras une idée plus juste du véritable ordre cosmique.

Et je l'accompagne à l'observatoire, je le remercie pour sa généreuse leçon, sans oser formuler mon doute : l'ordre qui m'est révélé maintenant ne serait-il pas lui aussi une certaine *façon de voir* le complexe sidéral comme l'est la naïve et traditionnelle répartition en constellations, une autre façon de voir qui sert certains intérêts théoriques, mais ne peut prétendre à découvrir la vérité astrale « en soi », si tant est qu'elle existe ? Certes la perspective scientifique est plus riche et finalement plus suggestive par bien des aspects que le point de vue commun, mais peut-être n'est-elle pas le miroir nécessaire de l'ordre du monde : tout juste un agencement de plus, parmi tous ceux qui sont possibles, d'une réalité chaotique en soi. L'amoureux qui veut profiter avec sa bien-aimée de la nuit claire d'été agence les étoiles en figures de légende arbitraires, et peut-être son cosmos n'est-il pas pire que celui que dessine l'astrophysicien. Le zoologiste a certainement de bonnes raisons pour classer la baleine dans les mammifères et non dans les poissons, mais le marin a aussi les siennes pour considérer qu'elle est le plus gros des poissons et pas autre chose : pourquoi le fait de respirer avec des poumons et non avec des branchies serait-il un meilleur critère que celui d'être un animal qui vit dans la mer ?

Le concept d'« ordre » est toujours une tentative d'introduire une *unité* et d'articuler des relations dans une multiplicité d'éléments, et cela que cette unité soit inhérente aux choses mêmes ou qu'elle provienne de notre façon de penser. Mais il n'est pas facile de trouver une unité inhérente aux choses qui n'ait rien à voir avec notre manière de penser. Comme l'a exposé Kant dans sa *Critique de la raison pure* : « C'est nous-mêmes qui introduisons l'ordre et la régularité dans les phénomènes que nous appelons Nature... l'entendement même (humain) est la législation pour la Nature... sans entendement, il n'y aurait nulle part de Nature, c'est-à-dire d'unité synthétique des divers phénomènes en suivant des règles. » C'est-à-dire que nous appelons « ordre du monde » notre manière de connaître le monde et de disposer de lui, de même que j'appelle « ordre » le chaos qui règne sur mon bureau et que je considère comme bien « ordonnées » les étoiles dans les vieilles constellations qui enchantent mon goût du fantastique. Cela dit, quelle portée *objective* pouvons-nous donner aux manifestations de cet « ordre », dont le principe subjectif est évident ? Certes, il existe dans la marche de l'univers des régularités que l'on peut observer, et les scientifiques peuvent faire à leur propos des prévisions qui se réalisent de manière satisfaisante, quels que soient les intérêts ou les caprices subjectifs des observateurs. Nous sommes presque tentés de suggérer que l'objectivité de l'ordre cosmique est démontrée par la validité d'un même déterminisme *causal* dans tout ce que nous arrivons à savoir de lui.

Mais de telles lois causales ayant une portée universelle sont-elles des normes établies par Dieu, « comme un roi établit les lois de son royaume » – ainsi que le pensait Descartes –, ou de simples pactes ou alliances épisodiques (*foedera*) surgis au hasard, comme le supposait Lucrèce ? Ce déterminisme moins rigide, comportant une composante aléatoire, semble mieux coïncider avec ce que dit la physique quantique de notre siècle, selon un Werner Heisenberg ou un Niels Bohr... Mais il est très possible aussi que l'incertitude causale d'une telle proposition réside seulement dans notre nouvelle manière d'observer la nature en accord avec cette physique et non dans la nature elle-même.

Risquons un pas plus avant dans nos perplexités. Pouvons-nous assurer que *tout* l'univers est ordonné de la même façon que la portion de cet univers dans laquelle nous nous trouvons et qu'atteignent nos moyens de connaissance ? Ne se pourrait-il pas que nous vivions dans un fragment cosmique ordonné par hasard d'une façon qui nous est accessible, tandis que beaucoup d'autres de ses régions développent des formules différentes qui nous resteront toujours interdites et qui, pour nous, ne seraient que pur chaos ? Ne se pourrait-il pas que l'ordre que nous constatons autour de nous soit précisément celui qui nous a permis d'*exister*, et que les autres ordres ou désordres possibles nous excluent, non seulement intellectuellement, mais aussi *physiquement*, comme espèce ? Ce lien intrinsèque entre notre manière de connaître et notre possibilité d'exister est ce qui a amené certains astrophysiciens actuels à formuler ce qu'ils appellent le *principe anthropique* (le principe qui désigne l'homme ou tend vers lui) du cosmos, qui admet deux formulations, l'une prudente et l'autre beaucoup plus « forte ». La première, qui date du début des années soixante, est due à Robert Dicke (Stephen Hawking y a souscrit plus tard dans sa *Brève Histoire du temps*) et dit à peu près ceci : « Étant donné qu'il y a des observateurs dans l'univers, celui-ci doit posséder les propriétés qui permettent l'existence de tels observateurs. » Exprimée ainsi, la chose ressemble plutôt à une vérité de La Palice : puisqu'il y a des observateurs dans le cosmos, cela signifie à coup sûr que, dans le cosmos, il peut y avoir des observateurs. Mais ce qu'indique cet apparent truisme, c'est que les régularités causales que nous observons dans l'univers doivent être liées à notre propre apparition dans celui-ci en tant qu'observateurs du réel. Comme nous l'avons déjà noté dans le chapitre deuxième, si nous sommes capables de refléter avec une certaine objectivité comment est le monde (ou au moins comment est la partie du monde qui nous « correspond »), c'est parce que nous faisons partie de lui... et parce que, si nous étions totalement incompatibles avec sa compréhension, nous ne le saurions pas, car nous n'aurions même pas eu l'occasion d'exister !

Des années plus tard, Brandon Carter a reformulé le principe anthropique d'une façon beaucoup plus compromettante, mais aussi certainement plus suggestive : « L'univers doit être constitué de telle manière dans ses lois et son organisation qu'il ne pouvait faire autrement que de produire un jour un observateur. » Cette fois, c'est pousser vraiment les choses trop loin. On ne peut douter que l'existence de l'homme est possible (puisqu'elle existe de fait), mais supposer qu'un si remarquable événement était inéluctable trahit un excès de suffisance. A moins de soutenir que les possibilités, quand elles se réalisent, se transforment obligatoirement en nécessités... Cette conviction mégalomane nous conduirait à nous bombarder nous-mêmes de compliments, en supposant que c'est précisément – quel hasard ! – nous, le fruit mûr que l'univers s'est *proposé* de produire en se développant. Ce qui est dit là, ce n'est pas que les conditions cosmiques sont telles qu'elles permettent notre apparition (et que, étant apparus, elles nous permettent de comprendre en partie l'univers objectivement), mais qu'elles seraient telles *afin que* nous apparaissions. La modestie (et le bon sens) devrait nous interdire d'aspirer à tant.

Supposer que le dessein universel exige notre apparition comme espèce implique que ce décor infini est fait (au moins dans une large mesure) pour notre bon plaisir. Dans des vers éloquents de son *De rerum natura* (livre V, vers 195 à 234),

Lucrèce accumule les arguments contre pareille supposition. Et Montaigne réfute vigoureusement cette prétention : « Qui lui a persuadé [à l'homme] que ce branle admirable de la voûte céleste, la lumière éternelle de ces flambeaux roulant si fièrement sur sa tête, les mouvements épouvantables de cette mer infinie soient établis et se continuent tant de siècles pour sa commodité et pour son service ? Est-il possible de rien imaginer si ridicule que cette misérable et chétive créature, qui n'est pas seulement maîtresse de soi, exposée aux offenses de toutes choses, se dise maîtresse et emperière de l'univers, duquel il n'est pas en sa puissance de connaître la moindre partie, tant s'en faut de la commander[1] ? » Même si nous pouvons posséder la capacité de connaître, d'une certaine manière, des parties du cosmos, et même si nous renonçons à la prétention de le gouverner, n'est-il pas exorbitant de croire que nous sommes nécessairement son objectif (ou l'un de ses objectifs) ?

c) Quelle est l'origine de l'univers ? La troisième grande question se réfère à la cause initiale de cette réalité universelle, une et finie ou infiniment plurielle, qu'elle soit ordonnée en elle-même ou seulement en partie, ou que ce soit nous qui l'ordonnions à notre manière pour l'observer. Encore une fois, ici, nous retrouvons les paradoxes qu'entraîne le fait de formuler, sur des ensembles immenses ou sur l'infini, les questions qui sont parfaitement susceptibles de réponses à moindre échelle. Nous sommes habitués à chercher la cause ou les causes qui sont à l'origine des êtres qui nous entourent et à y répondre d'une façon acceptable : l'origine causale des *Ménines* est Velázquez, cet arbre provient de la graine que j'ai plantée autrefois, la table a été faite par le charpentier, et moi-même ai été engendré par la fécondation d'un ovule de ma mère par un spermatozoïde de mon père. La question sur l'origine

1. Montaigne, *Essais*, Livre II, chapitre XII, Apologie de Raymond Sebond, édition établie par Pierre Michel, Le Livre de Poche.

causale de quelque chose pourrait se transcrire grossièrement ainsi : d'où vient cette chose qui est là ? Ce que nous voulons savoir, c'est *à partir de quoi* est arrivé à être ce qui avant n'était pas : nous cherchons cet objet ou cet être antérieur sans l'intervention duquel ce que nous avons en ce moment devant nous n'aurait jamais été là. Nous donnons pour acquis que tout doit avoir une « raison suffisante » pour arriver à exister, pour employer la terminologie de Leibniz. Fort bien, mais si tout a sa cause, ne devrait-il pas y avoir également une Cause de Tout ? S'il semble sensé de se demander le pourquoi de l'existence de chaque chose, n'est-il pas aussi sensé de chercher le pourquoi commun de l'existence universelle des choses ? Ou pour le dire à la manière qu'a employée Heidegger au XXe siècle : « Pourquoi donc y a-t-il *l'étant* et non pas plutôt *rien* ? » Quelle est la cause de l'existence en général ?

Comme dans d'autres occasions où nous avons formulé sur le Tout la question à laquelle nous sommes habitués à répondre sans difficultés majeures quand elle concerne la partie, la recherche de la Cause de toutes les causes nous plonge immédiatement dans un vertige intellectuel. Nous considérons ordinairement que, par définition, les causes doivent être *distinctes* de leurs effets et *antérieures* à eux. De sorte que la Première Cause de l'univers doit être distincte de l'univers et antérieure à lui. Or ce que nous entendons précisément par univers est l'ensemble de tout ce qui existe dans la réalité. Si la Cause Première existe dans la réalité, elle doit faire partie de l'univers (et dans ce cas il faut également se demander à son propos : quelle est sa cause ?) ; si elle n'existe pas dans la réalité, comment peut-elle agir ? Évidemment, renoncer à une cause première ne nous satisfait pas non plus du point de vue théorique. Nous pouvons raisonnablement accepter que l'univers (c'est-à-dire l'enchaînement perpétuel des causes et des effets) a *toujours* existé et donc n'a *jamais* commencé. A la question pourquoi existe-t-il « quelque chose » et pas aussi « rien », nous répondrons tranquillement : et pourquoi le « rien » devrait-il être avant le « quelque chose » ? Connaissons-nous un cas quelconque où « rien » ait existé ? D'où tirons-nous cette certitude qu'il ait pu, une fois, y avoir « rien » ? Aux débuts de la philosophie, le Grec Parménide a composé un poème qui, probablement, reste toujours la réflexion la plus profonde et la plus énigmatique dont nous ayons souvenir. Il dit qu'il y a, qu'il y a eu et qu'il y aura toujours quelque chose, c'est-à-dire que le « il y a » est unique pour tout ce qui existe et qu'il ne se fait ni ne se défait, à la différence des choses qu'il y a, qui toutes – grandes ou petites – apparaissent et disparaissent. Ce « il y a » (traduit par les commentateurs par « être » ou « l'être ») n'est aucune des choses qu'il y a, ni ne peut être pensé sans elles, mais permet de penser à chacune, car il est ce que toutes ont en commun : un perpétuel apparaître et disparaître qui n'a jamais disparu et ne disparaîtra jamais. L'être n'est rien sans les choses, mais les choses ne « sont » pas sans l'être. Les implications et interprétations du poème de Parménide ont occupé tous les métaphysiciens jusqu'à nos jours... et continueront certainement de le faire aussi longtemps que les hommes seront capables de réfléchir. Mais une telle réflexion, loin d'effacer nos perplexités, les aggrave. Car si chaque chose existante a son origine dans une autre et est à son tour la cause d'autres dans un processus infini, c'est-à-dire si elle n'a pas de commencement, comment peut-elle être arrivée jusqu'à nous ? Comment une série causale qui n'a proprement jamais commencé peut-elle avoir des effets *maintenant* ? Sommes-nous capables de concevoir l'écoulement du temps de la causalité « réduite » que nous connaissons, à l'intérieur de la durée infinie de la causalité universelle qui ne commence ni ne finit ?

Dans notre tradition chrétienne, la réponse la plus populaire à ce casse-tête est le recours à un Dieu créateur. En laissant de côté le respect que l'on doit à la piété de chacun, disons qu'il s'agit de tenter d'expliquer quelque chose que nous comprenons mal par le moyen de ce que nous ne comprenons pas du tout. L'univers et son origine sont extrêmement difficiles à comprendre, mais... adressons-nous à Dieu ! L'éternité et le caractère infini de Dieu provoquent la même confusion que l'éternité et le caractère infini de l'univers : si, à la question du pourquoi de l'univers, nous répondons que c'est Dieu qui l'a fait, la question suivante sera inévitablement : pourquoi y a-t-il un Dieu ou qui a fait Dieu ? Si nous acceptons que Dieu n'a pas de cause, nous aurions pu tout aussi bien accepter auparavant que l'univers n'a pas de cause et faire l'économie du voyage. Certains théologiens soutiennent que Dieu est *causa sui*, c'est-à-dire une cause qui est sa propre cause, ce qui contredit les deux définitions de ce que nous entendons normalement par cause : elle n'est pas distincte de son effet, mais identique à lui, et elle ne lui est pas antérieure, mais simultanée. Pouvons-nous alors continuer de nommer « cause » quelque chose qui est opposé par définition à ce que nous tenons habituellement pour « cause » ?

L'argument intuitif le plus commun en faveur d'un Dieu créateur est l'ordre du cosmos, dont nous supposons qu'il ne peut provenir que d'une Intelligence ordonnatrice. Nous avons indiqué plus haut qu'un tel « ordre » peut très bien provenir de l'intelligence de l'observateur et non d'un créateur. Depuis le XVIIIe siècle, on a répété bien des fois la métaphore de l'horloge : si, en sortant de chez nous, nous voyons une horloge, nous supposons qu'elle n'a pas été faite par hasard, mais qu'elle doit avoir été fabriquée par un horloger ; de la même façon, en considérant les étonnants engrenages de la machinerie universelle, nous pouvons supposer que celle-ci a été fabriquée par un faiseur de mondes, d'une intelligence semblable à celle de l'homme, quoique infiniment supérieure. A cette différence près que, si nous savons par expérience que les horloges sont faites par une intelligence semblable à la nôtre, nous n'avons aucune expérience de quoi que ce soit qui fasse des arbres, des mers, et encore moins qui fasse des mondes. C'est ce qui rend irréfutable la protestation de David

Hume dans ses magnifiques *Dialogues sur la religion naturelle* : « Et l'on viendra me dire, d'une mine sérieuse, qu'un univers ordonné doit provenir d'une pensée, d'un art semblables à ceux des hommes, parce que nous en avons l'expérience ? Pour rendre certain ce raisonnement, il faudrait que nous ayons l'expérience de l'origine des mondes ; et il n'est certainement pas suffisant que nous ayons vu des bateaux et des cités provenir de l'art et de l'invention humaine [1]. » Et un autre penseur du siècle des Lumières, Lichtenberg, s'indigne lui aussi avec éloquence de cette supposition dans ses *Aphorismes* : « Dans les interprétations communes du Créateur du monde se glisse avec fréquence la bêtise bigote et aphilosophique. Le cri : "qu'il est grand celui qui a créé tout cela !" n'est pas très supérieur à celui : "qu'elle est grande la mine dont on a extrait la lune !", parce que, avant toute chose, il faudrait se demander si le monde a été fait à un moment donné et, ensuite seulement, si l'être qui l'a fait serait en mesure de construire une horloge à répétition avec du métal... je crois que non, cela seul un homme peut le faire [...]. Si notre monde a été créé à un moment donné, il l'a été par un être qui ressemble autant à l'homme que la baleine aux alouettes. En conséquence, nous ne pouvons que nous étonner que des hommes célèbres disent qu'une aile de moustique enferme plus de science qu'une horloge. La phrase ne dit rien de plus que ceci : la manière de faire des horloges ne sert à rien pour faire une aile de moustique ; mais l'art de faire des ailes de moustique ne sert non plus à rien pour faire des horloges à répétition. »

Dire que « Dieu a créé le monde à partir du néant » a la même valeur explicative que d'affirmer que « nous ne savons pas qui a fait le monde, ni comment il a pu le faire ». Mais quand ils traitent de ce sujet des origines, les scientifiques ont l'habitude de recourir à des paradoxes qui ne sont pas très

1. D. Hume, *Dialogues sur la religion naturelle*, édité par Michel Malherbe, Vrin.

différents de ceux des théologiens. Selon la théorie du *big bang*, par exemple, l'univers est en expansion à partir d'une explosion initiale : une singularité sans répétition possible, qui n'a pas eu lieu en un point de l'espace et à un moment du temps, mais à partir de laquelle l'espace a commencé à s'ouvrir et le temps à couler. Voilà qui n'est pas non plus très clair. Pour qu'il y ait une explosion initiale, même au sens métaphorique, quelque chose doit exploser en elle ; c'est peut-être l'explosion de ce « quelque chose » qui est à l'origine des nébuleuses, galaxies, trous noirs et autres objets que nous connaissons plus ou moins (en nous incluant nous-mêmes dans le lot), mais alors d'où est sorti ce « quelque chose » ? S'il a toujours été là (c'est-à-dire nulle part), pourquoi ce « quelque chose » a-t-il explosé quand il l'a fait et pas avant ou après ? Etc., etc. Vu les résultats de ces recherches, ne vaudrait-il pas mieux cesser de nous poser de telles questions et revenir aux mythes pour y répondre poétiquement ? Mais *pouvons-nous* cesser de nous les poser ?

Dans son roman *El resto es silencio* (Le reste est silence), l'écrivain guatémaltèque Augusto Monterroso fait avec humour le portrait d'un penseur qui se livre aux plus graves méditations. Parmi elles, celle-ci : « Il n'y a pas grand-chose qui soit comme l'univers ! » En effet, l'unique évidence est que s'il existe une chose telle qu'une Chose-Univers, celle-ci est tout à fait singulière parmi le reste des choses. Mais il ne fait pas de doute que c'est précisément là, dans l'univers, que nous sommes et que nous agissons, nous les humains. Peut-être devrions-nous descendre du cosmique et revenir à nos petites affaires entre le zéro et l'infini...

Sujets de réflexion...

Pourquoi les humains ont-ils besoin d'un « monde » dans lequel vivre, et pas seulement de la réalité ? Quels sont les différents types de « monde » que nous habitons ? Comment passe-t-on de l'un à l'autre ? Quelles sont les premières réponses que l'on a données à la question de l'« univers » et de ce qui y existe ? Les mythes sont-ils de simples superstitions ignorantes ? En quoi les mythes ressemblent-ils aux principes proposés par les premiers philosophes ? Quelles caractéristiques avantageuses la narration philosophique présente-t-elle par rapport à la narration mythique ? Quelles sont les trois grandes questions fondamentales que les philosophes se posent sur l'univers ? Quelles sont les deux principales acceptions du concept d'« univers » ? Quelles difficultés théoriques chacune d'elles présente-t-elle ? Quels paradoxes contient le fait de poser sur l'immense les questions que nous posons sur ce que nous pouvons appréhender ? En quoi consiste le « matérialisme » au sens philosophique ? L'univers est-il avant tout « cosmos » ou « chaos » ? Existe-t-il un « ordre » de l'univers ? Pouvons-nous séparer le concept d'« ordre » de nos besoins et de nos intérêts ? Ce que nous appelons « ordre » de l'univers peut-il se trouver déterminé par notre manière de connaître ou même par notre manière d'exister ? Qu'est-ce que le « principe anthropique » et quelles sont ses deux formulations ? La causalité qui nous dit d'où provient chaque objet qui est à notre portée peut-elle s'appliquer à l'univers entier ? Est-il inexplicable qu'il y ait « quelque chose » et qu'il n'y ait pas aussi « rien » ? Le recours à Dieu résout-il nos inquiétudes théoriques concernant l'origine de la réalité universelle ? L'univers est-il semblable à une horloge, qui implique son horloger ? Le big bang *ou les autres réponses des astrophysiciens règlent-ils le problème de l'origine de l'univers ? Si l'univers est une grande Chose, pourquoi ne peut-il être comme le reste des choses que nous connaissons ?*

CHAPITRE SIXIÈME

La liberté en action

L'homme *habite* dans le monde. « Habiter » n'est pas la même chose qu'être inclus dans l'inventaire des êtres qu'il y a dans le monde, ce n'est pas seulement « être dans » le monde comme une paire de chaussures est dans son carton, ni même posséder un monde biologique propre comme la chauve-souris ou n'importe quel autre animal. Pour nous, les humains, le monde n'est pas simplement la totalité des entrecroisements des effets et des causes, mais l'échiquier chargé de sens sur lequel nous *agissons*. « Habiter » le monde, c'est « agir » dans le monde ; et agir dans le monde n'est pas seulement être dans le monde, ni se mouvoir dans le monde, ni réagir aux stimulations du monde. La chauve-souris ou n'importe quel autre animal *répond* à son monde conformément à un programme génétique propre aux nécessités évolutives de son espèce. Les humains, eux, non seulement répondent au monde qu'ils habitent, mais l'inventent et le transforment d'une manière qui n'est prévue par aucune norme génétique (c'est pour cela que les actions des aborigènes d'Australie ne sont pas pareilles à celles des Aztèques ou des Vikings). Notre espèce n'est pas « fermée » par le déterminisme biologique, mais reste « ouverte » en se créant sans cesse elle-même, comme l'avait annoncé Pic de la Mirandole. Quand je parle de « créer », je ne veux pas dire « tirer quelque chose de rien », comme un prestidigitateur tire un lapin de son chapeau apparemment vide (je dis « apparemment » parce qu'il s'agit d'un tour de passe-passe, d'une illusion), je me réfère à « agir » dans le monde et à partir des choses du monde... mais en changeant dans une certaine mesure le monde !

La question importante, maintenant, est de déterminer ce qu'est l'action et ce que signifie agir. Un mouvement corporel n'est pas du tout la même chose qu'une action : « marcher » n'est pas la même chose que « sortir faire un tour ». De sorte que les questions vitales auxquelles nous allons tenter de répondre sont : que signifie « agir » ? Qu'est-ce qu'une action humaine et comment se différencie-t-elle des autres mouvements que font tous les êtres, aussi bien que des autres gestes que font aussi les humains ? Ne serait-ce pas une illusion ou un préjugé d'imaginer que nous sommes capables de véritables actions qui ne soient pas simplement des réactions à ce qui nous entoure, nous conditionne et nous constitue ?

Supposons que j'aie pris le train, après avoir payé le billet correspondant. Durant le trajet, je suis distrait, je pense à mes affaires, sans me rendre compte que je joue avec le petit morceau de carton, je l'enroule et le déroule, et finalement, sans m'en rendre compte, je le jette par la fenêtre. Là-dessus apparaît le contrôleur qui me demande mon billet : catastrophe ! Et amende probable. Je peux seulement bafouiller pour me disculper : « Je l'ai jeté... sans m'en apercevoir. » Le contrôleur, qui est aussi un peu philosophe, rétorque : « Moi, je veux bien, mais si vous ne vous êtes pas aperçu de ce que vous faisiez, vous ne pouvez pas dire que vous l'avez jeté. C'est comme s'il était tombé tout seul. » Mais je ne suis pas d'accord pour accepter cet alibi : « Pardonnez-moi, mais laisser tomber un billet est une chose et le jeter en est une autre, même si c'est sans m'en rendre compte. » Le contrôleur semble trouver cette discussion beaucoup plus amusante que de me dresser une contravention : « Écoutez, "jeter" le billet est une action, ça n'a rien à voir avec le laisser tomber, qui est seulement le genre de choses qui arrivent à tout le monde. Quand on fait une action, c'est parce qu'on veut la faire, n'est-ce pas ? En revanche, il y a des choses qui arrivent sans qu'on l'ait voulu. Donc, puisque vous ne vouliez pas jeter le billet, nous dirons qu'en réalité il est tombé. » Je me rebelle contre cette interprétation mécaniciste : « Non et non ! Nous pourrions dire que le billet est tombé si je m'étais endormi, par exemple. Ou si une rafale de vent me l'avait arraché de la main. Mais j'étais bien réveillé, il n'y avait pas de vent et la vérité c'est que j'ai jeté le billet sans en avoir l'intention. » « Ah ! ah ! dit le contrôleur, en tapant sur son carnet avec son crayon. Et si vous n'en aviez pas l'intention, alors comment savez-vous que c'est vous, précisément vous, qui l'avez jeté ? Parce que "jeter" c'est faire quelque chose, et on ne peut pas faire quelque chose si on n'a pas l'intention de le faire. » « En ce cas, vous savez ce que je vous dis ? Que j'ai jeté ce foutu billet parce que j'en avais réellement envie ! » Et j'ai enfin mon amende.

La vérité est qu'il y a une différence entre ce qui m'arrive simplement (je renverse un verre sur la table en voulant prendre le sel), ce que je fais sans m'en rendre compte et sans le vouloir (ce maudit billet jeté par la fenêtre), ce que je fais sans m'en rendre compte, mais selon une routine acquise volontairement (mettre les pieds dans mes chaussons en me levant du lit à moitié endormi) et ce que je fais en m'en rendant compte et en le voulant (jeter le contrôleur par la fenêtre pour qu'il aille chercher le billet en enfer si ça lui chante). Apparemment, le mot action est un terme qui ne convient qu'à la dernière de ces possibilités. Il y a bien sûr d'autres gestes qui sont difficiles à classer, mais qui ne ressemblent pas vraiment à des « actions » : par exemple, fermer les yeux et lever le bras quand quelqu'un me lance un objet à la figure, ou chercher un appui auquel me raccrocher quand je fais une chute. Non, décidément, une « action », c'est seulement ce que je n'aurais pas fait si je n'avais pas voulu le faire : j'appelle action un acte *volontaire.* Le contrôleur (qu'il repose en paix !) avait donc raison...

Mais comment savoir si un acte est volontaire ou pas ? Car il se peut qu'avant de le réaliser je délibère entre plusieurs possibilités et que je me décide finalement pour l'une d'elles. Évidemment, ce n'est pas pareil de « décider de faire quelque chose » et de « faire quelque chose ». « Décider », c'est mettre fin à une délibération mentale sur ce que je veux réellement faire. Mais une fois que je l'ai décidé, j'ai encore à le faire. Ce que je décide est l'objectif ou la fin de mon action, mais peut-être pas l'action elle-même. Par exemple : je décide de prendre le verre et j'étends le bras pour l'atteindre. Qu'est-ce que j'ai décidé réellement de faire : prendre le verre ou étendre le bras ? Ma délibération concernait-elle le verre ou le bras ? Et quelle est la véritable action : prendre le verre ou étendre le bras ? Si j'étends le bras et fais tomber le verre, puis-je dire que j'ai agi, ou non ? Ou que j'ai agi « à demi » ?

La notion de « volontaire » n'est pas non plus aussi claire qu'il y paraît. Dans son *Éthique à Nicomaque*, Aristote imagine le cas d'un capitaine de navire qui doit acheminer une cargaison d'un port à un autre. Au milieu de la traversée, une grande tempête se lève. Le capitaine arrive à la conclusion qu'il ne peut sauver le bateau et la vie de son équipage qu'en jetant la cargaison par-dessus bord pour équilibrer l'embarcation. Il l'envoie donc à l'eau. Dans ce cas, l'a-t-il jetée parce qu'il le voulait ? Évidemment oui, car il aurait pu ne pas s'en débarrasser et prendre le risque de sombrer. Mais évidemment non, car ce qu'il voulait, c'était la transporter jusqu'à sa destination finale : sinon, il aurait aussi bien pu rester chez lui ! De sorte qu'il l'a jetée en le voulant... mais sans le vouloir. Nous ne pouvons pas dire qu'il l'a jetée involontairement, mais pas non plus que c'était sa volonté de la jeter. Parfois, il semble que nous agissions volontairement... contre notre volonté.

Revenons un moment sur le geste très simple dont nous parlions plus haut : je bouge le bras. Je le bouge volontairement, c'est-à-dire que je ne le remue pas en rêve, ou que je ne le lève pas pour me protéger la figure dans un geste réflexe en voyant arriver une pierre qu'on m'a lancée. Au contraire, j'annonce à qui veut m'entendre : « Dans cinq secondes, je vais lever le bras. » Et en effet, cinq secondes plus tard, je lève le bras. Mais qu'ai-je fait pour le lever ? Je me suis borné à vouloir le lever et, voilà : je l'ai levé. Supposons que quelqu'un me dise alors : « Je vous ai entendu dire que vous alliez lever le bras et ensuite j'ai vu effectivement votre bras levé, mais cela démontre seulement que vous êtes capable de deviner quand vous allez lever le bras, pas que vous l'avez levé volontairement. » J'insisterai en disant que je sais très bien que j'ai *voulu* le lever et que c'est *pour cela* que j'ai levé le bras. Mais, en y réfléchissant, la vérité est que je ne sais pas ce que j'ai fait pour bouger mon bras : je l'ai bougé, c'est tout. Je dis que j'ai « voulu » le bouger et ensuite il a bougé, de sorte qu'il semble que j'ai fait deux choses : la première, vouloir bouger le bras ; la deuxième, le bouger. Mais en quoi « vouloir » bouger le bras et « bouger le bras » se différencient-ils ? Si je ne suis ni attaché ni paralytique, est-il imaginable que je veuille bouger le bras et que le bras ne bouge pas ? Cela aurait-il un sens de dire « je désire de toutes mes forces bouger le bras, de sorte que d'ici peu j'espère que mon bras finira par bouger » ? Bref, puisque rien ne m'empêche extérieurement et physiologiquement de bouger le bras, vouloir bouger le bras et le bouger effectivement n'est-il pas la même chose ? S'agit-il de deux choses ou d'une seule ? C'est à une question de ce genre que se réfère Wittgenstein dans ses *Investigations philosophiques* (§ 621) quand il se demande : « Voilà le problème : que resterait-il si je soustrayais le fait que mon bras se lève du fait que je lève le bras ? » Où est mon « vouloir-lever-le-bras », si ce n'est pas dans le bras lui-même ? Y a-t-il quelque chose en plus ?

Je considère à nouveau la question, un peu plus prudemment cette fois, et je conclus que oui, il y a quelque chose en plus : quand j'assure que mon bras bouge volontairement parce que je le veux, ce que j'indique ainsi, c'est que je pourrais aussi ne pas l'avoir bougé. Je ne sais pas comment je bouge le bras quand je le veux, je ne sais pas s'il y a une différence entre vouloir bouger le bras et le bouger effectivement, mais je sais en revanche que, si je n'avais pas voulu le bouger, il n'aurait pas bougé. Les spécialistes des relations entre le système nerveux et le système musculaire peuvent expliquer comment cela se fait que je bouge mon bras quand je décide de le bouger, mais ce qui compte fondamentalement pour moi – ce qui transforme ce geste banal en une véritable « action » –, c'est que je suis autant capable de le bouger que de ne pas le bouger. De sorte que dire : « j'ai fait volontairement telle ou telle action » signifie : sans ma permission, telle ou telle chose ne se serait pas passée. Est mon action tout ce qui n'arrive que parce que je veux que ça arrive. Cette possibilité de faire ou de ne pas faire, de dire « oui » ou « non » à certains actes qui dépendent de moi, est ce que nous pouvons appeler « liberté ». Et, naturellement, en arrivant à la liberté, nous n'avons pas résolu tous nos problèmes : nous butons au contraire sur des interrogations encore plus difficiles.

Pour commencer, nous pouvons nous demander si cette notion de « liberté » ne résulterait pas simplement d'une illusion que je me fais sur mes possibilités réelles. Après tout, chaque chose qui arrive a sa cause déterminante conformément aux lois de la nature. J'ouvre légèrement un robinet et je vois sortir quelques gouttes : si j'avais su d'avance où se trouvaient ces gouttes dans la tuyauterie, et en tenant compte des lois de la gravité, des règles que suit toujours le mouvement des liquides, de la position de l'orifice du robinet, etc., j'aurais sûrement pu déterminer quelle goutte devait sortir la première et quelle goutte la quatrième. La même chose se passe avec tous les faits que je peux observer autour de moi et même avec la plupart de ceux qui ont lieu dans mon corps (respiration, circulation sanguine, faux pas sur le caillou que je n'ai pas vu, etc.). Dans chaque cas, je peux remonter à une situation antérieure qui rend inévitable ce qui s'est passé ensuite. Seul le fait que j'ignore comment sont les choses au moment A justifie que je sois surpris de ce qui se passe au moment B. La doctrine *déterministe* (un des plus anciens et des plus persistants points de vue philosophiques) considère que, si je savais comment toutes les pièces qui composent le monde sont disposées en ce moment, et si je connaissais exhaustivement toutes les lois de la physique, je pourrais décrire sans erreur tout ce qui va arriver dans le monde, dans une minute ou dans cent ans. Comme je suis moi aussi une partie de l'univers, je dois être soumis à la même détermination causale que le reste. Où se trouve alors le « oui ou non » de la liberté ? L'acte libre ne serait-il pas celui que je ne peux pas prévoir même si je connais entièrement la situation antérieure de l'univers, c'est-à-dire un acte qui *inventerait* sa propre cause et ne dépendrait d'aucune précédente ?

Laissons de côté la question de savoir si une doctrine « déterministe » est compatible avec les énoncés de la physique quantique contemporaine. Le principe d'incertitude de Heisenberg semble impliquer une vision beaucoup plus ouverte que celle des déterminations causales dans l'univers matériel... ou au moins que la manière dont nous pouvons l'étudier. Le prix Nobel de physique Ilya Prigogine et le grand mathématicien René Thom ont polémiqué voici quelques années à propos de cette question, le premier plaidant pour un *certain* indéterminisme, le second soutenant un *certain* déterminisme plus proche du traditionnel. Je manque de toute compétence pour intervenir dans le débat, mais je crois qu'il est possible, au moins, d'assurer que ni le déterminisme « fort » d'un Laplace il y a deux cents ans, ni l'indéterminisme relatif de Heisenberg ou de Prigogine aujourd'hui ne peuvent répondre à l'interrogation sur la liberté humaine. Car la question de la liberté ne se pose pas sur le terrain de la causalité physique – personne ne suppose que les actes humains manquent de causes explicables par les lois de la science expérimentale, par exemple de la neurophysiologie –, mais sur celui de l'*action* humaine en tant que telle, qui ne peut être vue seulement de l'extérieur comme une suite d'événements, mais doit aussi être considérée *de l'intérieur* en faisant intervenir des variables aussi difficiles à maîtriser que la « volonté », l'« intention », les « motivations », la « prévision », etc.

La simple indétermination scientifique n'équivaut pas à la « liberté » : les électrons peuvent être imprévisibles, ils ne sont pas libres, en aucun sens du terme. Et réciproquement, ce qui est physiquement ou physiologiquement déterminé n'exclut nullement l'émergence de l'action libre. Si personne ne conteste que la vie provient de ce qui n'est pas vivant et la conscience de ce qui en manque, pourquoi la liberté ne pourrait-elle provenir de ces formes matérielles strictement déterminées ?

Essayons de préciser un peu la notion qui s'est transformée pour nous en problématique (ce qui constitue *toujours* le premier pas de toute analyse philosophique qui ne veut pas décevoir ou surprendre, mais comprendre, c'est-à-dire de la philosophie *honnête*). Pour commencer, nous dirons que la liberté ne semble pas supposer un acte sans cause préalable, un miracle qui interromprait la chaîne des effets et de leurs causes (selon l'expression de Spinoza, un nouvel « empire à l'intérieur de l'empire général » du monde), mais un autre type de cause qui doit être considéré en même temps que les autres. Parler de la liberté implique non pas de renoncer à la causalité, mais de l'élargir et de l'approfondir. L'« action » est libre parce que sa cause est un sujet capable de vouloir, de choisir et de mettre en pratique des projets, c'est-à-dire de réaliser des *intentions.* En ce sens, le simple acte de lever le bras que nous avons eu tant de mal à commenter peut difficilement être considéré comme une « action », à moins qu'il ne s'inscrive dans un cadre intentionnel plus large : je lève le bras pour demander la parole dans une assemblée, pour appuyer sur la sonnette, pour arrêter un taxi... ou même pour prouver dans une discussion philosophique que je suis libre et maître de mes actes ! D'un autre côté, les désirs et les projets de ce sujet capable d'agir intentionnellement ont certainement leurs propres causes antécédentes, que ce soient des « appétits », des « motivations » ou des « raisons ». Nous reviendrons là-dessus. Il nous suffira pour l'instant de bien établir que la liberté n'est pas une rupture dans la chaîne de la causalité, mais une nouvelle ligne de considérations pratiques qui l'enrichit. Dire : « j'ai accompli librement cette action » n'équivaut pas à : « cette action n'est l'effet d'aucune cause », mais plutôt à : « la cause de cette action, c'est moi en tant que sujet ».

Le terme « liberté » a ordinairement trois usages différents, que l'on confond souvent dans les discussions et qu'il conviendrait d'essayer de distinguer, au moins dans la mesure du possible.

a) La liberté comme disponibilité pour agir conformément à ses désirs ou à ses projets. C'est le sens le plus courant du mot, celui auquel nous nous référons dans la majorité des cas où la liberté apparaît dans la conversation. Il s'emploie pour dire que nous ne sommes pas empêchés physiquement, psychologiquement ou légalement d'œuvrer comme nous le voulons. Selon cette acception, est libre (de se mouvoir, d'aller et venir) celui qui n'est ni attaché, ni emprisonné, ni frappé d'une quelconque paralysie ; est libre (de parler ou de se taire, de mentir ou de dire la vérité) celui qui ne se trouve pas menacé, soumis à des tortures ou drogué ; est également libre (de participer à la vie publique, de prétendre à des responsabilités politiques) celui qui n'est ni marginalisé ni exclu par des lois discriminatoires, qui ne souffre pas des excès atroces de la misère ou de l'ignorance, etc. Pour moi, cette conception de la liberté implique non seulement la possibilité d'entreprendre ce qu'on veut, mais aussi une certaine probabilité d'y parvenir. S'il n'y a aucune perspective de réussite, nous ne dirons pas qu'il y a liberté : devant l'*impossible* nul n'est réellement libre.

b) La liberté de vouloir ce que je veux et pas seulement de faire ou d'essayer de faire ce que je veux. Il s'agit d'un niveau plus subtil et moins évident du concept de « liberté ». Même si je suis attaché et emprisonné, personne ne pourra m'empêcher de vouloir faire un voyage : on peut seulement m'empêcher de le réaliser effectivement. Si je ne le veux pas, personne ne peut m'obliger à haïr mon tortionnaire ni à croire aux dogmes qu'il tente de m'imposer par la force. La spontanéité de mon vouloir est libre même si les circonstances font que la possibilité de le mettre en pratique soit nulle. Les sages stoïciens ont insisté orgueilleusement sur cette invulnérable liberté de la volonté humaine. Le cours des événements ne dépend pas de moi (un simple caillou dans ma chaussure peut arrêter ma marche), mais l'honnêteté de mon intention (ou sa perversité !) défie les lois de la physique ou de l'État. Un exemple entre mille nous est donné dans la Rome antique par le stoïcien Caton, quand il soutint les républicains soulevés contre César. Après la défaite des rebelles, Plutarque écrit qu'il eut ce commentaire : « La cause des vaincus a déplu aux dieux, mais elle a plu à Caton. » Les dieux (la nécessité, l'histoire, la fatalité) peuvent vaincre les projets humains, mais ils ne peuvent empêcher les humains d'avoir certains projets et non d'autres.

c) La liberté de vouloir ce que nous ne voulons pas et de ne pas vouloir ce que, en fait, nous voulons. Sans doute la plus étrange et la plus difficile, tant à expliquer qu'à comprendre. Pour l'approcher, rappelons que les humains ne font pas qu'éprouver des désirs, ils éprouvent aussi des désirs sur les désirs qu'ils ont : non seulement nous avons des intentions, mais nous voudrions aussi avoir certaines intentions... même si, en fait, nous ne les avons pas ! Supposons que je passe près d'une maison en flammes et que j'entende pleurer un enfant à l'intérieur ; je ne veux pas entrer et tenter de le sauver (j'ai peur, c'est très dangereux, les pompiers sont là pour ça...), mais en même temps *je voudrais vouloir* entrer et le sauver, parce que j'aimerais ne pas avoir aussi peur du danger et vivre dans un monde où les adultes aideraient les enfants en cas d'incendie. Je suis ce que je veux être, mais en même temps je voudrais être autrement, vouloir d'autres choses, vouloir *mieux*. Tout le monde peut fuir le danger, mais personne ne veut être lâche ; parfois j'ai envie de mentir, ou j'y ai intérêt, mais je ne voudrais pas me considérer comme un menteur ; j'aime boire, mais je ne veux pas devenir un alcoolique. Il y a une différence entre ce que « je veux faire maintenant » et ce que « je veux *être* ». Quand on me demande ce que je veux faire, j'exprime mon vouloir immédiat, direct, mais quand on me demande ce que je veux être (ou comment je veux être), je réponds en exprimant ce que je voudrais vouloir, ce que je crois qu'il me conviendrait de vouloir, ce qui ne me ferait pas seulement « vouloir » librement, mais aussi « être » librement. Le poète latin Ovide a exprimé dans un vers cette contradiction entre les manières de vouloir : « *Video meliora proboque, deteriora sequor* » (je vois le meilleur et l'approuve, mais je continue à faire le pire : c'est-à-dire je continue à vouloir ce que je ne voudrais pas vouloir). Ce type de liberté nous conduit à un vertige infini : car je pourrais vouloir vouloir ce que je ne veux pas, vouloir vouloir ce que je ne veux pas vouloir, vouloir vouloir ce que je ne veux pas vouloir, vouloir vouloir vouloir ce que je veux ou ne veux pas effectivement vouloir, etc. Où établir l'ultime frontière du vouloir, c'est-à-dire de ma volonté libre comme sujet ?

Au début du XIXe siècle, un grand penseur de la volonté, Schopenhauer, a nié l'existence de la liberté dans la troisième acception que nous donnons ici du terme. Selon lui, les humains – comme tous les autres êtres, à un degré plus ou moins fort – sont formés fondamentalement de volonté, de

« vouloir » (vouloir vivre, vouloir dévorer ou posséder, etc.). Pour lui, littéralement, *nous sommes ce que nous voulons*, non dans le sens de nous être formés à la mesure de nos désirs, mais dans celui d'être intimement constitués par eux. De sorte qu'on peut assurer sans hésiter que nous possédons la « liberté » au sens de notre deuxième définition. Rien ne peut m'empêcher de « vouloir » ce que je veux, de même que rien ne peut m'interdire d'« être ce que je suis », puisque je suis précisément ce que je veux (non l'objectif fixé par mes désirs – infinis, impossibles à assouvir, selon Schopenhauer –, mais l'ensemble même de ces désirs, leur activité incessante). Mais je ne peux pas non plus réellement vouloir ou cesser de vouloir ce que je veux. Autrement dit, je suis ce que je veux mais, inévitablement aussi, je veux ce que je suis, je veux les vouloirs qui me font être. Je peux choisir ce que je veux faire à partir de ma volonté (conçue comme mon « caractère », comme le modèle d'individu que je suis, qui penchera toujours pour un type de motivations et en refusera d'autres, etc.), mais il ne m'est pas possible de choisir ma volonté elle-même ni de la modifier à ma guise. Je ne peux pas *opter* sur ce qui me permet de vouloir. De sorte que, selon Schopenhauer, la plus radicale des libertés (« je suis ce que je veux être ») est compatible avec le plus strict déterminisme (« je ne peux faire autrement que d'être ce que je suis »). On peut se faire des illusions sur ce qu'on aimerait être jusqu'à ce qu'une cause irrésistible nous *démontre* ce que nous sommes réellement et ce que nous voulons. C'est pourquoi, indique Schopenhauer, nous demandons, dans le *Notre Père*, « ne nous laissez pas succomber à la tentation » : « Mon Dieu, ne permets pas que je connaisse le pire de ce que je veux faire librement, c'est-à-dire ne me révèle pas tel que je suis ! » Faut-il ajouter que Sigmund Freud, l'inventeur de la psychanalyse, a partagé, avec sa doctrine de l'inconscient, une grande part de la perspective de Schopenhauer ?

En revanche, au XXe siècle, Jean-Paul Sartre a construit toute une métaphysique radicale de la liberté en partant de la troisième acception du concept. On l'a appelée « existentialisme » parce que, selon lui, ce qui est primordial dans l'homme est le fait qu'il existe et qu'il doit *s'inventer* lui-même, sans être prédéterminé par aucun type d'essence ou de caractère immuable. La formule qui condense le mieux la pensée de Sartre est une phrase empruntée à Hegel – un contemporain de Schopenhauer particulièrement détesté de celui-ci – selon laquelle « l'homme n'est pas ce qu'il est et est ce qu'il n'est pas ». Cet apparent jeu de mots peut être raisonnablement éclairé : nous ne sommes pas quelque chose qui est donné par avance et une fois pour toutes, quelque chose de préalablement « programmé », ni même ce « quelque chose » que nous prétendons tous établir comme étant notre véritable identité – notre profession, notre nationalité, notre religion, etc. –, mais nous sommes ce que nous ne sommes pas, ce que nous ne sommes pas encore ou ce que nous aspirons à être, notre capacité de nous inventer constamment, de dépasser nos limites, la capacité de *démentir* ce que nous avons été antérieurement. Pour Sartre, l'homme n'est *rien* à part sa disposition permanente à choisir et à révoquer ce qu'il veut parvenir à être. Rien ne nous détermine à être telle ou telle chose, ni du dehors ni du dedans. Même si nous cherchons parfois à nous réfugier dans ce que nous avons choisi d'être, comme si cela constituait un destin sans recours – « je suis ingénieur, espagnol, monogame, chrétien, etc. » –, il reste que nous sommes toujours *ouverts* à la possibilité de nous transformer ou de changer de voie. Si nous ne changeons pas, ce n'est pas parce que nous « devons » choisir comme nous choisissons et que nous « devons » être ce que nous sommes, mais parce que nous « voulons » être de telle ou telle manière et non d'une autre.

Mais qu'en est-il des déterminations qui proviennent de notre situation historique, de notre classe sociale ou de nos conditions physiques et psychiques ? Et des obstacles que la réalité oppose à nos projets ? Pour Sartre, rien de tout cela non plus n'empêche l'exercice de la liberté, car on est toujours libre « à l'intérieur d'un état de choses et face à cet état de choses ». C'est moi qui choisis de me résigner à ma condition sociale ou de me rebeller contre elle et de la transformer, c'est moi qui découvre les barrières que m'opposent mon corps ou la réalité en me fixant des objectifs qui les défient. Même les obstacles qui bloquent l'exercice de ma liberté proviennent de ma détermination à être libre et à l'être de telle ou telle manière que rien ne m'impose ! Le bégaiement n'était une gêne pour Démosthène que parce qu'il avait décidé librement de devenir orateur... La liberté humaine, comprise au sens radical que Sartre lui attribue, est notre vocation à *nier* tout ce qui nous entoure dans la réalité et à projeter une autre réalité à partir de nos désirs et de nos passions librement assumés. Nous pouvons échouer dans notre tentative (de fait, nous échouons toujours, nous nous heurtons toujours d'une manière ou d'une autre au réel, « l'homme est une passion *inutile* »), mais nous ne pouvons nous empêcher de tenter, ni de renoncer à notre engagement en prétextant l'invincible nécessité des choses. Le seul choix que nous ne pouvons faire est entre être libres et ne pas être libres ; nous sommes *condamnés* à la liberté, pour paradoxale que puisse paraître cette formule sartrienne, car c'est la liberté qui nous définit comme êtres humains.

La notion de « liberté » offre une large gamme d'applications théoriques, et l'on peut très bien l'accepter dans un de ses sens et la refuser dans d'autres. Dans toutes ses formes, nous reconnaître « libres » suppose d'admettre que nous *orientons* notre activité conformément à des « intentions » qui rassemblent une série d'actions toutes liées entre elles. Par exemple, j'ai l'intention de prendre le train demain matin : à cette fin, je mets mon réveil le soir à une heure déterminée, je me lève tôt, je fais ma toilette, je m'habille, je descends en ascenseur dans la rue, je cherche un taxi, je lui demande de me conduire à la gare, etc. Où mon action libre s'affirme-t-elle ? Dans l'intention de prendre le train ou dans chacun des pas nécessaires pour arriver à cette fin ? Certains philosophes, comme Donald Davidson, soutiennent que les seules vraies actions qui existent sont les plus simples et les plus primitives, c'est-à-dire les mouvements corporels volontaires. Ces gestes peuvent être « narrés » conformément à diverses histoires, dont les unes seront centrées sur mes projets ou mes intentions, et d'autres suivront des logiques narratives différentes (par exemple, celles qui incluent les effets non désirés de mes actions intentionnellement désirées).

Par ailleurs je crois que personne, sauf peut-être un sartrien ultra radical, ne niera que nous ayons des pulsions instinctives qui, en beaucoup d'occasions, nous poussent à agir. Mais il apparaît aussi évident que nous ne sommes pas seulement entraînés par les objets de notre instinct, que nous restons en même temps présents en nous-mêmes, en sachant que nous sommes des *agents* et en utilisant les satisfactions instinctives conformément à différents projets vitaux. Même si certaines de nos fins sont impossibles à éluder et si nous ne les choisissons pas (nutrition, sexualité, conservation, etc.), nous tentons de les réaliser en gardant une possibilité de les éluder, une possibilité d'opter. C'est pourquoi, en sus de nos pulsions, nous pouvons aussi indiquer comme causes de nos actions des « motivations » à plus longue échéance et même des « raisons », c'est-à-dire des considérations qui cherchent à être partagées par nos semblables. Rappelons-nous ce que nous avons dit dans le chapitre deuxième à propos du « rationnel », la recherche des meilleurs instruments pour que nous puissions nous voir comme objets, et du « raisonnable », la manière de nous adresser à des sujets que nous supposons porteurs d'intentions aussi respectables que les nôtres. Si l'on ne prend pas en compte les deux types de motivations rationnelles, il est difficile, pour ne pas dire impossible, de *compren-*

dre véritablement l'action humaine. Les instincts et les autres forces de la nature suffisent pour *expliquer* ce que font les hommes, de même qu'on peut expliquer le comportement des animaux, la croissance des plantes ou la chute des corps solides vers la planète qui les attire. Mais la compréhension totale de l'activité humaine exige en outre une perspective interne au sujet-agent qui reconnaisse les connexions entre ce que nous pensons et ce que nous faisons, entre notre univers symbolique et notre engagement vital dans le monde physique.

Cela dit, pourquoi la question de la liberté est-elle si *importante* pour nous, aussi bien quand nous l'affirmons avec ravissement, enthousiasme et orgueil, que quand nous la nions avec une égale énergie ? Le sceptique David Hume, qui était fondamentalement déterministe, a soutenu que l'idée de liberté est compatible avec le déterminisme parce qu'elle ne se réfère pas à la causalité physique mais à la causalité *sociale*. Nous avons besoin de croire dans une certaine mesure à la liberté pour pouvoir attribuer chaque chose que font les hommes à un sujet responsable, qui puisse être loué ou blâmé – et puni, si le cas se présente – pour son action. La liberté est indispensable pour établir des responsabilités, car, sans *responsabilité*, on ne peut pas vivre ensemble, quel que soit le type de société. C'est pourquoi être libre n'est pas seulement un motif de fierté, mais également d'inquiétude, voire d'angoisse. Assumer notre liberté suppose que nous acceptons la responsabilité de ce que nous faisons, en y incluant ce que nous tentons de faire ou certaines conséquences indésirables de nos actes.

Être libre n'est pas répondre triomphalement : « me voici ! » à l'heure de la distribution des prix, mais aussi admettre : « c'est moi ! » quand on cherche le coupable d'une mauvaise action. Pour le premier cas, il y a toujours des volontaires, mais, dans le second, le plus courant est de se réfugier derrière le poids écrasant des circonstances : l'agresseur de vieilles dames attribuera ses méfaits à son abandon précoce par ses parents, aux tentations de la société de consommation ou aux mauvais exemples de la télévision... tandis que le lauréat du prix Nobel ne parlera que de ses efforts face au destin adverse et de ses mérites. Personne ne veut être résumé simplement dans un catalogue de ses mauvaises actions : si quelqu'un nous reproche une infraction, nous lui répondons : « je n'ai pas pu l'éviter, j'aurais voulu te voir à ma place, je ne suis pas comme ça, etc. », en essayant d'en imputer la faute à la société dans laquelle nous vivons ou au système capitaliste, en conservant la possibilité d'être propre, désintéressé, courageux, *meilleur*. C'est pourquoi la liberté n'est pas une sorte de décoration, mais aussi une charge, et beaucoup de gens qui manquent de maturité – c'est-à-dire d'autonomie, de conscience de soi – préfèrent y renoncer et la reporter sur un chef qui prenne à son compte à la fois l'initiative des décisions et le poids des fautes. Erich Fromm a écrit un livre intitulé *La Peur de la liberté* où il analyse dans cette optique la ferveur que le totalitarisme nazi ou bolchevique a suscitée chez les masses au cours du XXe siècle.

Mais la question de la « responsabilité » remonte à beaucoup plus loin. Dans la tragédie grecque, par exemple, la responsabilité devient parfois le *destin* inéluctable du personnage qui – comme Œdipe dans *Œdipe roi* et *Œdipe à Colone* de Sophocle – doit assumer, sans le vouloir ni le savoir, les actions auxquelles il est prédestiné, tout en étant lucide sur les mécanismes volontaires qui l'entraînent dans cet engrenage fatal. Notre volonté nous entraîne vers l'irrémédiable, mais l'irrémédiable doit être ensuite assumé comme la partie aveugle de notre volonté : accepter que nous devions être coupables nous ouvre les yeux sur ce que nous sommes et *purifie* ainsi ce que nous pouvons arriver à être. Les Grecs ne connaissaient pas la notion de « liberté » au deuxième et au troisième sens que nous avons expliqués, aussi n'avaient-ils pas non plus la notion d'une responsabilité réellement « personnalisée », c'est-à-dire liée à l'*intention* subjective de l'agent et non à l'objectivité du fait réalisé. La malédiction du coupable tombe sur Œdipe pour des crimes qu'il ignore avoir commis (il a tué son père, couché avec sa mère) et qu'il doit ensuite assumer comme la part de destin qui lui appartient... et auquel il appartient. Pour Sophocle, ce qui nous rend responsables n'est pas ce que nous projetons de faire ni ce que nous faisons effectivement, mais la réflexion sur ce que nous avons fait.

Aux commencements de la modernité, c'est sans doute un autre grand tragique – Shakespeare – qui a le mieux exploré tous les tenants et les aboutissants contradictoires de la liberté en action. Ses personnages sont lucidement et terriblement conscients du vertige dans lequel se débat celui qui désire ce que l'action promet, mais tremble devant la chaîne culpabilisatrice par laquelle elle nous tient attachés. C'est ainsi que Macbeth, quand il hésite durant l'horrible nuit qui précède l'assassinat du roi Duncan – ce qui lui donnera la couronne qu'il convoite –, soupèse épouvanté la responsabilité inéluctable qui retombera sur lui : « Si c'était fait lorsque c'est fait, il faudrait le faire tout de suite. Si l'assassinat jetait le filet sur toutes les conséquences et capturait en même temps le succès ; si le coup était tout et terminait tout ici-bas, sur le banc de sable et le haut-fond de ce monde, nous risquerions la vie future... Mais, dans ce cas-là, on nous juge ici même ; nous donnons de sanglantes leçons qui, apprises, se retournent contre leur maître » (acte I, scène VII, traduction de Maurice Maeterlinck). Macbeth veut l'action (l'assassinat de Duncan), et il veut ce qu'il obtiendra par le moyen de cette action (le trône), mais il ne voudrait pas rester *lié* pour toujours à l'action, devoir en assumer la responsabilité devant ceux qui lui demanderaient des comptes ou tireraient l'atroce leçon de son crime. S'il s'agissait seulement de le faire et si c'était tout, il le ferait sans rechigner ; mais la responsabilité est la contrepartie nécessaire de la liberté, son envers, peut-être – comme le note Hume – le fondement même de l'exigence de liberté : les actions doivent être libres pour que quelqu'un réponde de chacune d'entre elles. Le sujet est libre de les faire, bien qu'il ne puisse se *défaire* de leurs conséquences...

Sophocle ou Shakespeare parlent d'une responsabilité « coupable », et pas seulement par goût du sensationnel : le lien entre liberté et responsabilité devient plus évident quand la première nous attire et la seconde nous fait peur. Autrement dit, quand nous nous trouvons devant une *tentation*. Notre époque abonde en théories qui prétendent nous exonérer du poids responsable de la liberté, que nous trouvons insupportable : le mérite positif de mes actions me revient, mais je peux partager ma culpabilité avec mes parents, la génétique, l'éducation que j'ai reçue, la situation historique, le système économique, ou n'importe quelles circonstances que je ne suis pas en mesure de contrôler. Nous sommes tous coupables de tout, donc personne n'est le coupable principal de rien. Dans mes cours d'éthique, je cite souvent le cas suivant, sur lequel je brode selon mon inspiration du jour : supposons une femme dont le mari part pour un long voyage ; elle profite de son absence pour voir son amant ; le mari méfiant annonce son retour à l'improviste et exige que sa femme vienne l'attendre à l'aéroport. Pour aller à l'aéroport, elle doit traverser un bois où se cache un redoutable assassin. Effrayée, elle demande à son amant de l'accompagner, mais celui-ci refuse parce qu'il n'a pas envie de se retrouver nez à nez avec le mari ; elle demande alors la protection du seul gendarme du village, lequel lui dit aussi qu'il ne peut aller avec elle car il doit aussi protéger les autres habitants ; elle s'adresse à divers voisins et voisines, mais n'obtient que des refus, les uns ont peur et les autres s'en fichent. Finalement elle part seule et est assassinée par le criminel du bois. Question : qui est responsable de sa mort ? Ordinairement, j'obtiens des réponses très diverses, qui varient selon la personnalité des personnes interrogées. Certaines accusent l'intransigeance du mari, d'autres la lâcheté de l'amant, ou le manque de conscience professionnelle du gendarme, ou le mauvais fonctionnement des institutions qui nous promettent la sécurité, ou l'absence de solidarité des voisins, voire la mauvaise conscience de la victime elle-même... Peu répondent par l'évidence : que le Coupable (avec la majuscule due au principal responsable du crime) est l'homme qui l'a tuée. Sans doute de nombreuses circonstances pouvant servir à atténuer et parfois à diluer au maximum la faute en tant que telle interviennent-elles dans la responsabilité de toute action, mais jamais au point de « délier » totalement de son acte l'agent qui l'a accomplie intentionnellement. Comprendre tous les aspects d'une action peut conduire à la pardonner, mais jamais à effacer complètement la responsabilité du sujet libre : sinon, il ne s'agirait pas d'une action mais d'un accident fatal. Quoique... Si c'était précisément la liberté elle-même qui était l'accident fatal de la vie des hommes en société ?

Une des réflexions les plus énigmatiquement suggestives sur le lien entre action et responsabilité nous est donnée par le *Bhagavad-Gita* (ou « chant du Seigneur »), un long poème en forme de dialogue composé probablement au IIIe siècle avant J.-C., inclus dans le *Mahabharata*, la grande épopée hindoue. Le héros Arjuna s'avance sur son char de guerre vers les troupes ennemies et prépare les flèches avec lesquelles il va en exterminer le plus possible. Mais, parmi les adversaires qu'il doit tenter de tuer, il reconnaît plusieurs parents ou amis (il s'agit d'une guerre civile, fratricide) et cela l'angoisse si fort qu'il envisage sérieusement d'abandonner le combat. Alors l'aurige qui conduit le char et qui n'est autre que le dieu Krishna lui révèle son identité et l'exhorte à faire son devoir. Pour Krishna, le scrupule qu'éprouve Arjuna face à sa tâche de tueur est infondé, car « les sages ne s'apitoient ni sur les morts ni sur les vivants ». Dans le monde des apparences trompeuses où nous nous mouvons, ce qui a vraiment une substance (Brahmâ, l'Absolu incréé et impérissable) ne peut être détruit par des dards, ni réellement modifié par une quelconque opération humaine. Il revient à chacun d'agir comme ce qu'il est – dans le cas d'Arjuna, qui est un guerrier, en combattant sur le champ de bataille –, mais la sagesse consiste à ne jamais s'attacher aux fruits ou aux conséquences de son action : « Ta tâche est dans l'action, jamais dans ses fruits ; n'aie pas pour fin les fruits de l'action et ne t'attache jamais à l'inaction. » Nous sommes tous obligés à agir par les circonstances naturelles où se déroule notre vie : « Nul ne reste jamais, ne serait-ce qu'un moment, sans œuvrer ; l'homme est conduit à l'action, contre son gré, par les fils que tisse la Nature. » Le secret est d'œuvrer comme si l'on n'œuvrait pas, d'accomplir les actions qui nous échoient sans permettre à notre esprit de se laisser troubler par le désir, la colère, la peur ou l'espoir. « Aussi, fais toujours avec détachement l'Action que tu dois faire ; l'homme qui accomplit l'action avec détachement montera toujours plus haut. »

Pour nos mentalités chrétiennes (même si nous nous considérons laïques, voire athées), ce dieu qui recommande tranquillement à l'homme de pratiquer la tuerie comme s'il ne faisait rien – ou comme s'il faisait n'importe quoi d'autre ! – est difficile à comprendre. L'idée même que nous devions *nous résigner* à l'action comme faisant partie de l'ordre de la nature, mais en nous livrant à elle avec un total « désintérêt » pour ce qu'elle promet, apparaît contraire à tout ce que signifient « projet », « intention », tout comme au « succès » ou à l'« échec » de ce qui a été entrepris. Mais le poids de la responsabilité de l'action – qui n'est pas un simple préjugé occidental, puisque Arjuna en fait l'expérience quand il est sur le point de massacrer ses parents, exactement comme Macbeth avant de décider d'assassiner Duncan – s'allège avec le raisonnement choquant qu'il faut perpétrer l'évitable comme s'il était inévitable. Au fond, agir « consciemment » n'est rien d'autre que comprendre de quelle manière nous sommes tous *agis* par l'apparent et reconnaître notre identité avec ce qui *est* toujours, mais ne *fait* jamais. Nous pouvons trouver des parallélismes entre cette perspective orientale et la forme de pensée des stoïciens ou de Spinoza, même si des prémisses semblables débouchent sur des règles pratiques très différentes : dans la pensée occidentale, la considération objective de l'intrication causale à l'intérieur de quoi nous agissons permet de « comprendre » mieux l'action, mais sans jamais nous « déprendre » d'elle, c'est-à-dire de ses buts et de ses conséquences. On comprend mieux ainsi les reproches respectueux qu'un grand admirateur de la sagesse hindoue comme Octavio Paz (dans son livre *Visions de l'Inde*) formule à l'encontre de cette doctrine du *Bhagavad-Gita* : « Le détachement d'Arjuna est un acte intime, une renonciation à soi-même et à ses désirs, un acte d'héroïsme spirituel, et qui, pourtant, ne révèle pas d'amour du prochain. Arjuna ne sauve personne à part lui-même... le moins qu'on puisse dire est que Krishna prêche un désintérêt sans philanthropie. »

Être libre, c'est répondre de nos actes, et l'on répond toujours devant les autres, avec les autres comme victimes, comme témoins et comme juges. Cependant, il semble que nous cherchions tous « quelque chose » qui allège la lourde charge de la liberté qui pèse sur nous. Ne pouvons-nous pas supposer que notre nature humaine est libre, mais qu'à l'intérieur de cette liberté « nécessaire » nous agissons aussi innocemment que les plantes poussent ou que les animaux grandissent ? Si nous sommes libres « par nature », la nature même ne délimitera-t-elle pas l'espace d'efficacité de notre liberté ? En quoi ce qu'il y a d'irrémédiablement libre dans notre condition naturelle diffère-t-il de ce qui est simplement irrémédiable chez les autres êtres naturels ? Peut-être ce beau poème de la Polonaise Wistlava Szymborska nous apporte-t-il un début de réponse :

L'aigle ne se reproche rien.
La panthère noire n'a pas de scrupules.
Les piranhas ne doutent pas de l'honnêteté de leurs actes.
Et le crotale passe son temps à se féliciter.
Le chacal autocritique n'est pas encore né.
La langouste, le caïman, la trichine et le taon
Vivent satisfaits d'être comme ils sont.
[...] Sur la troisième planète du soleil
La conscience propre et tranquille
Est un symptôme primordial d'animalité.

L'homme apparaît comme l'unique animal qui peut être mécontent de lui-même : le *repentir* est l'une des possibilités toujours ouvertes à la conscience de soi du sujet libre. Mais si nous sommes naturellement libres, comment pouvons-nous nous repentir de ce que nous avons fait avec notre liberté naturelle ? Comment le fait d'être ce que nous sommes naturellement peut-il nous apporter des conflits intérieurs ? Nous devons donc élucider maintenant ce qu'est notre nature et quel sens a la notion de « nature » pour nous, animaux capables de mauvaise conscience.

Sujets de réflexion...

Que signifie « habiter » le monde ? S'agit-il simplement d'être contenus dedans, ou faisons-nous partie de lui ? Qu'est-ce qu'« agir » ? « Faire quelque chose » est-il la même chose qu'« exécuter une action » ? Peut-il y avoir des actions « involontaires » ? Comment savons-nous que nous faisons quelque chose volontairement ? Y a-t-il des choses que nous faisons volontairement, mais aussi « sans le vouloir » ? « Décider de faire quelque chose » est-il la même chose que « faire quelque chose » ? « Vouloir bouger mon bras » et « bouger mon bras » sont-ils deux actions ou une seule ?

Quand peut-on dire que j'agis librement ? Si je n'agis pas librement, peut-on dire que « j'agis » ? Que dit la théorie déterministe ? Un certain déterminisme et un certain type de liberté peuvent-ils être compatibles ? La physique contemporaine est-elle « déterministe » au même sens que l'a été la physique classique ? Le déterminisme de la physique a-t-il quelque chose – beaucoup ou peu – à voir avec le problème de la liberté humaine ? Quelles sont les différentes acceptions de la notion de « liberté » ? Pouvons-nous admettre que nous sommes libres au sens de l'une de ces acceptions et pas au sens d'une autre ou des autres ? Comment la liberté est-elle liée aux exigences de la vie en société ? Que signifie « être responsable » ou « se rendre responsable » d'une action ? Peut-il y avoir des actions dont nous sommes tous responsables ou dont personne n'est responsable ? Comment la tragédie grecque, Shakespeare et le Bhagavad-Gita *entendent-ils la responsabilité de l'action ? Pourrions-nous nous repentir de ce que nous faisons si nous n'étions pas libres de le faire ou de ne pas le faire ? Si nous sommes libres par nature, est-il contre nature d'avoir mauvaise conscience pour ce que nous avons fait librement ?*

CHAPITRE SEPTIÈME

Artificiels par nature

Dans le chapitre quatrième, nous avons esquissé une description générique de l'homme comme « animal symbolique » en indiquant les traits caractéristiques qui le définissent par rapport aux autres êtres vivants avec lesquels – par ailleurs – il conserve aussi une indubitable parenté. Les symboles sont fondés sur des conventions, aussi l'homme est-il un animal « conventionnel », un être vivant capable d'établir, d'apprendre et de pratiquer des concordances de sens avec ses semblables. Mais nous devrions maintenant nous demander s'il existe une nature humaine, si les humains sont formés par la nature et en font partie, si nous sommes également des « êtres naturels » en plus – ou en dépit – d'être « conventionnels », s'il y a contradiction ou incompatibilité entre les deux. Ces questions nous intéressent, car connaître notre nature ou notre relation avec la nature pourra peut-être nous orienter sur la manière d'agir et d'employer convenablement notre liberté. Après tout, quand nous voulons approuver ou disculper un comportement, nous disons qu'il est « naturel » d'agir ainsi ; et nous blâmons aussi certaines conduites en disant qu'elles sont « contre nature ». Que voulons-nous dire quand nous procédons à de telles affirmations ?

A notre époque, on entend beaucoup parler de la « nature ». Les prises de position écologistes nous préviennent contre certaines manières d'agir qui représentent des menaces contre le « naturel », car elles mettent en danger la « nature » par les abus techniques, la pollution industrielle, la surexploitation des ressources, l'anéantissement d'espèces vivantes, les manipulations génétiques, etc. Certains soutiennent que beaucoup de nos maux viennent d'avoir tourné le dos au « naturel » et recommandent de revenir à la « nature », de nous considérer comme une partie de celle-ci et non comme ses propriétaires tyranniques, de nous laisser en quelque sorte guider par elle. Nous devrions, selon ce point de vue assez répandu, nous servir de sources d'énergie « naturelles » et consommer des produits « naturels ». D'autres croient que de telles positions nous font retourner à la barbarie, aux temps primitifs, en quittant le chemin du progrès scientifique que rien ne peut ni ne doit arrêter. Ils font remarquer que la norme supposée du « naturel » sert aussi à disqualifier et à réprimer comme étant « contre nature » certaines revendications sociales telles que, par exemple, celles du féminisme et celles des homosexuels. Demandons-nous encore une fois : de quoi parlons-nous avec tant de passion ?

Comme je l'ai déjà indiqué à plusieurs reprises au long des chapitres précédents, notre première tâche philosophique – mais bien sûr pas la seule – devra consister à préciser le plus possible les usages de la notion sur laquelle s'établit la controverse : dans le cas présent, celle de « nature » ou de « naturel ». Seule la mauvaise philosophie commence par inventer de nouveaux termes ronflants que personne ne comprend, au lieu de se proposer d'éclairer ce que nous entendons par les mots que nous employons habituellement. Évidemment, il ne semble pas que nous nous référions à la même chose quand nous disons que la gravitation est une loi de la Nature découverte par Newton, qu'il est naturel que les mères aiment leurs enfants, que la nature est très belle, que l'agressé réagit naturellement contre son agresseur, que les êtres humains sont égaux par nature et que le plus naturel, pour descendre du sixième étage dans la rue, est de prendre l'escalier ou l'ascenseur et non de sauter par la fenêtre. Examinons tout cela d'un peu plus près.

Quels sont les principaux usages du mot « nature » ?

Le premier est celui qui lui est attribué dans le titre du célèbre poème de Lucrèce, *De rerum natura* ou « De la nature des choses ». Chacune des choses qui existent dans l'univers a sa nature propre, c'est-à-dire sa *forme d'être* propre. Au XIXe siècle, l'un des personnages les plus lucides et les plus honnêtes qui se soient occupés de philosophie – John Stuart Mill – a écrit un court essai qui s'intitule précisément *La Nature* et commence ainsi : « Que voulons-nous dire quand nous parlons de la "nature" comme d'un objet particulier, de la même manière que nous parlons du feu, de l'eau, ou d'un animal ou d'une plante quelconques ? Évidemment, l'*ensemble* ou l'addition de ses pouvoirs ou propriétés ; les modes selon lesquels ledit objet agit sur d'autres choses (en incluant dans celles-ci les sens de l'observateur), et les modes selon lesquels d'autres agissent sur elles. » Peut-être devrions-nous ajouter explicitement à cette définition – car sinon Lucrèce ne nous le pardonnerait pas – la composition physique et la *genèse* d'un tel objet ou chose. La nature de quelque chose est sa forme d'être, d'arriver à être et d'opérer dans l'ensemble du reste de ce qui existe. De sorte que la Nature avec une majuscule est l'ensemble des capacités ou propriétés de toutes les choses, tant celles qui sont que celles qui pourraient venir à être, comme l'indique avec raison Stuart Mill : « Ainsi, "Nature", dans son acception la plus simple, est le nom collectif pour tous les faits, ceux qui sont là comme ceux qui sont simplement possibles ; ou (pour être plus précis), un nom pour le mode, en partie connu de nous et en partie inconnu, sous lequel les choses se présentent. »

Évidemment, nous nous référons là à *tout* ce qui existe dans l'univers, ou peut exister, animé ou inanimé, rationnel ou irrationnel, en incluant aussi les tables, les châteaux, les avions intercontinentaux et autres produits de la fabrication humaine. N'importe quelle chose faite par l'homme a aussi sa nature, au même titre qu'une fleur ou un fleuve, et répond à des propriétés physiques et chimiques qu'elle partage avec un grand nombre d'êtres qui n'ont pas été humainement fabriqués. En ce sens, rien de ce que l'homme fait ne peut aller contre la nature, ni la détruire ou lui nuire, puisque les produits humains en font également partie (il n'est pas à la portée de l'homme de « violer » la nature, il peut seulement utiliser ses règles d'une manière ou d'une autre). Un pesticide est tout aussi « naturel » que l'eau claire de la source, la bombe atomique répond à des principes aussi « naturels » que le lever du jour ou la fabrication de rayons par les abeilles, l'incendie provoqué intentionnellement est aussi « naturel » que le bois dévasté par lui. L'homme peut détruire certains objets naturels ou nuire à d'autres êtres vivants mais, en procédant ainsi, tout ce qu'il fait se fonde toujours sur la nature même des choses. Dans ce premier sens du terme, il y a une continuité naturelle entre tout ce qui existe ou se produit dans la réalité.

Mais il y a un autre sens du mot « nature » suivant lequel est naturel tout ce qui apparaît dans le monde sans intervention humaine. Dans le livre X de sa *Physique*, Aristote établit que les êtres naturels sont ceux qui contiennent en eux-mêmes leur principe et leur finalité, c'est-à-dire ceux qui sont *spontanément* ce qu'ils sont et comment ils sont. Au contraire, un lit ou un ordinateur ont leur principe dans la capacité de production humaine et répondent à des fins que les hommes se sont proposées. Il y a donc d'un côté les êtres naturels, issus d'une spontanéité créatrice que, dans son ensemble, nous appelons « nature » ; et de l'autre les objets *artificiels*, résultats de l'art ou de la technique humaine (le mot grec *tekhnê*, dont vient notre « technique » signifie aussi « art »). Mais la distinction entre les uns et les autres laisse des zones d'ombre inquiétantes. En 1826, pour la première fois, l'urée, une substance qui existe aussi spontanément dans la nature, a été produite par synthèse : le produit ainsi obtenu doit-il être considéré comme naturel, artificiel... ou artificiellement naturel ? Naturels ou artificiels, les différentes races de chiens, les cerfs Duroc-Jersey ou les chevaux de course ? Et les variétés de fleurs obtenues à force de greffes ? Artificiel ou naturel, le reboisement forestier ? La majeure partie des paysages qui nous entourent sont inséparables de l'action humaine, que ce soit parce qu'il y a eu intervention active dans leur agencement ou parce qu'on s'est volontairement abstenu d'intervenir. Cette évidence rend-elle « artificiel » tout ce qui nous entoure ? Bien sûr, la question la plus difficile est posée par l'être humain lui-même, qui n'arriverait pas à exister sans l'intervention d'autres êtres humains qui l'engendrent physiquement et culturellement. Selon ce qu'assure Claude Lévi-Strauss dans son *Anthropologie structurale*, « les hommes ne se sont pas moins faits eux-mêmes qu'ils n'ont fait les races de leurs animaux domestiques ». Sommes-nous naturels, artificiels... ou artificiels par nature ?

Appliqué au cas de l'homme, le terme « naturel » s'oppose en premier lieu à « culturel » : le naturel est l'*inné*, le biologiquement déterminé, ce qui ne se choisit ni ne s'apprend, mais se subit ; en revanche, le culturel est l'*acquis*, ce que nous recevons, pour le meilleur et pour le pire, de nos semblables, ce que nous choisissons ou imitons, tout ce que nous faisons délibérément. Consultons de nouveau l'anthropologue Claude Lévi-Strauss : « Posons que tout ce qui est universel chez l'homme relève de l'ordre de la nature et se caractérise par la spontanéité, tandis que tout ce qui est astreint à une norme appartient à la culture et présente les attributs du relatif et du particulier » (*Les Structures élémentaires de la parenté*). En ce qui concerne la première partie de cette proposition – l'universel dans l'homme est naturel –, il convient d'indiquer que son contraire n'est pas vrai : l'inné ou naturel de chaque être humain concret a de multiples particularités, certaines génériques et partagées avec beaucoup d'autres (le sexe, par exemple, ou la couleur de la peau et des yeux, certaines malformations, etc.), mais d'autres sont uniques et ne peuvent être répétées (empreintes digitales, dotation génétique, sauf chez des jumeaux homozygotes, etc.). Nous pourrions également considérer comme part « naturelle » de chacun les changements accidentels que subit sa structure physique, par exemple les séquelles que laisse la poliomyélite ou le simple et très universel phénomène du vieillissement, car il n'y a pas deux personnes qui vieillissent exactement de la même manière. Ni, certainement, qui meurent de la même manière. Évidemment, il faut aussi discuter ce dernier point : si je reste boiteux après avoir été renversé par une voiture, s'agit-il d'un handicap « naturel » ou « culturel » ? Ou d'un handicap « culturel » qui affecte ma part « naturelle » ? Je rappelle ici la vieille plaisanterie : « De quoi est mort Untel ? – De mort naturelle. – Comment est-ce arrivé ? – Un piano lui est tombé dessus du huitième étage. – Et c'est ça que tu appelles une “mort naturelle” ? – Eh bien ! ça ne te semble pas naturel de mourir, quand un piano te tombe dessus du huitième étage ? »

Car, chez chacun de nous, n'importe quel trait « naturel » est toujours contaminé par la culture et *vice versa*. Rien de plus naturel et de plus universel chez les humains – comme chez le reste des animaux – que la nécessité de manger, mais personne ne mange sans se soumettre à des normes culturelles, sans respecter des règles gastronomiques, sans choisir ou refuser des aliments en fonction d'habitudes acquises : il est naturel d'avoir à se nourrir, mais nous nous nourrissons toujours culturellement. Allez donc demander ce qu'ils en pensent aux survivants de cet accident d'avion dans les Andes, qui ont dû choisir entre dévorer les cadavres des victimes ou mourir d'inanition pendant qu'ils attendaient les secours ! Même s'ils s'étaient finalement vus obligés de sacrifier l'un des leurs pour continuer à se nourrir, on peut être sûr qu'ils l'auraient tiré au sort, au lieu de choisir le plus gros comme ce serait « naturel »... De même, l'instinct sexuel paraît très naturel, mais pas le tabou de l'inceste, ni le mariage, ni l'amour romantique, ni les *Vingt Poèmes d'amour* de Pablo Neruda, etc. Il est « naturel » de vouloir se prémunir contre les intempéries, mais pas de construire des palais ou des pavillons de banlieue, ni encore moins de décorer des cavernes avec des peintures rupestres... Et que dire du pouvoir ? Il est probablement très naturel que les plus forts dominent les faibles, comme le rappelle Calliclès à Socrate dans le *Gorgias* de Platon, mais cela ne se passe jamais chez les humains sans un appareil politique et juridique compliqué. Et nous connaissons ces cas étonnants où, bien souvent, ceux qui sont physiquement ou naturellement les plus forts obéissent à un ancien ou même à un enfant pour des raisons culturelles dont l'« artificialité » a été soulignée par un ami de Montaigne, Étienne de La Boétie, dans son *Discours de la servitude volontaire.* La force avec laquelle certains hommes s'imposent à d'autres n'est presque jamais simple supériorité musculaire ou numérique, elle a toujours besoin de passer au symbolique, c'est-à-dire de s'« artificialiser »...

Et l'on peut aussi raconter l'histoire vue de l'autre bord. Dans les conférences sophistiquées de politique internationale on voit de temps à autre luire les griffes et les dents du fauve « naturel » que nous sommes peut-être, les oripeaux clinquants des défilés de mode s'expliquent en fin de compte par la convoitise charnelle de notre instinct, et Proust n'est ni le premier ni le dernier grand homme qui, à sa dernière heure, ait oublié l'importance des conventions pour mourir, très naturellement, en appelant sa maman. Comment comprendre tout cela ? Dirons-nous que l'homme est composé de couches superposées, comme un oignon, que les plus profondes, les plus intimes sont naturelles, tandis que, sur elles, se sont déposées les strates de l'éducation, de la sociabilité, des caractères artificiels, etc. ? Je me souviens que dans les histoires de Tarzan – qui ont si fort contribué au bonheur de mon adolescence –, quand longtemps après avoir quitté la jungle, celui qu'on appelle significativement « l'homme-singe » doit affronter ses ennemis, le début de sa colère justicière est exprimé à peu près en ces termes : « Alors la fine couche de civilisation qui le recouvrait se brisa et... » Et les méchants n'ont plus qu'à trembler ! La culture est-elle donc une simple couche de vernis qui recouvre notre nature intacte ? Il semble plutôt que l'imprégnation les rende inséparables l'une de l'autre, comme l'écrit un philosophe contemporain, Maurice Merleau-Ponty, dans sa *Phénoménologie de la perception* : « Il est impossible de superposer chez l'homme une première couche de comportements que l'on appellerait "naturels" et un monde culturel ou spirituel fabriqué. Tout est fabriqué et tout est naturel chez l'homme, comme on voudra dire, en ce sens qu'il n'est pas un mot, pas une conduite qui ne doive quelque chose à l'être simplement biologique – et qui en même temps ne se dérobe à la simplicité de la vie animale, ne détourne de leur sens les conduites vitales, par une sorte *d'échappement* et par un génie de l'équivoque qui pourraient servir à définir l'homme. » Nous avons beau plonger pour trouver le fond naturel de l'humain, nous trouvons toujours la marque de la culture mêlant l'acquis à l'inné ; de même, il n'y a aucun moyen d'isoler une seule attitude ou perspective culturelle qui ne soit empreinte de zoologique, de conditionnement simiesque. Ce qu'il y a de plus naturel chez les hommes est de ne l'être jamais tout à fait.

Appliqué à la conduite humaine, ce terme de « naturel » a également d'autres usages communs qui valent la peine d'être au moins mentionnés au passage, car ils illustrent bien ce que nous avons indiqué jusqu'à maintenant. Par exemple, nous disons qu'un comportement est « naturel » quand il répond à ce qui est habituel ou relève de la coutume. On a dit, avec raison, que l'habitude est une seconde nature... qui bien souvent se substitue à la première ou la déplace ! C'est ainsi qu'il est « naturel » en Espagne de commencer un repas par de la soupe pour continuer ensuite avec le plat principal, alors que les Chinois et les Japonais trouvent « naturel » de la manger après, ou à la fin du repas. Est « naturel » ce qui est le plus ancien, l'habituel, ce qu'on a toujours fait... raison pour laquelle certains considèrent « contre nature » tout élément modernisateur ou en rupture avec les routines bien établies : c'est à cette difficulté que se sont heurtés ceux qui ont voulu abolir l'esclavage ou la peine de mort, de même que les défenseurs de l'égalité des hommes et des femmes devant la loi et dans le travail, ou ceux qui luttent contre la discrimination de l'homosexualité.

On appelle aussi couramment « naturel » le comportement de ceux qui agissent de manière non préméditée, impulsive ; il est naturel, par exemple, de se fâcher très fort quand on est insulté ou de se mettre à rire quand on voit glisser quelqu'un sur une peau de banane. Mais de telles réactions qui sont supposées spontanées n'ont-elles vraiment rien à voir avec l'éducation reçue ou l'expérience sociale de chacun ? La personne qui vient de se casser la jambe en glissant, par exemple, ne rit pas en en voyant tomber une autre, mais elle accourt en boitant pour la relever... Si l'homme, si animal soit-il, est également rationnel, pourquoi le fait de réfléchir à ce qu'on va dire ou faire ne serait-il pas aussi « naturel » que de réagir sans réfléchir ? Enfin, nous disons qu'une personne cesse de se comporter « naturellement » – selon sa « manière d'être » – quand elle change d'attitude ou de conduite sous l'influence d'une quelconque cause extérieure : par exemple, Untel était d'un « naturel » gai jusqu'au moment où son fils est mort ou était pacifique jusqu'à ce qu'on l'ait provoqué. Mais n'est-il pas tout aussi « naturel » de changer quand les circonstances changent ? De telles stimulations extérieures ne révèlent-elles pas une « manière d'être » plus vraie – ou aussi vraie – que celle qu'on a eue jusque-là ? Rappelons-nous ce que disait Schopenhauer sur le « ne nous laissez pas succomber à la tentation »...

En fin de compte, on a l'impression que les termes de « nature » et de « nature humaine » enferment des aspects fortement culturels. Ils semblent même inventés pour servir de contrepoids à la culture et, en même temps, de critère pour la juger, voire l'orienter. Un penseur du XVIIIe siècle à qui on attribue toujours une particulière nostalgie d'un « état de nature » primitif chez l'homme, Jean-Jacques Rousseau, reconnaît dans la préface de son *Discours sur l'origine et le fondement de l'inégalité entre les hommes* : « Car ce n'est pas une légère entreprise de démêler ce qu'il y a d'originel et d'artificiel dans la nature actuelle de l'homme, et de bien connaître un état [l'état de nature] qui n'existe plus, qui n'a peut-être point existé, qui probablement n'existera jamais, et dont il est pourtant nécessaire d'avoir des notions justes pour bien juger de notre état présent. » Nous avons besoin du naturel ou de l'état de nature pour *apprécier* de façon adéquate la situation actuelle (sociale, morale, etc.) dans laquelle nous vivons. Nous en avons besoin même si, comme le reconnaît honnêtement Rousseau, il n'a jamais existé ou n'existera jamais ! Nous devons comparer cet idéal nommé « Nature » avec la réalité humaine dans laquelle nous vivons présentement, pour déterminer si nous nous éloignons de sa perfection ou si nous tendons vers elle. La réponse de Rousseau (et de presque tous ceux qui proposent cet exercice d'appréciation) est que notre société s'éloigne de l'idéal de la Nature, et que cet éloignement est d'autant plus fort que l'institution concrète considérée par nous est plus « moderne » (bien que Rousseau croie que nous ne devons pas pleurer sur l'innocence perdue, mais tenter de reconstruire quelques-uns de ses meilleurs effets égalitaires par le moyen d'un nouveau contrat social). Aujourd'hui, certains écologistes radicaux en arrivent à défendre les « droits » inaliénables de la Nature au-dessus des intérêts humains mesquins et dévastateurs. Inévitablement, la question est : pourquoi ?

Ceux qui prennent un certain idéal dénommé « Nature » comme mesure ou patron pour apprécier la réalité humaine entendent, semble-t-il, par « Nature » l'état originel dans lequel toutes les choses étaient encore, spontanément ou par dessein du divin Créateur, *comme elles doivent être.* Après sont apparus les hommes qui n'ont eu de cesse de croître et de se multiplier, et qui, surtout, ont « péché » (c'est-à-dire inventé des formes artificielles non prévues dans le projet naturel), ce qui les a condamnés à une forme de vie « contre nature » et mauvaise, laquelle a fini par contaminer leur environnement naturel. Très bien, mais alors d'où sortent-ils que la Nature est l'idéal de ce qui « doit » être ? Entendue dans le premier des sens que nous avons indiqués – l'ensemble des propriétés et « formes d'être » de toutes les choses existantes –, la Nature a seulement à voir avec ce que *sont* les choses, jamais avec ce qu'elles « devraient » être... sauf si nous décidons que les choses doivent toujours être ce qu'elles sont, ce qui règle définitivement leur compte à toutes les « appréciations » imaginables ! Or, ce que, semble-t-il, nous ne rencontrons jamais dans le monde naturel, ce sont précisément des « valeurs », autrement dit le Bien et le Mal dans leurs manifestations les plus indiscutables. Dans tous les cas, nous pouvons indiquer des choses qui sont naturellement « bonnes » ou « mauvaises », selon la forme d'être de chacun des éléments qui existent. Par exemple, pour le feu, l'eau est extrêmement « mauvaise » parce qu'elle l'éteint. Mais elle est, en revanche, extrêmement « bonne » pour les plantes qui en ont besoin pour pousser. Le lion est très « mauvais » pour les antilopes et les zèbres parce qu'il les mange. Pourtant, dans l'opinion du lion, les « mauvais » seraient les zèbres et les antilopes qui s'obstineraient à courir si vite qu'il ne pourrait jamais les atteindre, parce qu'ils le condamneraient à mourir de faim. Les antibiotiques sont très « bons » pour l'homme parce qu'ils tuent les microbes qui les rendent malades, même s'ils sont affreusement « mauvais » pour lesdits microbes qu'ils éliminent. Etc., etc.

C'est-à-dire que, comme l'ont indiqué Spinoza et d'autres savants, le naturellement « bon » pour chaque chose est ce qui lui permet de continuer d'être ce qu'elle est, et le naturellement « mauvais » est ce qui fait obstacle à sa forme d'être ou qui la détruit. Mais comme il y a dans la Nature beaucoup – infiniment ? – de choses différentes, chacune ayant des intérêts qui correspondent à ce qu'elle est par nature, il en résulte inévitablement qu'il n'y a pas un Bien ni un Mal valables pour tout le réel, mais une pluralité de « bons » et de « mauvais » aussi nombreux qu'il y a de choses différentes dans la réalité. Le « bon » pour telle chose est « mauvais » pour telle autre, et réciproquement. De sorte que ceux qui prétendent établir un idéal « naturel » pour juger de la conduite et du devenir des hommes devront d'abord déterminer, non pas ce que les hommes sont aujourd'hui, ni même ce qu'ils ont été hier ou il y a mille ans, mais ce qu'ils sont « par nature », c'est-à-dire ce qu'ils seraient ou auraient été si leur authentique « forme d'être » était ou avait été respectée, bref s'ils étaient « *comme ils doivent être* ». Pour cela nous devrions séparer nettement le « naturel » du « culturel », le plan de la « nature » des projets culturels réalisés par l'homme à partir de lui-même, et ce n'est pas précisément une tâche facile – Rousseau lui-même s'est vu forcé de l'admettre. Et puis, comment être sûrs que la « culture » elle-même n'est pas le développement le plus « naturel » de ce qui convient à l'homme ? S'il n'y a pas d'hommes sans « culture », comment la « culture » pourrait-elle ne pas être quelque chose de naturel, qui correspond à notre forme d'être en tout temps et en tout lieu ?

Bien plus : nous pourrions dire que l'artificiel est quelque chose de *meilleur* que le naturel et que son utilité consiste précisément à nous protéger de la nature. Les médicaments sont artificiels, mais servent à nous soigner des maladies, qui sont tout à fait naturelles ; le chauffage artificiel nous protège du froid naturel et l'artifice du paratonnerre nous met à l'abri de la foudre naturelle. Non seulement l'artificiel nous protège, mais il *accroît nos possibilités* : il nous permet d'aller jusqu'à la Lune, de découvrir des êtres microscopiques, de manger un excellent jambon, d'écouter de la musique sans la présence d'un orchestre, et il me sert en ce moment à communiquer avec toi, ami lecteur, par le moyen de ces pages imprimées (même si j'admets aisément que tu n'es pas prêt à compter ce dernier avantage parmi les plus importants de l'artificiel !). S'il n'y avait pas de culture artificielle, disent certains optimistes, nous vivrions moins longtemps, nous nous déplacerions plus lentement, nous serions beaucoup plus ignorants, nous devrions nous nourrir de tubercules et de viandes crues, nous userions notre temps à lutter à poings nus contre les ours et nous ne profiterions pas de Shakespeare, Mozart ou Hitchcock. Mais les pessimistes nous rappellent que sans tous ces artifices nous n'aurions pas à souffrir de la pollution des mers et des forêts par des substances fabriquées par l'homme, que des millions de personnes ne mourraient pas mitraillées ou bombardées, qu'il n'y aurait pas d'accidents de la route ni d'avions, que les gouvernants ne pourraient pas nous espionner électroniquement et que nous ne succomberions jamais à la tentation de nous abrutir en regardant des jeux télévisés.

L'homme bon de John Stuart Mill protestait douloureusement : « Si l'artificiel n'est pas mieux que le naturel, quelle finalité y a-t-il dans tous les arts de la vie ? Creuser, labourer, construire, se vêtir sont des violations directes du commandement de suivre la Nature. » D'aucuns lui répondront que si nous suivions mieux de tels commandements naturels, nous irions bien mieux. Mais le problème de fond reste le même : savons-nous ce que nous commande la Nature ? Pouvons-nous dire qu'elle nous « commande » de mourir quand nous attrapons un microbe et qu'elle nous « interdit » de porter des lunettes ou de voler dans les airs ? Savons-nous ce que la Nature – si tant est qu'il existe une dame aussi importante – veut de nous et *en* nous ?

De ce qui arrive naturellement, on peut tirer des leçons *morales* très différentes. Par exemple, les philosophes stoïciens, au début de l'ère chrétienne, recommandaient de vivre en accord avec la Nature, et pour eux un tel accord consistait à réfréner les passions instinctives, à pratiquer la vérité et l'abnégation, à accomplir honnêtement les devoirs de notre situation sociale, etc. Mais Nietzsche se moque ainsi de leurs prétentions : « C'est “en accord avec la nature” que vous voulez vivre ? Ô nobles stoïciens, quelle duperie que les mots ! Imaginez un être immensément prodigue, immensément indifférent, sans intentions et sans égards, sans pitié ni justice, fécond et stérile en même temps qu'incertain, comme l'est la nature, imaginez l'indifférence elle-même devenue une puissance, comment vous serait-il possible de vivre en accord avec cette indifférence ? Vivre n'est-ce pas justement vouloir être autre que cette nature ? Vivre n'est-ce pas peser le pour et le contre, préférer, être injuste, limité, vouloir être différent ? Et à supposer que votre impératif “vivre en accord avec la nature” ne signifie au fond que “vivre en accord avec la vie”, comment vous serait-il possible de le faire ? A quoi bon ériger en principe ce que vous êtes vous-mêmes, ce que vous ne pouvez pas ne pas être ? En réalité les choses sont tout autres : alors que vous prétendez, avec des transports d'allégresse, tirer de la nature le modèle de votre loi, c'est tout le contraire que vous voulez, drôles de comédiens, dupeurs qui vous dupez vous-mêmes ! Votre orgueil veut prescrire et incorporer à la nature elle-même votre morale, votre idéal [1]... »

Ceux qui recommandent de se comporter « en accord avec la Nature » sélectionnent certains aspects naturels et en écartent d'autres. Les stoïciens voulaient être « naturels » en contrôlant leurs passions et en respectant leur prochain, tandis que, par exemple, le marquis de Sade était convaincu qu'il n'y a rien de plus « naturel » que de faire tout ce dont nous avons envie, advienne que pourra et quelle que soit la douleur que cela peut occasionner chez les autres. Voyons-nous la Nature se soucier des millions d'êtres vivants qui souffrent pour que d'autres satisfassent leurs appétits sur leur dos ? Dans

1. F. Nietzsche, *Par-delà le bien et le mal*, traduction d'Henri Albert révisée par Jean Lacoste, Laffont.

sa dispute avec Socrate (dans le *Gorgias* platonicien), Calliclès soutient lui aussi que la première « loi » de la Nature dit que les plus forts et les plus intelligents ont le droit de dominer le reste des hommes et de posséder les plus grandes richesses, en conséquence de quoi il trouve « contre nature » et donc injustes les lois démocratiques qui établissent l'égalité des droits dans la *polis*, protégeant les faibles et répandant une morale semblable à celle de Socrate, selon laquelle il est préférable de supporter un outrage que de le causer. De nos jours, nous ne manquons pas de spécialistes en sciences sociales ou politiques qui donnent plus ou moins raison à Calliclès, au nom de la théorie de l'évolution de Charles Darwin : si la Nature sélectionne les individus les plus aptes de chaque espèce (et les espèces les plus aptes parmi celles qui sont en concurrence sur un même territoire), par le moyen de la « lutte pour la vie » qui élimine les plus fragiles ou ceux qui s'adaptent le plus mal aux conditions de leur environnement, la société humaine ne devrait-elle pas faire la même chose et laisser chacun démontrer ce qu'il vaut, sans relever ceux qui tombent ni subventionner les maladroits ? Ainsi, la société fonctionnerait de façon plus « naturelle » et l'on favoriserait la multiplication de la race impitoyable mais efficace des vainqueurs...

En fait, ces Calliclès modernes n'ont pas lu Charles Darwin avec assez d'attention. Les doctrines qu'ils professent doivent beaucoup plus à certains « hérétiques » du darwinisme, comme Francis Galton (un cousin de Darwin qui a inventé l'*eugénisme*, théorie selon laquelle la reproduction de l'espèce humaine doit être orientée comme celle des animaux domestiques, afin de produire les meilleurs spécimens, et que les nazis ont mise en pratique par la suite d'atroce manière) et Herbert Spencer, philosophe social partisan d'un ultra-individualisme radical. Or, ce que soutient Darwin, dans *De la descendance de l'homme* (son deuxième grand livre après *L'Origine des espèces*), est très différent et autrement subtil. Selon lui, c'est la sélection naturelle elle-même qui a favorisé le développement des instincts sociaux – en particulier la « sympathie » ou la « compassion » entre semblables –, sur quoi se fonde la civilisation humaine, c'est-à-dire la *réussite* vitale de notre espèce. Pour Darwin, c'est l'évolution naturelle elle-même qui débouche sur une forme de vie en commun qui contredit en apparence la fonction de la « lutte pour la vie » chez d'autres espèces, tout en présentant des avantages qui ne sont pas d'ordre purement biologique, mais *social*. Contrairement aux suppositions de Calliclès et de ses disciples, ce qui nous fait « naturellement » plus forts en tant qu'ensemble humain est la tendance instinctive à protéger les individus faibles ou circonstanciellement défavorisés, face à ceux qui sont biologiquement puissants. La société et ses lois « artificielles » sont le véritable résultat « naturel » de l'évolution de notre espèce ! De sorte que, pour nous, le « contre nature » serait de retomber dans la « lutte pour la vie » pure et dure où prévaut la simple force biologique ou ses équivalents modernes : par exemple l'habileté de certains à accumuler entre leurs mains les moyens économiques et politiques qui devraient être répartis de façon socialement plus équilibrée. Nous aurons à parler de cette question dans le prochain chapitre.

En fin de compte, il faudra donner raison au vieux Galilée quand, au début du XVIIe siècle, il avouait dans une lettre à Grienberger que « la nature n'a aucune obligation envers les hommes et n'a signé aucun contrat avec eux ». Mais le contraire est-il sûr ? Pouvons-nous dire que, de leur côté, les hommes n'ont aucune obligation envers la nature, vu que les seuls contrats qui nous obligent, nous les signons toujours avec des humains comme nous ? Beaucoup de gens pensent que nous avons un certain type de devoirs envers les êtres naturels, comme ne pas polluer les mers, ne pas attenter à la diversité biologique du monde en exterminant des espèces végétales et animales, ne pas détruire les beaux paysages, ne pas faire souffrir d'autres êtres vivants capables d'expérimenter la douleur, etc. Pour recourir à une distinction que nous avons déjà utilisée, il est sans doute « rationnel » de mettre les éléments naturels à notre service pour améliorer notre vie, la prolonger et la rendre plus intéressante, mais il paraît aussi « raisonnable » de respecter et de conserver certains aspects de la nature auxquels nous nous trouvons spécialement liés ou que nous ne pourrons remplacer s'ils sont détruits. Après tout, notre vie même en tant qu'êtres humains – non seulement dans ses aspects strictement biologiques, mais aussi dans son côté symbolique qui est la caractéristique de notre espèce – se nourrit en permanence de faits « naturels », quel que soit le sens que nous donnions à cet adjectif.

Je ne crois pas me tromper en disant que, lorsque nous parlons de certaines obligations humaines envers la nature, nous entendons par là que, même s'il n'y a pas chez elle de *valeurs* proprement dites, il peut être justifié de notre part de considérer que certaines de ses réalités ont *de la valeur*. Se mêlent ainsi de nouveau le « culturel » et le « naturel », parce que apprécier est la tâche culturelle par excellence, la dimension la moins « naturelle »... de notre propre nature ! Le fonctionnement général de la nature, tel que nous pouvons l'observer, est régi par la plus stricte neutralité, la plus grande indifférence : la nature n'a pas de préférences parmi les êtres, elle détruit et engendre dans une parfaite impartialité, elle semble ne faire preuve d'aucun « respect » spécial pour ses propres œuvres. La nature agit à l'égard des créatures comme la mer dont les vagues se succèdent en s'effaçant les unes les autres sans qu'elle prétende en préserver une en particulier.

Nous ne pouvons assurer que la « nature » ressent plus de sympathie pour les poissons de la mer que pour les substances chimiques qui les déciment, pour la forêt que pour le feu qui la détruit, ni qu'elle montre plus d'intérêt pour n'importe lequel d'entre nous que pour le virus du sida qui le tue. Des milliers d'espèces vivantes, à commencer par les vénérables dinosaures, ont été détruites « naturellement » avant que l'homme apparaisse sur la terre ; les astres explosent dans les ciels lointains, et leurs énormes conflagrations renvoient à l'état de hochet la plus grosse de nos bombes atomiques, tandis que de nouveaux soleils apparaissent tout aussi « naturellement », etc. Mais « apprécier » est précisément établir des différences entre certaines choses et d'autres, préférer ceci à cela, choisir ce qui doit être conservé parce que présentant plus d'intérêt que le reste. Apprécier, c'est la tâche humaine par excellence et le fondement de toute culture humaine. Dans la nature règne l'indifférence, dans la culture la différenciation et les valeurs. Nous devons donc nous demander quels critères d'appréciation nous pouvons avoir pour fonder nos supposées « obligations » envers les éléments naturels. En précisant bien clairement que, quels que soient de tels critères, ils seront toujours « culturels » et jamais véritablement « naturels »...

A mon avis, ils pourraient être de trois ordres : les premiers critères révéleraient la valeur intrinsèque de certaines choses naturelles (ou de toutes !) ; les deuxièmes toucheraient à l'utilité pour nous des éléments naturels ; et les derniers seraient des critères esthétiques, qui se fonderaient sur la beauté du naturel. Voyons rapidement chacun de ces modes d'appréciation.

– La valeur *intrinsèque* de la nature me paraît être celle qui est la plus difficile à prouver, sauf si nous adoptons une perspective religieuse selon laquelle tout ce qui existe est sacré parce que créé par un Dieu sage et bon, etc. Même ainsi, ce point de vue n'est pas facile à soutenir, car certaines des religions que nous connaissons le mieux (par exemple le judaïsme et le christianisme) soutiennent que les choses naturelles ont été mises par Dieu au service de l'homme et n'écartent pas les sacrifices de bœufs pour honorer la divinité ou l'offrande de milliers de fleurs coupées à la Vierge. Bien sûr, toutes les Églises connues bénissent l'éventration d'une montagne pour y construire un beau temple ou un monastère. En fait, le « sacré » consiste à indiquer que certains lieux ou certaines choses ont plus de valeur que d'autres similaires (un arbre qui n'est pas comme tous les arbres, une source qui n'est pas comme toutes les sources, etc., à cause d'une quelconque présence divine ou sainte), ce qui va directement à l'encontre de la supposée valeur intrinsèque des réalités naturelles. En résumé : si tout ce qui est naturel est « purement » naturel, rien n'a véritablement plus de valeur que n'importe quoi d'autre, c'est-à-dire que rien n'a de valeur propre ; s'il y a quelque chose de « surnaturel » dans le naturel, sa valeur viendra de ce supplément divin et non de lui-même.

Il pourrait seulement y avoir une exception relative : l'obligation de respecter la vie parce qu'il s'agit d'une condition que nous partageons. Nous pourrions dire que nous avons l'obligation de respecter tous les êtres vivants parce qu'ils sont nos « frères » dans la vie. Mais comme charité bien ordonnée commence par soi-même, respecter « notre » vie nous oblige inévitablement à en sacrifier d'autres : les animaux et les végétaux que nous mangeons (nul ne peut se nourrir que de minéraux), les micro-organismes que nous éradiquons pour soigner nos maladies, les nuisibles que nous exterminons pour préserver nos champs, etc. Même les djaïnites (une secte de bouddhistes dont les adeptes se mettent un voile sur la bouche pour ne pas respirer des insectes par inadvertance) « tuent » de temps en temps une salade pour se nourrir. En revanche, nous pourrions peut-être dire qu'éviter des souffrances qui ne sont pas *nécessaires* aux animaux dotés d'un système nerveux qui les rend sensibles à la douleur a une certaine valeur intrinsèque. La difficulté est alors de préciser la notion de « nécessaire », car c'est seulement la nécessité vue du point de vue humain qui permet de fixer le critère : il semble évident qu'il n'est pas « nécessaire » de torturer une bête pour le simple plaisir de la voir souffrir, mais est-il nécessaire ou non de gaver monstrueusement les oies pour obtenir du foie gras, de chasser les baleines, de faire combattre les taureaux, de tuer le cochon avec raffinement, etc. ? Ce qui nous amène au point suivant.

– La valeur *utilitaire* de certaines choses naturelles est plus facile à prouver. L'obligation de ne pas polluer l'air, les forêts et les eaux dérive directement de ce qu'ils nous sont utiles, indispensables. Nous nous trouverions aussi mal de détériorer notre milieu que de mettre le feu à notre maison... ou à celle du voisin ! Si nous détruisons aujourd'hui par bêtise ou par cupidité ce dont nous aurons besoin demain, nous agissons de façon suicidaire ; si, pour les mêmes mauvaises raisons, nous détériorons l'environnement d'autres êtres humains, voire ce dont nous pouvons supposer que nos enfants auront besoin, nous agissons de façon criminelle. Suivant ce critère, a de la valeur dans la nature tout ce qui nous est indispensable ou bénéfique et que nous ne serions pas capables de remplacer en cas de disparition. Aussi est-il essentiel de trouver des voies qui rendent compatibles les bénéfices du développement industriel avec l'économie des énergies non renouvelables et d'autres ressources naturelles, comme le propose de manière ingénieuse et suggestive un philosophe suisse doté d'un grand sens pratique – Suren Eckman – dans un livre tout récent dont le titre est en soi un programme : *Vers une écologie industrielle : comment mettre en pratique le développement durable dans une société hyper industrielle.* Les diverses approches actuelles de ce que l'on appelle la « soutenabilité » s'inscrivent dans ce cadre.

– Le critère *esthétique* est convaincant, mais son argumentation est plus complexe. La contemplation de certaines formes de la nature nous est agréable : nous les trouvons « belles » (nous tâcherons d'aborder les questions que suscite le problème général de la beauté dans le chapitre neuvième de ce livre). Les animaux, les fleurs et les forêts, les mers, le ciel étoilé, etc., nourrissent notre imagination et provoquent en nous des sentiments de sérénité et de contentement. Mais de tels sentiments ne sont pas toujours universellement partagés : les pêcheurs ont une vision « esthétique » de la mer très différente de celle des gens qui n'ont pas à affronter ses tempêtes, et les bergers apprécient moins les loups que certains écologistes citadins. Il peut parfois être sain de rappeler cette réflexion pleine de bon sens quoique légèrement cynique que Jules Renard a notée dans son *Journal* (à la date du 21 février 1901) : « Oui, la nature est belle. Mais ne t'attendris pas trop sur les vaches. Elles sont comme tout le monde. » Car la valeur esthétique de la nature qui nous obligerait à respecter les paysages entre parfois en collision avec d'autres valeurs, qui peuvent être utilitaires, mais aussi esthétiques : par exemple, la polémique qu'a soulevée le projet du sculpteur Eduardo Chillida de vider la montagne de Tindaya, dans les îles Canaries, pour la transformer en une grande œuvre d'art. Devons-nous préférer l'esthétique « spontanée » de la nature ou l'esthétique de l'artiste, dotée d'un signifié humain ?

Il est probablement raisonnable de résumer le sens de nos « obligations » envers la nature par la formule qu'un philosophe contemporain, Hans Jonas, appelle l'*impératif écologique* (dans *Le Principe de responsabilité*) : « Agis en sorte que les effets de ton action soient compatibles avec la permanence d'une authentique vie humaine sur la terre [1]. » Et même ainsi, nous ne sommes pas quittes de nos doutes inconfortables, car comment déterminer sans équivoque et en lui donnant une valeur universelle ce qu'est une « authentique » vie humaine ?

La relation caractéristique de l'homme avec le fait naturel a toujours été fondée sur la *technique*. Conjointement au langage symbolique, la technique est la capacité active la plus distinctive de notre espèce. Qu'est-ce que la technique ? Pas seulement l'emploi d'instruments pour réaliser certaines opé-

1. Bien entendu, la formule de H. Jonas paraphrase l'impératif catégorique qui condense la norme morale selon Kant : « Agis en sorte que la maxime de ton action puisse être convertie en maxime universelle. »

rations vitales (se servir d'un bâton pour atteindre un fruit trop haut), car divers primates et certains insectes sociaux le font aussi, mais la création d'instruments qui permettent de faire d'*autres* instruments : prendre une pierre dure et tranchante pour couper des branches sur un arbre, les tailler et les transformer en perches pour atteindre des fruits éloignés... Bref, il y a technique quand on ne se limite pas au simple usage d'objets comme instruments, mais quand il existe aussi des procédés pour transformer les objets en instruments. Par extension, on appelle « technique » tous les procédés qui sont nécessaires pour réaliser correctement quelque chose : la danse a sa technique, de même que la tauromachie ou l'argumentation. En ce sens, la « technique » ne désigne jamais un comportement occasionnel unique (si génial soit-il), mais elle implique un ensemble de modalités et de règles qui se transmettent, qui peuvent être apprises et reproduites : une certaine *tradition* efficace.

A la différence de la science, qui peut être purement contemplative ou « désintéressée » – même si elle ne le reste jamais très longtemps... –, la technique répond toujours à la vocation active de l'homme, à ses intérêts vitaux, à sa soif de produire, obtenir, accumuler, conserver, contrôler, défendre... ou agresser ! Pour résumer : à sa soif constructrice ou destructrice de *domination.* A l'époque moderne, la prodigieuse prolifération de la technique (on dit que 90 % des inventions de l'humanité depuis le début de son histoire ont été brevetées au XXᵉ siècle) a produit deux sentiments contradictoires. D'un côté, un enthousiasme débordant : les avancées techniques – le « progrès » ! – résoudront les problèmes des maladies, de la mort, de la pauvreté, de l'ignorance, elles nous permettront de conquérir le ciel et de vivre sous la mer, etc. De l'autre côté, la crainte et l'hostilité : la technique est parvenue à un tel point que nous sommes désormais capables d'exterminer « industriellement » nos semblables, d'assassiner des multitudes en quelques secondes, et même d'anéantir toute forme de vie sur notre planète. Grâce à la technique, les ressources humaines et le nombre même d'individus de notre espèce se sont multipliés, mais dans le même temps les emplois de populations entières ont été supprimés, l'abîme s'est creusé entre les peuples industriellement développés et ceux qui s'accrochent à des techniques plus primitives ou ne connaissent qu'elles, la pollution de l'environnement a augmenté de façon exponentielle, et d'aucuns croient même que nous sommes menacés par l'épuisement de certains éléments naturels de base. Aujourd'hui n'importe quel être humain d'un pays modérément industrialisé jouit de possibilités de confort et de distractions inconnues il y a quelques dizaines d'années ; mais sa vie est peut-être de plus en plus tributaire de la simple consommation de nouveautés qui l'aveugle en l'empêchant de prendre le recul qui lui permettrait de se connaître lui-même et de connaître les autres. Alors, la technique est-elle « bonne » ou « mauvaise » ? Les deux jugements sont probablement justifiables, mais, dans tous les cas, ils ne peuvent rien changer, car il apparaît que la technique se déploie et se multiplie *malgré* nous, même si elle est le fruit de nos désirs et de nos besoins. On dirait que nous chevauchons un tigre dont nous ne pourrions plus descendre sans être immédiatement dévorés par lui...

C'est peut-être Oswald Spengler, un penseur au ton fortement pessimiste (son œuvre la plus connue s'intitule *Le Déclin de l'Occident*), qui a donné au XXe siècle la vision critique la plus féroce du phénomène technique. Pour Spengler, « la technique est la tactique de la vie entière. Elle est la forme habituelle de se conduire dans la lutte, laquelle s'identifie à la vie même... Il ne fait pas de doute qu'il existe un fil qui mène de la guerre originelle entre les animaux primitifs à l'activité des modernes inventeurs et ingénieurs, et de la première arme, le piège, à la construction de machines qui permettent de mener la guerre actuelle contre la nature et qui font tomber la nature dans le piège de l'homme ». Cette perspective de la technique comme « guerre » contre la nature contraste avec la vision de l'Antiquité et de la Renaissance (jusqu'à Francis Bacon, par exemple), selon laquelle on ne peut dominer la nature qu'en *lui obéissant*, c'est-à-dire en prolongeant avec sagesse ses propres procédés. Mais ce qu'il y a de plus significatif chez Splenger est qu'il insiste sur le fait que, une fois pris le chemin de la technique, nous ne pouvons plus jamais nous arrêter parce que, en nous alimentant avec des machines, nous éveillons notre envie de machines nouvelles et devons nous résigner à ce que « chaque invention contienne la possibilité et la *nécessité* de nouvelles inventions, chaque désir réalisé éveille mille autres désirs et chaque victoire remportée sur la nature suscite de nouveaux succès plus grands encore. L'âme de cet animal rapace est insatiable, sa volonté ne peut jamais être satisfaite ; telle est la malédiction qui pèse sur ce type de vie, mais telle est aussi la grandeur de son destin ». Pour Spengler, la technique naît comme une tactique vitale du féroce destructeur qui se trouve dans chaque être humain ; mais ne pourrions-nous pas dire aussi que c'est le développement même de la technique, toujours plus accéléré, qui excite notre côté insatiablement destructeur ?

Un des penseurs les plus controversés du XXe siècle, et sans doute celui qui a eu le plus d'influence, Martin Heidegger, a adopté une vision de la technique – comprise comme point culminant de la « volonté de puissance » nietzschéenne – qui doit manifestement beaucoup à la perspective de Spengler. Mais, pour Heidegger, il n'y a aucune « grandeur » dans le destin qui nous attend : c'est plutôt le désespoir d'oublier dans la société moderne, société de masse et de consommation, les questions essentielles de la vie. Questions que nous aurons certainement, tôt ou tard, à nous formuler de nouveau quand nous nous réveillerons de notre ivresse technologique : « En un temps où le dernier petit coin du globe terrestre est soumis à la domination de la technique, et est devenu exploitable économiquement, où toute occurrence qu'on voudra, en tout lieu qu'on voudra, à tout moment qu'on voudra, est devenue accessible aussi vite qu'on voudra, et où l'on peut vivre simultanément un attentat contre un roi en France et un concert symphonique à Tokyo, lorsque le temps n'est plus que vitesse, instantanéité et simultanéité, et que le temps comme provenance a disparu de l'être-là de tous les peuples, lorsque le boxeur est considéré comme le grand homme d'un peuple, et que le rassemblement en masses de millions d'hommes constitue un triomphe ; alors vraiment, à une telle époque, la question : "Pour quel but ? – où allons-nous ? – et quoi ensuite ?" est toujours présente et, à la façon d'un spectre, traverse toute cette sorcellerie [1]. »

Il est nécessaire de signaler ce qu'il y a d'élitiste – voire de despotique – chez Heidegger, qui mêle la protestation devant l'empire vide de la technique et la dénonciation de ces « assemblées populaires » où se pressent des millions de gens, rejetant ainsi la démocratie en même temps que la technique. A le suivre, l'aristocrate de l'esprit possède le sens artisanal de ce qui compte vraiment, tandis que la masse se nourrit des apparences vulgarisatrices du savoir répandues par les moyens techniquement ultra développés de communication. Il faut se demander si, parfois, les réserves face à la technique, comprise comme une insatiable production de moyens sans se soucier des fins, ne proviennent pas d'une conception antidémocratique qui refuserait la diffusion de ce qui, avant, était le privilège culturel et hiérarchique de quelques-uns. Quoi qu'il en soit, les objections de Heidegger sont suffisamment sérieuses pour qu'on ne puisse s'en débarrasser d'un trait de plume. Mais la technique doit-elle être obligatoirement insatiable, du seul fait qu'elle provient de notre mentalité d'animaux féroces en lutte contre le naturel, ou l'est-elle plutôt parce qu'elle répond à une organisation industrielle capitaliste dont le but

1. M. Heidegger, *Introduction à la métaphysique*, traduit de l'allemand par Gilbert Kahn, Gallimard.

ne va pas plus loin que le bénéfice privé des investisseurs ? Peut-on imaginer des formes de *réconciliation* avec la nature dont nous dépendons tous, qui ne soient pas fondées exclusivement sur son pillage illimité ?

En tout cas, le mélange d'« adoration » et de mépris que manifeste notre époque pour la technologie surprend. On entend fréquemment dire que les machines sont *inhumaines*, et les romans de science-fiction ont exploré cette « inhumanité » en lui donnant des formes alarmantes et souvent terrifiantes. Pourtant, ce qui est sûr, c'est que les machines peuvent être n'importe quoi – de bon ou de mauvais ! –, sauf, précisément, « inhumaines ». Au contraire, elles sont complètement « humaines », puisque fabriquées conformément à nos projets et nos désirs. Comme l'a très bien indiqué Karl Marx dans le livre I du *Capital*, ce qui distingue la maison que construit un architecte des alvéoles que font les abeilles, c'est que l'architecte a un « projet » préalable à la maison, fruit de son imagination mise au service de ses aspirations. L'abeille n'a pas d'autre solution que de faire des alvéoles, tandis que nous pouvons faire des palais, des huttes, des pavillons de banlieue ou n'importe quoi d'autre. Non seulement nos œuvres – qu'elles soient des machines ou tout autre type de produits – sont pleinement humaines, mais elles sont même plus humaines que nous... puisque chacun de nous dépend d'un programme biologique qui n'a pas été inventé par l'esprit humain. Les machines sont humaines et trop humaines parce qu'elles ne viennent de rien d'autre que du *calcul* humain, tandis que nous sommes aussi les fruits du hasard ou de la nécessité, mais, dans tous les cas, de ce qui échappe à tout calcul. Telle est la raison principale pour laquelle on peut mettre en question éthiquement certains projets de manipulation génétique ou les formes de reproduction cloniques qui priveraient le nouvel être humain de sa part de dotation génétique due au hasard, en le transformant en fabrique de ses semblables. En fin de compte, ce qui nous déçoit et nous irrite dans les produits de la technique (y compris les plus indispensables), c'est que nous savons « tout » de ce qu'ils sont – et donc que nous n'admettons pas qu'ils puissent se retourner contre nous –, mais ce qui nous fascine, nous effraye et nous donne de l'espoir, chez les humains, nos semblables, c'est que personne – même eux ! – ne peut rien savoir de ce qu'ils sont et de ce qu'ils doivent être.

C'est précisément pour cela que, parmi toutes les techniques, il en est une qui est la plus essentielle, celle dont dépendent toutes les autres et sans laquelle rien ne pourrait être fabriqué, la grande œuvre d'art des humains : notre *société*, la grande machine que nous formons tous ensemble en vivant en commun, en accord avec telles ou telles normes... et en fréquent désaccord à leur sujet ! C'est à commenter les différents aspects de cette machine sociale que nous consacrerons le prochain chapitre.

Sujets de réflexion...

Que veut-on dire quand on parle de l'homme comme d'un « animal conventionnel » ? Est-ce la même chose que de dire qu'il est un animal « symbolique » ? Être conventionnel et avoir une « nature » sont-ils incompatibles ? Les termes « naturel » et « nature » sont-ils toujours employés dans le même sens ? Que voulons-nous dire quand nous parlons de la « nature » des choses ? Toutes les choses qui existent dans la réalité ont-elles une « nature » ou seulement certaines ? La « nature » se réfère-t-elle seulement à ce qui existe ou également à ce qui peut exister ? Dans quel autre sens emploie-t-on le mot « nature » ? Est « naturel » tout ce qui existe sans que l'homme intervienne, ou seulement ce qui n'est pas « artificiel » ? Les hommes sont-ils « naturels », « artificiels » ou... moitié moitié ? Peut-on séparer chez l'homme le naturel du culturel ? « Naturel » et « nature » sont-ils des termes culturels... ou naturels ? L'habitude équivaut-elle à une seconde nature ? Pourquoi la pulsion instinctive devrait-elle être plus « naturelle » que le calcul rationnel ? Y a-t-il des valeurs « naturelles » ? Qu'est-ce que le « bien » et le « mal », quand on parle de la nature ? La « nature » peut-elle servir comme idéal pour juger la réalité sociale humaine ? Avons-nous l'obligation d'être « naturels » ? Qu'est-ce qui est meilleur moralement : le « naturel » ou l'« artificiel » ? Nos valeurs morales répondent-elles à ce que commande la Nature ? Que veut de nous la Nature ? L'« artificiel » ou le culturel servent-ils à remédier aux maux de la nature, tout au moins en ce qui nous concerne ? Avons-nous des obligations envers les êtres naturels ? Si oui, pourquoi ? Qu'est-ce que la technique et comment nous lie-t-elle à la Nature ? Quelle est la vision qu'Oswald Spengler a de la technique ? Quelles sont les limitations de la société technologique selon Martin Heidegger ? Les machines sont-elles « inhumaines » ? Sommes-nous plus « inhumains » que les machines... heureusement ? Quelle est l'œuvre maîtresse et fondamentale de la capacité technique humaine ?

CHAPITRE HUITIÈME

Vivre ensemble

Nul ne parvient à se transformer en humain s'il est seul : nous nous faisons humains les uns les autres. Notre humanité se transmet par « contagion » : c'est une maladie mortelle que nous n'aurions jamais développée si nous n'avions pas été à proximité de nos semblables ! Ils nous l'ont transmise de bouche à oreille, par la parole, mais, avant encore, par le *regard* : quand nous sommes encore très loin de savoir lire, nous lisons déjà notre humanité dans les yeux de nos parents ou de ceux qui, à leur place, nous prêtent attention. C'est un regard qui contient de l'amour, de la préoccupation, du reproche, de la moquerie : c'est-à-dire des *significations.* Et qui nous tire de notre insignifiance naturelle pour nous faire humainement significatifs. Un des auteurs contemporains qui a abordé ce thème avec le plus de sensibilité, Tzvetan Todorov, l'exprime en ces termes : « L'enfant cherche à capter le regard de sa mère non seulement pour que celle-ci vienne le nourrir ou le réconforter, mais parce que ce regard en lui-même lui apporte un complément indispensable : il le confirme dans son existence. [...] Comme s'ils connaissaient l'importance de ce moment (alors qu'il n'en est rien), le parent et l'enfant peuvent se regarder mutuellement pendant de longs moments dans les yeux ; cette action sera tout à fait exceptionnelle à l'âge adulte, où un regard mutuel de plus de dix secondes ne peut signifier que deux choses : que les deux partenaires vont se battre ou faire l'amour [1]. »

---

1. T. Todorov, *La Vie commune : essai d'anthropologie générale*, Éditions du Seuil, p. 40 et 84.

Étant, comme nous le sommes en tant qu'êtres humains, le fruit de cette contagion sociale, il est à première vue surprenant que nous supportions si difficilement notre sociabilité. *Sans* les autres, nous ne serions pas ce que nous sommes, mais nous supportons mal d'être *avec* les autres. La vie en société n'est jamais indolore. Pourquoi ? Peut-être justement parce qu'elle est trop importante pour nous, parce que nous mettons en elle trop d'espoirs ou trop de craintes, parce que cela nous répugne de la sentir à ce point nécessaire. Pendant un temps très court, chaque être humain croit être Dieu ou tout au moins le roi de son minuscule univers connu : le sein maternel apparaît pour calmer la faim (presque toujours sous la forme d'un biberon), des mains affectueuses répondent à nos pleurs pour nous sécher, nous rafraîchir ou nous réchauffer, pour nous donner de la compagnie. Je parle de ceux qui ont de la chance, car il y a des enfants à qui leur triste destin refuse même ce premier paradis d'illusoire toute-puissance. Mais notre règne finit vite, y compris dans les cas les plus heureux. Très vite nous devons accepter que ces êtres dont nous dépendons tellement aient leur propre volonté, laquelle ne consiste pas toujours à obéir à la nôtre. Un jour nous pleurons et maman tarde à venir ; cela nous annonce la suite, en nous préparant pour un autre jour, plus lointain, celui où nous pleurerons et où maman ne viendra pas.

La philosophie et la littérature contemporaines abondent en lamentations sur le poids que nous impose la vie en société, les frustrations qu'entraîne notre condition sociale et les moyens auxquels nous pouvons recourir pour en souffrir le moins possible. Dans son drame *Huis clos*, Jean-Paul Sartre a lancé une formule célèbre, mille fois reprise depuis : « L'enfer, c'est les autres. » En ce sens, le paradis serait la solitude ou l'isolement (qui sont évidemment loin d'être la même chose). Le thème de l'« incommunicabilité » apparaît aussi sous les formes les plus diverses dans des essais, des romans, des poèmes, etc. Parfois il s'agit de pleurer la perte d'une communauté de sens qui est censée avoir existée dans les sociétés traditionnelles et que l'individualisme moderne aurait ruinée ; mais, dans d'autres cas, cela semble venir de cet individualisme même, qui se considère incompris par les autres dans ce qu'il a d'unique et d'irréductiblement « spécial ». D'autres auteurs déplorent ou attaquent les limitations que la vie en société impose à notre liberté personnelle : nous ne sommes jamais ce que nous voudrions réellement être, nous ne sommes que ce que les autres exigent que nous soyons ! Et certains proposent des stratégies de vie pour que le collectif ne dévore pas totalement notre intimité : collaborons avec la société tant qu'elle nous est profitable et sachons nous en dissocier quand cela nous semble opportun. En fin de compte, comme l'a dit un jour la fringante Mrs Thatcher, la société est une vue de l'esprit et seuls existent vraiment les individus...

Ces protestations, cette méfiance ne manquent pas d'arguments recevables. Les sociétés de masse modernes tendent à dépersonnaliser les relations humaines, qui sont devenues pressées et bureaucratiques, c'est-à-dire très « froides », si on les compare avec la « chaleur » immédiate des anciennes communautés, moins réglées, moins populeuses et plus homogènes. En revanche, elles favorisent la possibilité de contrôle gouvernemental ou simplement social sur les conduites individuelles, toujours plus surveillées et obligées de se soumettre à un certain nombre de normes communes... quoique cette dernière forme de tyrannie n'ait jamais manqué non plus dans les petites communautés prémodernes ! Du fait de ce contrôle, trop de citoyens ne tirent que peu d'avantages de la vie en commun et subissent la misère et l'abandon. Et surtout, notre siècle a connu des exemples effroyables de la terreur totalitaire que les collectivismes dictatoriaux peuvent exercer sur les personnes. Tant de maux finissent par faire oublier à quel point la sociabilité n'est pas seulement un fardeau extérieur qui s'impose à notre autonomie, mais aussi une exigence de notre condition humaine sans laquelle il nous serait impossible de développer cette même autonomie dont nous sommes, à juste titre, tellement jaloux. Sans vouloir porter la contradiction à Mrs Thatcher, il semble évident que les sociétés ne sont pas simplement un accord plus ou moins temporaire, plus ou moins satisfaisant, auquel arrivent des individus rationnels et autonomes, mais que ce sont au contraire les individus rationnels et autonomes qui sont de remarquables produits de l'évolution historique des sociétés, à la transformation desquelles ils contribuent à leur tour. Comment pourrait-il en être autrement ?

Les autres sont-ils l'enfer ? Seulement dans la mesure où ils peuvent nous rendre la vie infernale en nous révélant – parfois de façon inconsidérée – les failles du rêve libertaire de toute-puissance que notre manque de maturité et notre suffisance se complaisent à imaginer. Vivons-nous nécessairement dans l'incommunicabilité ? Certainement, si par « communication » nous voulons dire que nous attendons des autres qu'ils comprennent aussi spontanément et aussi exhaustivement que nous tout ce que nous croyons exprimer ; mais cette incommunicabilité n'est que très relative, si nous acceptons que demander qu'on nous comprenne n'est pas la même chose que nous faire comprendre, et que la première condition d'une bonne communication doit être de faire un effort pour comprendre celui-là même dont nous demandons qu'il nous comprenne. Les autres et les institutions que nous partageons avec eux limitent-ils notre liberté ? Peut-être faudrait-il poser la question différemment : cela a-t-il un sens de parler de liberté sans référence à la responsabilité, c'est-à-dire à notre relation avec les autres ? Est-ce que ce ne sont pas précisément les institutions – à commencer pas les lois – qui nous révèlent que nous sommes libres de leur obéir ou de les défier, comme de les établir ou de les révoquer ? Même les abus totalitaires ou simplement autoritaires servent, au moins, à mieux comprendre – dans la résistance contre eux – les implications politiques et sociales de notre autonomie personnelle.

Pour justifiées que soient les protestations contre les formes concrètes de la société actuelle (de toutes les sociétés « actuelles »), il reste également certain que nous sommes humainement façonnés *pour* et *par* nos semblables. C'est notre destin d'êtres linguistiques, c'est-à-dire symboliques. En naissant, nous sommes « capables » d'humanité, mais nous n'actualisons pas cette capacité – qui inclut dans ses caractéristiques l'autonomie et la liberté – au point d'accepter tout à fait la relation avec les autres. Lesquels ne sont pourtant jamais « autres », au sens d'être accessoires, superflus, d'empêcher le développement d'une individualité qui, en réalité, ne s'affirme que parmi eux. Pour nous connaître nous-mêmes, nous avons d'abord besoin d'être *reconnus* par nos semblables. Si mauvaise que puisse éventuellement se révéler la relation avec les autres, elle ne sera jamais aussi radicalement destructrice que pourrait l'être l'absence complète de relation, le fait d'être totalement et perpétuellement « inconnus » de ceux qui doivent nous reconnaître. Le grand psychologue du XIXe siècle William James l'a très bien exprimé : « Le soi social de l'homme est la reconnaissance que celui-ci obtient de ses semblables. Nous sommes non seulement des animaux grégaires, qui aimons être à proximité de nos compagnons, mais nous avons aussi un penchant inné à être remarqués, et remarqués avec approbation, par les êtres de notre espèce. Aucun châtiment plus diabolique ne saurait être conçu, s'il était physiquement possible d'être lâché dans la société et de demeurer totalement inaperçu de tous les membres qui la composent [1]. » Nul ne parviendrait à l'humanité si d'autres ne lui communiquaient pas la leur par contagion, car devenir humain n'est jamais l'affaire d'un seul, c'est celle de tous ; mais une fois humains, la pire des tortures serait que personne ne nous reconnaisse comme tels... pas même pour nous accabler de ses reproches !

---

1. Cité par Tzvetan Todorov dans l'ouvrage mentionné plus haut.

Revenons un moment sur la question de la nature et de la culture, dont nous avons parlé dans le chapitre précédent. Est-elle « naturelle », cette nécessité impérative d'être reconnus par nos semblables, laquelle ouvre à son tour la voie à tous nos efforts proprement « culturels » ? Dans la *Phénoménologie de l'esprit*, qui est incontestablement une des pierres angulaires de la philosophie moderne, Hegel décrit ce passage en recourant à une sorte de mythe spéculatif connu comme « Le seigneur et le serf » (ou encore, sur un mode plus dramatique, « Le maître et l'esclave »). Prenons pour point de départ que, dans le monde, erre un être doté de *conscience*, dont nous ne savons pas encore s'il est animal ou humain. Il a des appétits (faim, soif, abri, sexe) qu'il cherche à satisfaire de manière immédiate, il a aussi des rivaux et des ennemis contre lesquels il doit se battre ou qu'il doit fuir. Pour cette conscience, le monde n'est qu'un lieu où ses appétits se manifestent et se satisfont, le milieu où s'exerce sa quête de survie biologique à tout prix. Il existe une pleine continuité entre le monde et la conscience qui s'y meut, ou, pour employer l'expression de Georges Bataille dans sa *Théorie de la religion*, la conscience vitale – zoologique – se trouve encore dans le monde « comme l'eau dans l'eau ». De telle sorte qu'il n'y a pas en réalité de « monde » comme quelque chose d'indépendant et de séparé de la conscience, et donc il n'y a pas non plus réellement de « conscience » comme volonté autonome *sui generis*. Mais supposons maintenant que la conscience se transforme en conscience de soi, et commence à prendre la mesure de l'indépendance propre de ses appétits par rapport au monde environnant. Immédiatement, le monde se transformera, lui aussi, en quelque chose d'« extérieur » qui résiste ou s'oppose à ses appétits, qui semble « vouloir » pour son compte, contre ce que la conscience de soi tient pour son propre vouloir.

Dès lors, la conscience de soi ne se confond plus avec la survie biologique qui lui suffisait tant que cet être se trouvait en pleine continuité avec le reste du monde. Maintenant la conscience de soi veut avant tout son propre vouloir, sa volonté autonome, distincte du monde qui s'oppose à elle. En quelque sorte, ce monde la situe en marge de la vie, de la simple durée « comme l'eau dans l'eau », et la confronte à la mort. De conscience de la vie, elle se transforme en conscience de soi qui assume et défie la certitude de sa propre mort. Dans ce monde, qui s'oppose et résiste à l'assouvissement de ses appétits, la conscience de soi est de plus en plus capable d'apprécier, de choisir, de *hiérarchiser* ses appétits, non plus seulement en fonction de la survie, mais par l'affirmation autonome de son vouloir. Tôt ou tard, la conscience de soi devra affronter une autre conscience de soi, en apparence semblable à elle. Mais elle n'est pas disposée à accepter de but en blanc cette parenté ; au contraire, elle aspire à être reconnue comme unique par l'autre et voudrait que celle-ci renonce à son aspiration à la tenir pour son égale. Alors s'engage entre les deux la lutte à mort pour la reconnaissance, une bataille où se mêlent armes physiques et symboliques.

Comment une conscience de soi pourra-t-elle s'affirmer victorieusement face à l'autre ? Par l'emploi du plus universel des instruments, la peur de la mort. Étant donné que toutes deux sont conscientes d'être mortelles, elles devront prouver jusqu'à quel point elles se trouvent « au-dessus » du simple instinct de survie qui les rattache encore à la zoologie, dont elles cherchent à se défaire pour consolider leur autonomie. La bataille pour la reconnaissance sera donc gagnée par la conscience de soi qui, plus que l'autre, sera capable de surmonter la terreur de mourir : le vainqueur est le téméraire, celui qui est capable de se battre avec le sang-froid implacable de quelqu'un qui serait déjà mort, face au timoré, encore trop lié aux pulsions vitales et qui ne renonce jamais à couvrir ses arrières ou à battre en retraite à temps. La situation est semblable à celle du jeu terrible qui fit des ravages aux États-Unis, il y a quelques dizaines d'années, et dont une version est donnée par le film de Nicholas Ray *La Fureur de vivre* : les concurrents lancent chacun leur voiture à toute vitesse, soit l'une contre l'autre, soit parallèlement en direction d'un précipice. Le premier qui freine ou dévie de sa course par instinct de survie est la « poule mouillée », et il a perdu. L'autre – s'il s'en tire ! – est reconnu comme le courageux, c'est-à-dire celui qui vaut le plus, celui que son mépris de la mort situe le plus loin de l'animalité (rappelons cependant que la plupart des animaux, eux aussi, quand ils se battent avec leurs congénères et qu'ils perdent, se rendent à leur rival avant que la lutte n'ait un résultat fatal).

La conscience de soi vaincue – vaincue surtout par la peur de mourir – reste soumise aux ordres du vainqueur (qui ne reconnaît d'autre « maître » que la mort elle-même). Mais le battu ne se transforme pas en simple animal : pour servir le seigneur, il se voit obligé à *travailler*, ce qui l'éloigne de la pure immédiateté de ses appétits zoologiques. Avec le travail, le monde cesse d'être un obstacle ou un ennemi et devient un matériau pour réaliser des transformations, des projets, des travaux créatifs. A la longue, le maître, dont les désirs se voient immédiatement satisfaits par son esclave, retombe peu à peu dans l'animalité, et la seule occupation « humaine » qui lui reste est de contempler tout le temps son visage dans le miroir de la mort, jusqu'à s'identifier à elle. Le serf, en revanche, devient le dépositaire de la conscience de soi la plus durable, celle qui ne se limite pas au défi stérile face à la mort, mais se consacre à la création de nouveaux modes de rationaliser la vie. Finalement, chacune des deux consciences de soi ne représente qu'une moitié de la volonté autonome de l'homme : l'affirmation de son indépendance comme valeur supérieure à la simple survie biologique, et l'effort technique de parvenir à vivre plus longtemps et mieux. Encore un pas, et chacune des deux consciences de soi reconnaît la validité de celle qui lui fait face : la validité de l'Autre. Désormais sur un plan d'égalité, l'individu admet la dignité humaine des autres non en tant que simples instruments – de mort ou de création –, mais comme *fins* en soi dont les droits doivent être reconnus dans un cadre social de coopération.

Ici s'achève ma paraphrase très libre – que Hegel me pardonne ! – de la dialectique mythologique du seigneur et du serf, qui a inspiré des talents plus grands que le mien, comme ceux de Karl Marx ou d'Alexandre Kojève. On peut chercher à cette fable spéculative diverses illustrations anthropologiques ou historiques. Ce que je lui trouve de plus significatif – il serait absurde de la prendre au pied de la lettre –, c'est qu'elle s'efforce de transcrire de façon intelligible une perspective du passage de la nature à la culture, de la conscience de la mort à la volonté d'assurer la vie : du troupeau soumis au despotisme du plus fort à la société égalitaire qui se répartit les tâches sociales. Une fois atteint le niveau de la société humaine – soumise à la fois à des appréciations *éthiques* et à des considérations *politiques* –, la question se pose ainsi : comment organiser la vie en commun ? Question qui continue de se poser même quand l'opposition brutale entre maîtres et esclaves est dépassée. Car les divers « associés » qui font partie de la communauté gardent chacun leurs appétits et leurs intérêts, leur inépuisable besoin de reconnaissance par les autres, leurs affrontements autour de la manière de se répartir les biens qui admettent une répartition, et de qui doit posséder les biens qui ne peuvent avoir plus d'un seul propriétaire. Bref, la question est : comment la discorde humaine se transforme-t-elle en discorde sociale ?

Pourquoi la discorde existe-t-elle ? Évidemment, ce n'est pas parce que les êtres humains sont irrationnels et violents par nature, comme le disent parfois ceux qui prêchent des banalités. C'est tout le contraire. Une grande part de nos antagonismes vient de ce que nous sommes des êtres résolument « rationnels », c'est-à-dire capables de calculer notre bénéfice et décidés à n'accepter aucun pacte dont nous ne sortions pas clairement gagnants. Nous sommes suffisamment

« rationnels », en tout cas, pour nous servir des autres et nous méfier de notre semblable (en ayant de bons arguments pour supposer que celui-ci se comportera avec nous comme nous essayons de nous comporter avec lui). Nous nous servons aussi suffisamment de la raison pour nous rendre compte que rien ne nous serait plus bénéfique que de vivre dans une communauté de gens loyaux et solidaires devant le malheur d'autrui, mais nous nous demandons : « Et si les autres, eux, ne s'en sont pas encore rendu compte ? », pour conclure : « Qu'ils commencent donc, et je m'engage à leur rendre la pareille. » On le voit, tout cela est très rationnel. Au point où nous en sommes arrivés dans ce livre, je pense ne plus avoir à rappeler au lecteur la différence déjà soulignée entre « rationnel » et « raisonnable ». Si vous l'avez oubliée, regardez la réalité qui vous entoure (où quelques centaines de privilégiés possèdent l'immense majorité des richesses tandis que des millions de créatures meurent de faim) et vous pourrez conclure que nous vivons dans un monde terriblement rationnel, mais fort peu raisonnable...

Il n'est pas vrai non plus que nous soyons spontanément « violents » ou « antisociaux ». Il s'en faut de beaucoup. Évidemment, il existe dans toutes les sociétés des personnes qui le sont, parce qu'elles souffrent d'une altération de leur psychisme ou ont été tellement maltraitées par les autres qu'elles leur rendent ensuite la monnaie de leur pièce. Nous ne pouvons légitimement espérer que ceux qui ont été traités en animaux par le reste de la communauté, qui les a utilisés comme bêtes de somme sans se soucier de leur sort, se comportent ensuite en parfaits citoyens. Mais ces cas sont moins nombreux qu'on pourrait s'y attendre (on est réellement surpris par l'obstination que mettent à rester sociables ceux-là mêmes qui tirent le moins de profit de la société) et ils ne sabotent pas autant la vie en commun que d'autres causes, que nous dirions opposées. En effet, les grands affrontements collectifs ne sont pas le fait d'individus personnellement violents, mais de groupes formés par des gens disciplinés qui obéissent à la conviction que leur intérêt commun est lié à la lutte contre certains adversaires « extérieurs » et à la destruction de ceux-ci. S'ils sont violents, ce n'est pas pour des raisons « antisociales », mais par excès même de sociabilité : ils ont tellement soif de « normalité », de ressembler le plus possible au reste du groupe, de conserver à tout prix leur « identité » avec lui, qu'ils sont résolus à exterminer ceux qui sont différents, les étrangers, ceux qui ont d'autres croyances ou d'autres habitudes, ceux qu'ils considèrent comme une menace pour les intérêts légitimes ou abusifs de leur troupeau. Non, les grands méchants loups ne sont pas légion, et ce ne sont pas ceux qui existent qui représentent le plus grand risque pour la concorde humaine ; le véritable danger vient généralement des moutons *enragés...*

Cela fait des siècles qu'on essaye d'organiser la société humaine de telle sorte qu'elle garantisse le maximum de concorde. Évidemment, pour y parvenir, nous ne pouvons pas faire confiance au seul instinct social de notre espèce. Certes, il fait que nous avons besoin de la compagnie de nos semblables, mais il nous oppose aussi à eux. Les mêmes raisons qui nous rapprochent des autres peuvent faire que ceux-ci deviennent nos ennemis. Comment cela peut-il se produire ? Nous sommes des êtres sociables parce que nous nous ressemblons tous énormément (beaucoup plus que la diversité de nos cultures et de nos modes de vie ne nous le laissent supposer) et nous voulons tous à peu près les mêmes choses essentielles : reconnaissance, compagnie, protection, abondance, distraction, sécurité... Mais nous nous ressemblons tellement que, très souvent, nous avons tous envie des mêmes choses (matérielles ou symboliques) et que nous nous les disputons. Il est même très fréquent que nous ne désirions certains biens que parce que les autres les désirent : tant nous sommes grégaires et conformistes !

De sorte que cela même qui nous unit nous oppose : à savoir notre intérêt. Le mot « intérêt » vient du latin *inter est*, « ce qui est au milieu », entre deux personnes ou deux groupes : mais ce qui est entre deux personnes ou deux groupes peut aussi bien servir à les unir que s'interposer pour les séparer et en faire des ennemis. Tantôt il rapproche ceux qui sont éloignés (c'est seulement en étant avec toi que je peux obtenir ce que je cherche) et tantôt il fait s'affronter des rivaux (tu veux ce que je veux, et si tu l'as, je ne l'aurai pas). La même incontestable « sociabilité » des intérêts humains fait que nous *avons besoin* de vivre en société, mais que, dans le même temps, la concorde s'avère trop souvent *impossible.*

Comment nous arranger pour organiser ce que Kant a appelé avec justesse et non sans une pointe d'ironie « notre insociable sociabilité » ? Les philosophes ont beaucoup débattu de cette question, comme de toutes les questions qui ont une portée et une profondeur semblables. Mais ici, il y a une différence importante, que Hannah Arendt a mise en évidence avec perspicacité. La philosophie de la connaissance ne veut pas la fin de la connaissance, pas plus que la philosophie cosmologique ne prétend abolir l'univers, mais la philosophie politique, en revanche, semble supposer qu'elle n'obtiendra d'authentique succès que le jour où la politique sera supprimée. Autrement dit, depuis Platon, tous les philosophes ont traité la politique comme un conflit indésirable qu'il faut éliminer, et non comme l'expression d'une liberté créatrice qui doit être protégée et canalisée. Car la politique est un choc d'intérêts, elle est faite de tâtonnements pour trouver une harmonie toujours précaire et des solutions partielles à de vieux problèmes, lesquelles créent inévitablement des difficultés nouvelles et non moins déconcertantes. Quand ils parlent de politique, la plupart des philosophes désirent mettre un point final à tant de confusion. Ils rêvent d'une formule définitive qui réglerait leur compte une fois pour toutes aux rivalités, discordes et apories de la vie en commun, bref : une solution qui permette de vivre sans politique. Et, du même coup, sans *histoire* ; il n'y a qu'un philosophe pour avoir l'idée de parler avec un discret soulagement de la « fin de l'histoire », comme l'a fait récemment Fukuyama. Si la plupart des autres philosophes l'ont dénoncé avec véhémence, c'est seulement parce qu'il affirmait que cet heureux moment était déjà arrivé, alors que chacun d'eux avait sa propre fin de l'histoire et attendait encore qu'elle se réalise. Mais ils partageaient avec Fukuyama le désir d'en finir une fois pour toutes avec l'histoire en même temps qu'avec la politique, cette fatigante et confuse douleur.

C'est pour cette raison que tant de philosophes, depuis les Grecs de nos origines, ont été des critiques, voire des adversaires déclarés des idées démocratiques. Cette hostilité ne laisse pas d'être un authentique paradoxe, car la philosophie naît avec la démocratie, et elle est, dans son sens essentiel, inséparable d'elle : il y a philosophie quand les humains acceptent que leurs lois et leurs projets politiques ne viennent pas des dieux ou de la tradition, mais de l'autonomie de chaque citoyen, s'harmonisant de façon polémique et transitoire avec celle des autres, chacun ayant un droit égal à donner son opinion et à décider ; il y a démocratie quand les humains acceptent qu'ils doivent penser par eux-mêmes, sans dogmes préétablis, en supportant la critique et le débat avec leurs semblables rationnels. Au fond, le projet démocratique est l'équivalent sur le plan socio-politique du projet philosophique sur le plan intellectuel. La démocratie implique la permanence du politique (au sens discordant et conflictuel que nous lui avons vu), pour la même raison que la philosophie implique la permanence de la pensée, c'est-à-dire du doute et du débat sur le plus essentiel. Les philosophes finissent par accepter le second point (plus ou moins à contrecœur, car quel est le philosophe qui n'aurait pas aimé que les grands problèmes soient définitivement résolus par lui ?), mais, en ce qui concerne les fondements de la politique, ils sont tous d'accord pour vouloir régler le problème une fois pour toutes. La fin de la pensée autonome serait un désastre, même pour le penseur le plus arrogant ; mais en finir à tout jamais avec les discordances de l'autonomie sociale des individus serait vu comme une victoire souhaitable par beaucoup de grands théoriciens de la société...

Je suppose que c'est de là que vient l'attirance qu'exercent les *utopies* sur tant de philosophes de la politique. Même si, aujourd'hui, le mot « utopie » et surtout l'adjectif « utopique » sont utilisés dans un sens très vague et très général, qui pour les uns équivaut à « absurde » ou irréalisable et pour d'autres désigne l'élan rationnel qui pousse à vouloir transformer positivement le monde et supprimer les injustices, le terme devrait être employé de façon un peu plus précise. On sait qu'il provient d'un récit fantastique qui porte justement ce titre – *Utopie* –, écrit en 1516 par sir Thomas More, une personnalité réellement remarquable qui a réuni des qualités rarement conciliables : penseur, homme d'État, martyr de la foi et saint de l'Église catholique. Dans un film qui a eu beaucoup de succès en son temps, excellemment interprété par Paul Scofield, il était présenté comme « l'homme de toutes les situations », et il le mérite. Son récit *Utopie* tient un peu de la satire et beaucoup de l'expérimentation intellectuelle : « Comment seraient les choses si... » Même dans le titre, l'ironie de More joue avec les ambiguïtés calculées, car suivant l'étymologie grecque, le mot *ou-topos* signifie « lieu qui n'est nulle part », mais il se prononce aussi *eu-topos*, lieu bon, lieu du Bien.

On trouve dans ce livre beaucoup des caractéristiques des utopies ultérieures : un milieu politique fermé et sans échappatoire (« Utopie » est une île), un autoritarisme supposé bienveillant, fondé sur la stricte application de critères rationnels, une réglementation minutieuse de la vie quotidienne de tous (y compris les moments de loisir, les relations familiales, la sexualité), l'abolition de la propriété privée, la soumission absolue de chaque individu au bien commun (les personnes peuvent être déplacées d'un endroit à un autre selon les nécessités générales), l'égalité économique, l'abolition de la concurrence, l'immobilité historique (les lois ont été dictées par le mythique ancêtre Utopus neuf cents ans plus tôt !), etc. Thomas More prévoyait également dans son tableau certains éléments qui allaient à l'encontre de sa propre orthodoxie d'homme d'Église, tels que la tolérance religieuse (un clin d'œil, peut-être, à son ami Érasme ?) ou l'euthanasie volontaire, même s'il reconnaissait finalement que suivre la vérité révélée par la foi pouvait être une « utopie » encore meilleure. Il serait certes inadéquat de lire ce récit comme un programme politique, ou plutôt « antipolitique », en ne tenant pas compte de sa composante ludique, du fait qu'il s'agit d'un jeu théorique. L'auteur lui-même, à la fin de sa vie, a refusé qu'on le traduise du latin en anglais, parce qu'il craignait qu'on s'en serve pour corrompre les gens incultes. Une crainte tout à fait justifiée, si l'on considère certains effets ultérieurs de l'« utopie ».

Une fois le mode « utopique » établi ainsi comme genre littéraire, nous pouvons étendre le concept en remontant dans le temps – jusqu'à *La République* de Platon – et le voir se poursuivre dans des livres comme *La Nouvelle Atlantide* de Francis Bacon, *La Cité du Soleil* de Campanella, d'autres de Charles Fourier ou Robert Owen, et un immense « et cetera » qui va jusqu'à notre siècle avec les romans de H. G. Wells, sans oublier certaines perversions du modèle telles que *Les Cent Vingt Journées de Sodome* du marquis de Sade. En règle générale, les aspects positifs des utopies sont qu'ils proposent une solution alternative globale aux sociétés réellement existantes (en modifiant la vision sclérosée qui tient pour « inévitable » tout ce qui y est en vigueur) et, dans la majorité des cas, une harmonie sociale fondée sur la renonciation à la cupidité et aux abus de l'intérêt économique privé. Mais elles abondent aussi en aspects sévèrement négatifs : autoritarisme, claustrophobique, transformation des *idéaux* humains ouverts (liberté, justice, égalité, sécurité...) en règles étouffantes, supposition qu'il suffit d'un calcul rationnel (toujours exercé par quelques individus particulièrement éclairés) pour fixer ce que doit être une vie meilleure pour tous les citoyens, disparition de la spontanéité et de l'innovation (les « utopies » concernent toutes l'avenir, mais aucune n'admet que cet avenir inconnu puisse féconder une nouvelle utopie), instauration d'un ordre qui s'introduit dans les recoins les plus intimes de la vie privée, etc.

La réalisation effective de projets qui, en leur temps, ont pu paraître légitimement « utopiques » (à commencer par les États-Unis, et en continuant avec l'Union soviétique, l'État d'Israël, sans oublier le IIIe Reich) nous ont rendus passablement méfiants à l'égard des bienfaits du genre, en tant que modèle d'organisation politique de ceux qui en furent les pionniers. Même dans les meilleurs des cas, les avantages sociaux obtenus ne sont jamais donnés sans de sérieuses contreparties que la pure planification rationnelle n'avait pas prévues. C'est pourquoi la science-fiction contemporaine abonde en « dystopies », c'est-à-dire en « utopies » franchement détestables proposées comme modèles à *ne pas* suivre, telles que *Le Meilleur des mondes* d'Aldous Huxley ou *Nous autres* d'Evgueni Zamiatine. En dépit des bonnes intentions philosophiques qui ont inspiré la plupart des utopies, les tentatives de certains, qui ont rêvé de modeler une concorde *préfabriquée* et sans failles, se sont transformées, en se réalisant historiquement, en cauchemar pour le reste de l'humanité.

Certains utopistes et presque tous les hommes politiques totalitaires du XXe siècle ont réclamé un « homme nouveau » pour servir de matière première à leurs projets. Mais l'homme, fort heureusement, ne peut être « nouveau » sans cesser d'être humain, puisque sa propre substance symbolique est composée d'une tradition de connaissances acquises, d'expériences historiques, de conquêtes sociales, de mémoire et de légendes. Les personnes ne peuvent jamais être des tableaux noirs que l'on effacerait d'un coup – et quelles méthodes terribles n'a-t-on pas employées au cours des dernières décennies pour effacer des esprits tout ce qui mérite d'être gardé en mémoire et défendu ! – et sur lesquels on inscrirait arbitrairement la nouvelle loi sociale, si belle que soit, dans son intention, l'écriture du législateur. Il n'est pas réalisable non plus de purger les hommes de leur attachement rationnel à leurs intérêts personnels opposés pour les soumettre à un intérêt global ou à un bien commun déterminé par une sagesse qui les dépasserait tous. Non, la politique de concorde doit être forgée à partir des êtres humains réellement existants avec leurs raisons et leurs passions, avec leurs discordes, avec leur tendance à l'égoïsme destructeur, mais aussi leur besoin d'être reconnus par la sympathie sociale des autres. Nous savons qu'une telle concorde sera toujours fragile et subira mille menaces : elle sécrétera ses propres poisons, parfois à partir de ses plus grands succès. Comment orienter la discussion sur tant de paradoxes, sur ce *drame* collectif qu'est notre vie en commun ?

Il y a deux points de vue principaux, chacun comportant des nuances très diverses. La premier consiste à penser l'organisation de la vie politique de la communauté humaine à partir d'un *contrat social* entre les individus (il n'est pas nécessaire de croire qu'il a existé en tant qu'événement historique, il suffit d'accepter ce point de départ théorique « comme si » il avait eu lieu), lesquels établissent en commun leurs lois, leurs hiérarchies, la répartition du pouvoir et la meilleure manière de répondre aux besoins publics). Les associés ne se bornent pas à se préoccuper de leurs intérêts privés, ils comprennent aussi qu'il est indispensable d'organiser certains aspects collectifs précis dont le bénéfice retombe sur tous et qui assurent la viabilité du groupe en tant que tel. Les intérêts de chacun peuvent s'opposer aux intérêts des autres, mais non au cadre communautaire qui leur donne leur sens : ils sont

« particuliers », mais non « antisociaux », car s'ils étaient antisociaux, ils cesseraient de fonctionner comme proprement « humains ». Il est donc possible de décider en commun ce qui concerne chacun et de réviser périodiquement les normes ainsi établies : il sera également nécessaire que les gouvernants interviennent régulièrement pour corriger les dysfonctionnements qui résultent de la lutte entre les intérêts particuliers ou pour protéger ceux que telle ou telle circonstance rend incapables de subvenir à leurs besoins les plus élémentaires.

La seconde perspective, en revanche, se méfie de la capacité des associés de délibérer sur ce qui est le meilleur pour la communauté. Le pouvoir politique doit seulement fixer un cadre qui soit le plus flexible et le moins interventionniste possible, à l'intérieur duquel les libertés des associés qui cherchent à satisfaire leurs intérêts pourront s'exercer sans contraintes. Chacun est capable de chercher ce qui est le meilleur pour lui-même, sans être pour autant capable de prévoir ce qui est préférable pour tous. Mais, précisément, du fait de la condition « sociale » déjà mentionnée de nos intérêts apparemment très particuliers, l'interaction de ceux qui cherchent sans entraves leur profit privé ne manquera pas de produire le plus grand profit public. En recherchant son propre bénéfice, chacun n'aura d'autre solution que de collaborer, même sans en avoir l'intention, avec les autres, parce que nous obtenons toujours plus des autres en leur procurant un bénéfice qu'en leur causant un préjudice. Une sorte de « main invisible » harmonisera ce qui est apparemment discordant, renforcera les meilleurs projets de vie communautaire et condamnera à l'échec les solutions fantaisistes et erronées. Le pouvoir politique doit s'abstenir le plus possible d'intervenir dans un tel jeu entre les astuces privées, pour ne pas vicier le résultat final et nuire à l'ensemble en visant un excès de perfection « artificiel ».

En résumé, pour le dire avec les mots de Roger Scruton : « Le défenseur de la décision collective cherche une société qui soit le fruit du *consentement* explicite de ses membres : c'est-à-dire une société où ceux-ci font eux-mêmes le choix des institutions et des conditions matérielles. Le défenseur de la main invisible cherche une société qui *résulte* du consentement, même si ses membres n'ont jamais explicité ce consentement ensemble, puisque les choix individuels concernent des questions qui n'ont rien à voir avec le résultat global[1]. » La première perspective est généralement considérée comme « de gauche » et la seconde comme « de droite » ; mais je crois que la marche effective de presque toutes les sociétés que nous connaissons actuellement ne peut être comprise que si l'on applique, à un degré ou un autre, les deux critères.

Le grand problème est que, dans les sociétés existantes – à la différence de ce qui se passe dans les utopies –, tous les idéaux ne sont pas pleinement compatibles. Par exemple, les libertés publiques sont hautement souhaitables, mais il arrive qu'elles viennent se heurter à la sécurité des citoyens, qui est elle aussi un principe digne de considération. Les conflits de ce genre sont nombreux et souvent pires : il est important de défendre les droits des femmes dans des sociétés – telles que celle qui a été imposée par les talibans en Afghanistan – qui ne les respectent pas, mais le droit qu'a chaque communauté humaine de développer ses propres interprétations des valeurs sans ingérences violentes d'autres nations mérite aussi le respect ; la liberté de commerce et d'entreprise est un principe très respectable, mais parmi l'une de ses conséquences indésirables semble figurer la misère croissante d'une grande partie de l'humanité, etc. Au début du XXe siècle, Max Weber a parlé des « batailles entre dieux » que représentent, dans la réalité

1. R. Scruton, *Modern Philosophy*, Grande-Bretagne, Mandarin Books. Ce livre donne une vision de synthèse excellente (et souvent polémique) de tous les champs de la pensée philosophique actuelle.

historique, ces chocs d'idéaux opposés. Ils sont comme des alcools trop forts pour être bus sans être coupés. Peut-être l'art de la politique par excellence est-il de doser le cocktail qui les contiendrait tous sans cesser d'être socialement « digestible »...

Depuis Platon, la vertu qui exprime le mieux cette concorde sociale à partir d'éléments discordants dont nous venons de parler s'appelle *justice.* Nous sommes trop habitués, à mon avis, à la considérer sur le seul mode de la distribution (donner à chacun ce qui lui est dû, à chacun selon ses mérites ou ses besoins) ou de la rétribution (punir les méchants et récompenser les bons). Mais il y a des définitions plus larges, qui me paraissent préférables. Celle qui me plaît le plus a été donnée par un penseur anarchiste du XIXe siècle, Pierre-Joseph Proudhon : la justice est « le respect, spontanément éprouvé et réciproquement garanti, de la dignité humaine en quelque personne et dans quelque circonstance qu'elle se trouve compromise, et à quelque risque que nous expose sa défense » (*De la justice dans la Révolution et dans l'Église*). Le concept de *dignité humaine* dans sa forme contemporaine (bien que nous ayons vu dans le chapitre troisième que Pic de la Mirandole l'employait déjà à la Renaissance) commence à se généraliser à partir du XVIIIe siècle, lorsque le système d'honneurs propres à l'aristocratie – réservé à une minorité – entre en crise révolutionnaire pour laisser la place à l'exigence par chacun de la reconnaissance de sa qualité d'homme et de citoyen. C'est alors qu'apparaît le concept politique des « droits de l'homme » : ceux-ci s'incorporent aux constitutions démocratiques et se renforceront théoriquement – mais pas toujours, hélas, dans la pratique – au cours des deux cents dernières années. Ils impliquent une véritable *subversion* des sociétés traditionnelles, tant à leur origine (en Amérique, ils sont apparus à la faveur d'une guerre d'indépendance, et en Europe à la faveur d'une révolution qui a décapité des rois) que de nos jours, pour peu qu'on essaye de les défendre pour de bon. Les droits de l'homme ou droits fondamentaux sont comme une déclaration plus détaillée de ce qu'implique cette « dignité », qu'il est juste que les hommes se reconnaissent les uns aux autres.

Qu'implique la dignité humaine ? En premier lieu, l'inviolabilité de chaque personne, la reconnaissance qu'elle ne peut être utilisée ou sacrifiée par les autres comme un simple instrument pour la réalisation de fins générales. C'est pour cela qu'il n'y a pas de droits « de l'homme » collectifs, pour la même raison qu'il n'y a pas d'êtres « humains » collectifs : la personne humaine ne peut exister en dehors de la société, mais elle ne se limite pas à être à son service. D'où la deuxième caractéristique de sa dignité : la reconnaissance de l'autonomie de chacun pour tracer ses propres projets de vie et ses propres barèmes d'excellence, sans autre limite que le droit identique des autres à la même autonomie. En troisième lieu, la reconnaissance que chacun doit être traité socialement en fonction de sa conduite, de son mérite ou de ses démérites personnels, et non selon ces facteurs aléatoires qui ne sont pas essentiels à son humanité : race, ethnie, sexe, classe sociale, etc. En quatrième et dernier lieu, l'exigence de solidarité avec le malheur et la souffrance des autres, le maintien de la complicité vivante et active avec les autres. La société des droits de l'homme doit être l'institution dans laquelle *personne* ne se trouve abandonné.

Ces facteurs de la dignité humaine individuelle se sont heurtés dans les temps modernes à des présomptions prétendument « scientifiques » qui tendent à « chosifier » les personnes, en niant leur liberté et leur responsabilité, et en les réduisant à de simples « effets » de circonstances générales. Le racisme est l'exemple le plus évident d'une telle négation de la dignité humaine, mais un autre type de déterminisme ethnique ou culturel est en train de s'y substituer, selon lequel chacun se doit de se cantonner exclusivement dans la configuration que lui assigne sa communauté. On suppose ainsi que les cultures sont des réalités fermées sur elles-mêmes, imperméables les unes aux autres et n'admettant pas la comparaison, chacune d'elles étant porteuse d'un mode complet d'existence et de pensée qui ne doit pas être « contaminé » par les autres, ni altéré par les décisions individuelles de ses membres. De tels dispositifs désastreux « programment » les nouvelles générations, parfois pour leur faire combattre radicalement les dispositifs d'autres cultures (le « choc des civilisations », dont parle Samuel Huntington) ou, tout au moins, pour les fermer à tout échange spirituel avec eux. Espérons que dans cinquante ou cent ans, les invocations à ce qui est aujourd'hui la sacro-sainte « identité culturelle » des peuples, que certains veulent préserver politiquement coûte que coûte, seront vues avec une suspicion hostile semblable à celle avec laquelle la majorité d'entre nous accueille déjà les allusions au facteur Rhésus et à la couleur de la peau. Car elles contiennent fondamentalement une volonté non moins injuste d'attenter au présupposé essentiel de la dignité humaine de chacun : celui qui veut que les hommes ne soient pas nés pour vivre en formant des bataillons en uniforme, chacun avec son drapeau, mais pour se mêler les uns aux autres sans cesser de se reconnaître, malgré toutes les différences culturelles, une ressemblance essentielle et, à partir de ce mélange, *se réinventer* constamment (voir ce que nous avons dit à ce sujet dans la dernière partie du chapitre quatrième).

L'obsession qui caractérise les nationalismes, cette plaie majeure du XXe siècle, glorifie la nécessaire « appartenance » de chaque être humain à son pays d'origine et fait de celle-ci une fatalité orgueilleuse. Au fond, il n'y a rien d'autre là que la détestable mentalité possessive qui veut imprimer le sceau du propriétaire non seulement sur les maisons et les objets, mais encore sur les terres et les paysages. L'imbécile « ici nous sommes comme ça » et la mythification des racines – comme si les êtres humains étaient des végétaux – bloquent la véritable nécessité humaine de l'*hospitalité* que nous nous devons les uns aux autres, conformément à ce que nous avons appelé la « dignité ». Pour qui est capable de réfléchir, nous sommes tous des étrangers, des Juifs errants, nous venons tous d'on ne sait où et allons tous vers l'inconnu (vers les inconnus ?), et nous nous devons tous mutuellement l'hospitalité dans notre bref passage par ce monde commun à tous, notre unique véritable « patrie ». Un écrivain juif contemporain, George Steiner, l'a parfaitement exprimé : « Les arbres ont des racines, les hommes et les femmes des jambes. Avec lesquelles traverser l'idiotie barbelée des frontières, visiter, séjourner en hôtes dans le reste de l'humanité. Dans la Bible, mais aussi dans les mythologies grecque et autres, nombreuses sont les légendes qui, au fond, nous parlent de l'inconnu qui frappe à la porte du visiteur qui, au terme de son voyage, se présente au portail au crépuscule. Dans les fables, ce coup frappé à la porte est souvent celui d'un dieu caché ou d'un émissaire divin éprouvant la chaleur de notre accueil. J'aimerais croire que ces visiteurs sont les êtres véritablement humains qu'il nous faut devenir pour survivre [1]. »

Sigmund Freud – le fondateur de la psychanalyse et l'un des plus grands esprits de notre temps – dit dans son livre *Le Malaise dans la culture* que la souffrance humaine a trois sources : « La surpuissance de la nature, la caducité de notre propre corps et la déficience des dispositifs qui règlent les relations des hommes entre eux dans la famille, l'État et la société. » Mais aucun de ces trois maux ne peut être réellement considéré comme le pire de ce qui nous assiège : pour l'être qui a besoin d'être confirmé par le regard compréhensif de l'autre pour arriver à être lui-même, « le mal est, au début, ce pour quoi on est menacé de perte d'amour [2] ». Rien ne nous

1. G. Steiner, *Errata,* traduit de l'anglais par Pierre-Emmanuel Dauzat, Gallimard.

2. S. Freud, *Le Malaise dans la culture*, traduit de l'allemand par Pierre

laisse plus désarmés, plus faibles, plus *menacés* que la perte de l'amour, entendu tant au sens le plus littéral du terme (paternel, maternel, filial ou érotique) qu'à celui plus général que les Grecs appelaient *philês* : l'amitié entre ceux qui se choisissent comme mutuellement complémentaires (« parce que c'était lui, parce que c'était moi », c'est par ces mots superbes que Montaigne justifie sa *philês* pour La Boétie) – et la sympathie « civile et vaguement impersonnelle, mais discrètement solidaire » –, que les concitoyens doivent se manifester quotidiennement les uns aux autres pour que la vie en société soit gratifiante. Sans amour ni *philês,* l'humanité s'atrophie et nous restons livrés à l'inhospitalière loi de la jungle. Goethe disait avec raison que « se savoir aimé » donne plus de force que « se savoir fort ».

Comment pouvons-nous mériter l'amour des autres ? Une grande partie des règles éthiques dans toutes les cultures se sont assigné la tâche de nous donner des instructions pour y parvenir. Isaac Asimov, un auteur de science-fiction qui, à mon avis, est aussi bon philosophe qu'écrivain, a inventé les « trois lois de la robotique » que les créatures mécaniques, personnages du roman *Les Robots*, portent enregistrées dans leur programmation :

Première loi : Tu ne nuiras à aucun être humain.

Deuxième loi : Tu aideras autant que tu le pourras les êtres humains (à condition que ce ne soit jamais en violant la première loi).

Troisième loi : Tu préserveras ta propre existence (à condition que ce ne soit jamais en violant les deux lois précédentes).

Cotet, René Lainé et Johanna Stute-Cadiot, Presses universitaires de France.

Comme nous ne sommes pas des robots, la plupart des morales passées et présentes changent l'ordre de ces préceptes, mais le reste de leurs normes est bien résumé par les trois points d'Asimov. Bien sûr, il y a eu, il y a et il y aura toujours des conseillers provocateurs et désabusés pour nous recommander d'*utiliser* le plus possible ceux qui respectent la morale, afin d'obtenir ainsi d'autres avantages. C'est à cause de sages de ce genre que nous vivons entourés de policiers, de prisons, de misère et d'abandon. Ces conseillers cyniques sont-ils aussi malins qu'ils l'imaginent ? Les avantages occasionnels que nous obtenons personnellement en les écoutant valent-ils vraiment la peine, au regard de ce que nous y perdons tous ensemble ? Est-il prudent de renoncer, moi ou toi, lecteur, à tenter de mériter l'amour de nos semblables, tant que le dernier des égarés ou des nuisibles n'aura pas reconnu que c'est de *philês*, et non d'autre chose, dont nous avons besoin ?

Les manifestations humaines les plus caractéristiques ne peuvent se comprendre que dans un contexte social : ce sont les choses que nous faisons en pensant aux autres et en *appelant* les autres par leur moyen quand ils ne sont pas présents. Rire, par exemple. L'humour est un clin d'œil pour chercher d'authentiques « compagnons de vie » qui puissent partager avec nous l'apparition réjouissante et parfois dévastatrice du non-sens de l'ordre routinier des signifiés établis. Rien n'est plus sociable ni n'unit autant que le sens de l'humour : c'est pour cela que quand on entend beaucoup de rires dans une réunion amicale ou qu'on y échange d'abondants sourires, nous disons : « On est bien. » C'est-à-dire qu'on est heureux de se reconnaître les uns les autres. Même celui qui rit seul rit en réalité dans l'attente des âmes sœurs qui pourront s'unir à son rire. Et beaucoup d'amitiés – beaucoup d'amours aussi ! – commencent quand deux personnes comprennent une plaisanterie qui échappe aux autres...

La création esthétique et ses jouissances ne peuvent pas non plus être réellement comprises si elles ne sont pas *partagées*. Quand nous découvrons quelque chose de beau, notre première réaction est de chercher quelqu'un (ou quelqu'une) qui puisse en jouir avec nous : ensemble, nous en jouirons davantage. Les enfants passent leur temps à tirer leurs aînés par la manche pour leur montrer les petites merveilles dont, parfois, la valeur échappe aux adultes trop stupides pour l'apprécier. Mais qu'est-ce que la beauté ? Pourquoi est-il si important pour nous de la découvrir, de la créer et de la partager ? Pourquoi même le laid doit-il parfois être arrangé pour qu'il semble beau, sans quoi la vie cesserait de nous apparaître désirable ?

Sujets de réflexion...

Pouvons-nous nous faire « humains » de nous-mêmes, sans avoir besoin de personne d'autre ? Commençons-nous à nous humaniser avec la parole ou, avant, avec le regard de nos semblables ? Est-il inévitable que vivre avec les autres nous soit « douloureux » ? Est-il justifié de protester contre les résultats effectifs de cette société dont nous avons par ailleurs tant besoin ? L'enfer d'être inconnu des autres ne serait-il pas pire que celui de vivre parmi eux ? Vivons-nous dans l'« incommunicabilité » ou bien devons-nous accepter une fois pour toutes de ne jamais « communiquer » totalement ? Les humains s'affrontent-ils dans la société parce qu'ils ne sont pas suffisamment rationnels ou parce qu'ils ne sont pas raisonnables ? Peut-on obtenir un mode de concorde à partir de la discorde produite par les raisons contradictoires des hommes ? Comment Hegel explique-t-il le passage de notre animalité « naturelle » à notre « humanité » historique et culturelle ? Les philosophes qui ont réfléchi sur la politique veulent-ils la comprendre mieux ou veulent-ils l'abolir une fois pour toutes ?

Peut-il y avoir une « politique » sans conflits ni affrontements ? La démocratie peut-elle exister sans politique ? En quoi l'essence de la philosophie s'apparente-t-elle à l'essence de la démocratie ? Que sont les « utopies » ? Pourquoi les philosophes montrent-ils tant de goût pour elles ? « Utopie » est-il la même chose qu'« idéal » ? Y a-t-il des utopies haïssables, ou pour le moins dangereuses ? Une utopie a-t-elle jamais été réalisée historiquement ? Les humains établissent-ils un « contrat social », ou sont-ils le résultat de choix privés qui déterminent la meilleure existence possible pour tous ? Tous les idéaux politiques sont-ils pleinement compatibles dans la société effective ? Qu'est-ce que la justice ? Quelle est la relation avec la « dignité humaine » ? la relation entre la « dignité de l'homme » et les « droits de l'homme » ? Peut-il y avoir des « droits de l'homme » collectifs ? Les humains sont-ils inexorablement déterminés par leur race ou par leur culture ? Quels sont les principes les plus généraux des morales humaines ? Le rire est-il un argument en faveur de la vie en commun des êtres humains ?

CHAPITRE NEUVIÈME

Le frisson de la beauté

Dans *Les Lois*, son dernier dialogue, le vieux Platon explique que les humains sont obligatoirement soumis à la pédagogie de deux maîtres exigeants : le plaisir et la douleur. Ceux-ci nous enseignent par la contrainte – agréable ou terrible – à vivre et à survivre. Comme la plupart des choses qui font jouir ou souffrir les humains leur sont communes à tous, le plaisir et la douleur sont de puissants ciments de la fraternité universelle : mais comme nul ne jouit et souffre exactement de la même manière, ni n'a été soumis aux mêmes stimulations au cours de sa vie, ce sont également plaisirs et douleurs qui nous dotent d'une *biographie* originale, qui dessinent l'authentique individualité de chacun de nous. Le plaisir et la douleur nous enseignent que nous sommes « identiques » en général, mais en même temps « différents » en particulier. On constate ici, encore une fois, que cela même qui nous unit – nos « intérêts » – est aussi ce qui nous sépare, nous personnalise, et peut parfois nous opposer.

Voyons d'un peu plus près ce que, dans un sens très large, nous pourrions appeler le « plaisir ». Je ne me réfère pas seulement à l'effet que nous procure une sensation physiquement agréable, mais à tout ce devant quoi – chose, personne, produit, comportement, etc. – nous ressentons clairement une *approbation* : « ah ! que c'est bon ! », « encore ! », « j'en reprendrais bien ! »... s'agissant par exemple d'un mets délicieux (je laisse à chacun le choix de son plat favori), qui nous plaît parce qu'il s'avère très agréable au palais. Ou peut-être d'une douche rafraîchissante par un été brûlant, tout aussi plaisante. Ces sensations « gratifiantes » sont très importantes dans notre vie à tous, mais elles le sont aussi pour n'importe quel animal doté d'un système nerveux un peu développé. Autre exemple : la satisfaction que nous ressentons en voyant quelqu'un accomplir un acte généreux et courageux, ou mieux encore, en l'accomplissant nous-mêmes. « Ah ! soupirons-nous, comme c'est bien ! C'est ainsi qu'on devrait toujours se comporter ! » Apprécier ce qui est « bien » est le propre des êtres doués de raison qui, en réfléchissant, se rendent compte que cette chienne de vie serait meilleure si nous étions tous capables de conduites aussi excellentes. Dernier exemple : je vois un coucher de soleil qui flamboie sur la mer ou j'écoute une polonaise de Chopin bien interprétée au piano. Et de nouveau surgit l'approbation heureuse : « Que c'est beau ! »

Cependant, ce dernier cas est différent des deux autres : il est certain que je ne pourrais pas jouir du « beau » si je n'avais pas mes sens, mais dans cette jouissance intervient aussi la raison, car il ne s'agit pas d'une satisfaction purement sensorielle. Les plaisirs de la beauté sont les moins « zoologiques » de tous. Pourtant, ce que je ressens devant la beauté n'est pas du même ordre que le respect moral ou les applaudissements suscités chez moi par un geste vertueux ; il est même possible que je préfère, pour des raisons éthiques, qu'il n'y ait pas, dans le monde, telle ou telle chose belle... même si cela ne l'empêche pas d'être belle ! Supposons que je sois avec un ami devant la grande pyramide de Kheops et que je lui confie que je la trouve très belle : « Belle ? De quoi parles-tu ? Dois-je supposer que tu aimerais vivre à l'intérieur de ce tumulus obscur ? Ou qu'il te semble un lieu “agréable”, vu de l'extérieur, pour t'y asseoir sous le soleil du désert ? » Je lui réponds que la seule idée d'habiter une pyramide ou de monter dessus pour prendre un bain de soleil m'est parfaitement désagréable. « Et puis, continue perfidement mon ami, tu ne sais donc pas comment elle a été construite ? Des milliers d'esclaves ont traîné d'énormes blocs de pierre sous les coups de fouet pour élever un tombeau somptueux à un tyran qui piétinait leurs droits ! C'est ça que tu trouves si joli ? Tu veux peut-être que nous revenions à la construction de pyramides comme celle-là, et à ce prix-là ? » J'admets que non, bien au contraire : je préférerais même que la pyramide n'existe pas, si cela pouvait avoir évité des souffrances injustes à ceux qui l'ont construite. Et, bien évidemment, je n'abrite pas le moindre désir de voir entreprendre aujourd'hui un pareil travail avec de tels procédés inhumains. Pourtant, je ne peux que reconnaître que je trouve la grande pyramide très belle, même si je ne vois rien en elle d'« agréable » et s'il ne me paraît pas moralement « bien » qu'elle ait été construite. Là-dessus, je ne sais plus quoi répondre aux sarcasmes de mon ami, car je suis incapable d'expliquer clairement l'effet que me produit ce que je nomme « beauté » pour que je ressente, envers et contre tout, un tel plaisir : il est difficile de comprendre pourquoi elle m'« intéresse » tant.

Kant, dont j'ai paraphrasé jusqu'ici à ma manière certains énoncés de la *Critique de la faculté de juger*, assure que le plaisir produit par la beauté est le seul qui soit vraiment désintéressé et libre. En effet, nos autres satisfactions proviennent des intérêts *nécessaires* de nos sens ou de notre raison. L'« agréable » nous attire parce qu'il répond aux désirs primordiaux de nourriture, boisson, protection, commodité, récompense sexuelle, etc. Le « bien » s'impose à nous parce que notre raison n'a pas d'autre solution que d'accepter que la vie humaine est plus digne d'être vécue quand chacun de nous fait ce qui doit être fait et reconnaît les autres comme ses véritables semblables et non comme de simples instruments manipulables. Mais le désir de beauté ne paraît répondre à aucune nécessité concrète, ni sensorielle ni rationnelle. Nous savons que les hommes primitifs ont fait des pots en terre cuite pour satisfaire plus commodément leur faim et leur soif. Nous pouvons également supposer qu'ils les ont utilisés pour nourrir leurs enfants ou donner à boire à leurs compagnons assoiffés, puisque nous sommes des êtres nécessairement sociaux. Mais pourquoi les ont-ils ornés d'une lisière de figures géométriques ou de motifs floraux ? Cette décoration ne sert à rien, ne remplit en apparence aucune fonction : nul chimpanzé n'aurait perdu son temps à ajouter quelque chose d'aussi superflu sur un objet dont il pourrait, par ailleurs, arriver à comprendre l'utilité. Pourtant, ces motifs ornementaux révèlent que les hommes ne cherchent pas seulement à satisfaire leurs nécessités, mais qu'ils ont également intérêt à ce que les choses soient belles ou qu'elles paraissent belles aux autres. Quel genre d'« intérêt » ? Sans tomber dans le paradoxe, Kant dit qu'il s'agit d'un *intérêt désintéressé*. Ce qui, franchement, ne nous aide pas beaucoup à sortir de nos doutes...

Mais poursuivons un peu en compagnie de Kant – il en est de plus mauvaises. Pour lui, « est beau ce qui plaît universellement sans concept ». Les deux caractéristiques sont importantes. Dire qu'une fleur est « magnifique » ou qu'un poème est « beau » n'est pas la même chose qu'affirmer « j'aime la paella » : dans le premier cas nous considérons que la beauté réside dans la fleur ou dans le poème et que n'importe qui devrait pouvoir la voir s'il regarde bien (et pas seulement de notre point de vue personnel et privé !), dans le second nous admettons que – comme on dit – « à chacun ses goûts » et « on ne discute pas des goûts et des couleurs » (c'est-à-dire qu'il n'existe aucune *loi* qui nous oblige à les partager, même si on a énormément discuté des goûts et écrit dessus... probablement plus que sur n'importe quoi d'autre). Ce que veut dire Kant quand il énonce que le beau plaît « universellement » n'est pas que nous sommes tous d'accord « de fait » pour trouver « belles » les mêmes choses, mais seulement que nous appelons « beau » ce que nous considérons avoir en soi suffisamment le droit et le mérite d'être considéré ainsi par tout le monde, alors que nous n'en exigeons pas tant en proclamant d'autres types de goûts : il serait d'une fausse modestie ridicule de donner à entendre que quelque chose est « beau » seulement pour moi, alors qu'il serait admissible – encore que profondément erroné ! – de considérer mon amour de la paella comme un trait original et exclusivement personnel de mon caractère.

Non moins intéressante est l'affirmation kantienne que le beau « n'a pas de concept ». D'après l'usage que Kant fait du terme, le concept est ce qui nous permet d'identifier quelque chose sans erreur et qui nous donne en outre une règle pratique pour le construire ou le juger. Mais si nous pouvons identifier conceptuellement que telle chose est un lever de soleil et telle autre une cathédrale, nous manquons d'une règle ou d'un modèle déterminant qui établisse de façon nécessaire quand l'un et l'autre méritent l'attribut « beau ». Seuls la pédanterie ou l'académisme stérile croient que l'on peut dicter des normes selon lesquelles seraient obligatoirement belles certaines choses et d'autres pas. Kant va même plus loin en faisant la distinction entre la beauté authentiquement « libre » ou « vague » et la beauté « adhérente » (bien qu'il nous ait dit que le contentement produit par tout type de beauté est désintéressé et libre). La beauté « adhérente » est celle des choses dont nous connaissons la finalité ou dont nous pouvons plus ou moins définir la perfection fonctionnelle : pour « désintéressée » que soit notre appréciation sur un palais ou un cheval de course, nous ne pouvons jamais faire complètement abstraction de ce que nous savons « à quoi ils servent ». La même chose se passe avec les œuvres d'art fondées sur la représentation fidèle du réel ou sur de fines analyses morales et psychologiques, dont la beauté est toujours liée à l'interprétation précise de ce qui existe ou devrait exister. En revanche, la beauté « vague » est celle qui correspond aux fleurs, aux coquillages que nous trouvons sur la plage, aux jeux des ombres un soir d'été, aux arabesques entrelacées de l'art islamique, au dessin d'une tapisserie ou à cette chose que Kant n'a pu connaître car elle est venue au monde un siècle après sa mort : la peinture abstraite (Mondrian, Jackson Pollock... sont des exemples qui auraient probablement stupéfié le vieux philosophe). Selon la *Critique de la faculté de juger*, tous ces types de beauté « sans sens » et « sans concept » sont ceux qui suscitent de la façon la plus pure et la plus nette le plaisir le plus indéniablement « esthétique »... même si Kant n'employait pas ce mot dans son usage actuel !

Mais pouvons-nous réellement séparer tout à fait la beauté des autres valeurs humaines, utilitaires ou morales ? A l'origine, comme cela se passe toujours pour les termes de louange, ces formes d'appréciation devaient être beaucoup plus mélangées qu'aujourd'hui, si l'étymologie ne nous trompe pas. Le mot qui nous est immédiatement le plus familier – « beau », du latin *bellus* – semble être un diminutif de « bon » – *bonus, bonulus* : quelque chose d'assez bien, de supérieur à la moyenne, mais pas vraiment excellent, joli plutôt. De même, le grec *kalos*, pour lequel Platon, dans son dialogue *Cratyle*, cherche ou imagine une étymologie qui signifie « attirant », est lié sémantiquement au vocable « bon » – *agathos* – et forme parfois avec lui des composés comme *kalos kagathos*, qualification habituelle de l'homme exemplaire, celui qui est parfaitement accompli sur le plan physique comme sur le plan civique. Signalons au passage qu'en grec moderne *kalos* signifie uniquement bon. En chinois également, l'idéogramme pour « beau » – *miei* –, qui représente un grand mouton, est directement lié à l'idéogramme pour « bon » ou « bien » – *shan* – qui, si je suis bien informé, représente la mère avec un enfant dans les bras. Le latin a aussi un autre mot pour désigner le beau, *formosus* (qui a donné l'italien *formoso* et l'espagnol *hermoso*), c'est-à-dire ce qui conserve dûment sa « forme », de manière harmonieuse, dans le respect des proportions de ses différentes parties. Remo Bodei, à qui j'emprunte ces données étymologiques, indique que cette valorisation de l'idée de

« forme » vient peut-être, à l'origine, du contraste provoqué par l'horreur de la décomposition des organismes rongés par le temps et par la mort [1] : nous aimons ce qui est bien formé parce que nous avons auparavant aimé ce qui est bien vivant.

En résumé : il semble hors de doute qu'à l'origine l'idée du beau (mais pas de la Beauté elle-même), émise de manière plus intuitive que réflexive, a été liée à la notion du bon (mais pas du Bien), c'est-à-dire de ce qui est le mieux pour la vie. Le beau comme le bon, et naturellement l'agréable, catégories que Kant distingue et – jusqu'à un certain point – sépare, dérivent probablement d'un noyau commun centré sur le même objectif : rendre la vie humaine *meilleure*, c'est-à-dire plus coopérative et plus solidaire, plus riche en expériences, plus imaginative, plus confortable et plus agréable, bref moins soumise à l'obscurité dévoreuse et insensible de la mort. Et pour résumer ce résumé : le beau partage avec le bon et l'agréable la tâche de parvenir à ce qu'il y ait plus de vie et moins de mort... pour les mortels. Un des philosophes contemporains qui ont le plus et le mieux insisté sur cette perspective est George Santayana (un penseur d'origine espagnole dont l'existence a été un heureux vagabondage et qui a écrit toute son œuvre en anglais).

Pour Santayana, les valeurs esthétiques ne peuvent jamais être « séparées » des autres valeurs de la vie humaine, même si elles doivent être considérées sous certains aspects comme différentes des autres. Elles ne sont pas « désintéressées » – la valeur exprime toujours un « intérêt » passionné pour un aspect positif de la vie –, mais explorent et agrandissent, au contraire, le champ possible de nos intérêts. Il s'agit toujours d'élargir la finitude étroite de la vie pour réduire autant que nous le pouvons la dimension écrasante de la mort. Mieux

1. R. Bodei, *Le Forme del bello*, Bologne, Il Mulino.

encore, suivant Santayana, l'art n'a jamais manqué d'un fondement ou d'un motif pratique ni d'une fonction intellectuelle, sociale ou religieuse. Dans son livre le plus important sur ce sujet, *Le Sens de la beauté*, il affirme que « rien à part le bien de la vie n'entre dans la texture du beau. Ce qui nous enchante dans le comique, ce qui nous soulève dans le sublime et ce qui nous émeut dans le pathétique, c'est la vision d'un bien ; l'imperfection n'a de valeur qu'en tant que perfection naissante ». Dans un autre livre, *Reason in Art*, il déclare catégoriquement que « c'est pure barbarie de croire qu'une chose est esthétiquement bonne, mais moralement mauvaise, ou moralement bonne, mais odieuse à la perception. Les choses partiellement bonnes ou partiellement laides peuvent être choisies sous la pression de circonstances défavorables, avant que n'arrive quelque chose de pire ; mais si une chose est laide *par elle-même*, elle ne peut être complètement bonne, et si elle est *complètement* bonne, elle doit être aussi forcément belle ». Et il transforme le monde des anciens Grecs en réplique du paradis ou en modèle unique, pour réfuter ainsi ceux qui s'éloignent d'eux pour les aspects barbares de ce que nous appelons la « modernité » (du « laid » dans l'art contemporain, nous aurons certainement à reparler plus loin) : « Chez les Grecs, l'idée de bonheur était esthétique et celle de beauté était morale ; et cela non parce que les Grecs étaient imprécis, mais parce qu'ils étaient civilisés » (*The Mutability of Aesthetic Categories*).

Cependant les Grecs de l'époque classique, eux non plus, ne considéraient pas la question de la beauté d'une manière nette et uniforme. Le personnage le plus illustre de notre tradition philosophique, Platon, fait la distinction entre la beauté proprement dite – qui coïncide effectivement avec le bon et le vrai – et le type de beauté auquel aspirent les artistes. Cette dernière lui semble superflue parce que manquant d'authenticité, et même dangereuse pour un ordre politique bien conçu. Dans sa *République*, le dialogue dans lequel il dessine ce à quoi devrait ressembler une *polis* (une cité) organisée conformément à la justice la plus parfaite, il nous dit que, si un poète dramatique arrivait dans sa cité idéale, il serait raccompagné fermement à la frontière et rendu à son foyer sans autre forme de procès. Dans d'autres passages du même livre, il laisse entendre que d'autres artistes se verraient réserver le même traitement... à commencer par certains architectes aux tendances « modernes » pour l'époque. Et, ce qui nous apparaît encore plus scandaleux aujourd'hui : dans *Les Lois*, non seulement il préconise la censure des œuvres d'art pour des raisons politiques, mais il donne même des normes avec force détails pour l'appliquer efficacement. Faut-il rappeler que, quand Platon parle de poètes et d'autres artistes, il ne fait pas allusion à des gens médiocres ou mus seulement par de vils intérêts commerciaux – comme ceux qui, de nos jours, sont si souvent dénoncés –, mais à des génies tels que Homère, Eschyle, Sophocle, Phidias, Polyclète, etc., c'est-à-dire aux créateurs qui ont formé ce qui, avec le recul des siècles, nous apparaît comme une sorte d'Âge d'or artistique de l'humanité ?

Platon n'a pas été le seul amoureux de la beauté (et, à coup sûr, artiste lui-même dans une certaine mesure, car ses dialogues sont des chefs-d'œuvre de la littérature universelle qui n'ont cessé de rayonner depuis plus de vingt siècles) qui ait fustigé ou pour le moins méprisé les manifestations de la beauté artistique, celle à laquelle nous pensons en premier aujourd'hui quand nous disons de quelqu'un qu'il est un « amant de la beauté » ou qu'il a un « bon goût esthétique ». Pour Kant aussi, le prototype de la véritable beauté est le spectacle du naturel, et il regarde les artistes avec une certaine méfiance, tout en leur concédant d'atteindre de temps en temps cette « beauté adhérente » ou supplémentaire d'un rang nettement inférieur. Rousseau détestait le théâtre, qu'il eût aimé voir banni définitivement de la république de Genève où il vivait, et il semble parfois considérer tous les arts comme une forme de décadence dont les citoyens qui jouissent d'une bonne santé démocratique feraient bien de s'écarter. Et un artiste du roman aussi exceptionnel que Léon Tolstoï a écrit des pages virulentes contre Shakespeare en personne (que Wittgenstein n'appréciait pas non plus), en qui il voyait le représentant d'un genre d'art qui corrompt l'honnêteté morale et religieuse de ses victimes. Même un esthète aussi raffiné que Santayana a affirmé dans le dernier livre qu'il ait écrit, *Dominations and Powers*, qu'un « authentique amant du beau pourrait ne jamais entrer dans un musée ».

Mais concentrons-nous sur les arguments anti-artistiques de Platon, les plus importants, non seulement du fait de la personnalité exceptionnelle de leur auteur, mais aussi parce que, d'une manière ou d'une autre, Rousseau, Tolstoï et d'autres – y compris les nazis qui ont poursuivi les œuvres d'art « dégénérées », les talibans qui interdisent en Afghanistan la musique et presque tout le cinéma américain, ou ceux qui exigent moins de violence et plus de moralité dans les programmes de la télévision – répètent, consciemment ou inconsciemment, une bonne part de l'argumentation platonicienne. Pourquoi Platon voulait-il expulser les artistes de sa cité idéale ? Cette question sert de sous-titre à un magnifique essai, *The Fire & the Sun* (le feu et le soleil), dans lequel l'excellente romancière irlandaise Iris Murdoch étudie de façon pénétrante le « cas » platonicien. Nous suivrons en partie son analyse et nous citerons, à l'occasion, certains passages importants de ce livre[1].

Commençons par préciser que Platon se méfie des artistes et nous prévient contre eux parce qu'il est convaincu de leur *force*, c'est-à-dire de leur capacité de séduction. Si l'art n'était qu'une vulgaire perte de temps, Platon ne lui aurait probablement pas accordé la moindre attention critique. En quoi

1. I. Murdoch, *The Fire & the Sun : why Plato Banished the Artists*, Oxford, Clarendon Press.

réside la « force » des artistes ? Sans doute dans leur habileté à produire du *plaisir*, lequel est, avec la douleur – nous l'avons dit –, l'instrument par excellence de la formation sociale des individus. Celui qui maîtrise les mécanismes du plaisir contrôle également, du moins en grande partie, l'*éducation* des citoyens : aussi vaut-il mieux que ces instruments soient en de bonnes mains. A cet égard, les artistes ne paraissent pas à Platon des candidats éducateurs recommandables. Les plus dangereux de tous sont ceux qui s'attachent à décrire les sentiments, les passions et les destins des hommes, c'est-à-dire les poètes épiques et les dramaturges (sans aucun doute, Platon ajouterait aujourd'hui les romanciers et les cinéastes), car rien n'exerce plus de séduction sur les êtres humains que la représentation, si fictive et fantaisiste soit-elle, du comportement de nos semblables dans la vie. Toute personne un tant soit peu formée à l'usage de la raison peut découvrir les failles et les pièges d'une argumentation théorique (si tant de gens en semblent incapables, c'est simplement parce qu'ils ne prêtent pas attention aux raisonnements) ; en revanche, un bon artiste peut rendre « crédible », voire admirable, n'importe quel genre de vie, même pour le plus averti des spectateurs... pour ne pas parler de son influence sur le vulgaire !

Mais pourquoi ceux qui dramatisent artistiquement la vie humaine exercent-ils généralement une influence plus pernicieuse que bénéfique ? Parce que, selon Platon, l'art accepte sans critique les apparences au lieu de les questionner : c'est-à-dire, parce que l'artiste se complaît avant tout à ces apparences qui fascinent également le public, au lieu de mettre en valeur les vérités rationnelles qu'elles recouvrent et qui les démentent, dont seuls se préoccupent les philosophes... donc les éducateurs. Fantasmer sur des choses invraisemblables est beaucoup plus « distrayant » qu'étudier l'essence immuable du réel, sobre et rigoureuse comme la géométrie. Plus grave encore : comme ce que veulent avant tout le poète ou le dramaturge (de nos jours le romancier, le réalisateur de films, etc.), c'est être agréables à leur clientèle et donner du plaisir à la majorité, ils se concentrent avec délectation sur les biographies de pervers, « parce que l'homme mauvais est multiple, divertissant à l'extrême, tandis que l'homme bon est tranquille et toujours égal à lui-même ». Quand il s'agit de distraire, l'éthique n'a aucune chance contre l'esthétique. Pourquoi ? Eh bien ! parce que nous savons depuis longtemps comment doivent être les honnêtes gens – leurs actes sont régis par des *principes*, c'est-à-dire par des normes que nous connaissons même avant de les connaître, eux –, alors que les gens mauvais sont multiformes dans leurs transgressions et qu'ils surprennent toujours. Il n'y a qu'un nombre défini de manières de bien se comporter, tandis que celles de mal se comporter sont innombrables ; de là vient que l'éthique – laquelle ne fait que nous rappeler constamment ce qui est fondamental – est esthétiquement « ennuyeuse », tandis que l'esthétique – qui prétend avant tout à la nouveauté et à l'insolite – est moralement suspecte. Ainsi que le résume Iris Murdoch, « l'artiste ne peut représenter ni mettre en valeur le bien, mais seulement le démoniaque, le fantastique, l'extrême ; alors que la vérité est tranquille, sobre et limitée, l'art est sophistication, dans le meilleur des cas une *mimesis* (une imitation) ironique dont la fausse "véracité" est un ennemi rusé de la vertu ».

Pour Platon, il y a une opposition claire entre l'art et la connaissance véritable, c'est-à-dire la philosophie. Dans l'art, c'est la personnalité ensorceleuse de l'artiste qui est prédominante, tandis que la philosophie aspire à la réalité impersonnelle telle qu'elle est, en soi, au-delà du bruit et de la fureur des hommes. Les artistes parviennent, grâce à leurs talents de séduction, à objectiver universellement leur seule subjectivité, tandis que la tâche du philosophe est de s'approprier subjectivement, par le moyen de la connaissance, l'universalité objective. La beauté à laquelle le philosophe aspire est la joie que nous cause la réalité quand nous la comprenons avec une précision mathématique après l'avoir purifiée de nos désirs, et non l'émotion morbide qui flatte nos passions. Platon n'écarte pas pour autant tous les types d'art, il s'oppose seulement à celui qui est trop individualiste et personnel, l'art des grands créateurs : il ne voit pas d'objections à ce que nous appellerions aujourd'hui l'« art populaire », aux artisanats traditionnels et à la musique tonifiante qui suscite de saines émotions patriotiques ou religieuses... toutes manifestations où le collectif passe loin devant l'originalité subversive de quelques individualités trop portées sur l'introspection. Au nom de l'harmonie unanime de la société, ce qu'un certain type d'art a de *désintégrateur* doit être censuré. Devons-nous souligner que notre XXe siècle a connu, lui aussi, des attitudes semblables, toujours au service, il est vrai, de doctrines politiques rarement appréciées des partisans de la liberté individuelle ?

Mais cette prétention qu'a Platon d'opposer la beauté de la fiction artistique à la beauté de la vérité philosophique n'est nullement à l'abri de la controverse. Même si Platon a eu des continuateurs de premier plan, Aristote et beaucoup d'autres philosophes tout aussi considérables ont pensé de façon très différente, en affirmant que les œuvres des grands artistes ne sont pas un obstacle pour parvenir à la véritable connaissance de la réalité, mais qu'elles sont au contraire indispensables pour l'atteindre dans son entier. Car les artistes aussi, à leur manière, explorent de nouvelles voies dans la compréhension de ce qui existe. Certes, ils partent de leur mode particulier de sentir et des fantasmes de leur intériorité, mais pouvons-nous vraiment exclure le subjectif de la compréhension totale de la réalité, comme s'il s'agissait simplement d'une illusion superflue ? Même les œuvres d'art qui misent sur le fantastique développent, à leur manière, notre perception des possibilités du réel et proposent de nouvelles voies par rapport aux normes en vigueur.

Rien ne permet de dire que les meilleurs artistes veulent seulement divertir ou flatter les passions les moins nobles du public : avant tout, ils aspirent à l'aider à améliorer sa connaissance. Léonard de Vinci a dit que la mission de la peinture et de la sculpture est d'arriver à *sapere vedere*, à savoir voir. Et comment nier que nous avons découvert de nouvelles nuances des choses, des formes et des couleurs grâce à Léonard, à Michel-Ange, à Velazquez ou à Picasso ? Les poètes, les dramaturges et les romanciers n'ont-ils pas enrichi de façon décisive la compréhension de la vie humaine, de ce que signifie le fait d'habiter en tant qu'êtres humains dans la complexité du monde ? Certes, cette vision du monde qu'ils nous livrent n'est pas toujours paisible ni tranquillisante, mais c'est bien en cela que réside justement leur plus grand mérite. Ils nous troublent parce qu'ils nous ouvrent les yeux, non par simple goût de la provocation. Comme l'indique à juste titre Iris Murdoch, « le bon artiste nous aide à voir le lieu de la nécessité dans la vie humaine, ce que l'on doit supporter, ce qu'il faut faire et défaire, et à purifier notre imagination en nous permettant de contempler le monde réel (généralement voilé par la peur et l'angoisse), y compris dans ce qu'il a de terrible et d'absurde ». Y compris aussi, parfois, dans ce qu'il a d'obscène, de contradictoire et de sinistre, n'en déplaise aux gardiens bien intentionnés de la décence publique.

Le penseur qui s'est opposé le plus énergiquement aux thèses platoniciennes (quelque vingt-quatre siècles plus tard, il est vrai !) est peut-être Friedrich von Schiller, le célèbre poète, auteur dramatique et historien. Dans ses *Lettres sur l'éducation esthétique de l'homme*, ce disciple peu orthodoxe de Kant revendique avec une fougue toute romantique la nécessité capitale de cultiver la sensibilité esthétique pour obtenir de véritables citoyens capables de vivre et de participer dans une société moderne non autoritaire. En fin de compte, pour Schiller, « l'œuvre d'art la plus parfaite qui puisse exister est l'établissement d'une véritable liberté politique[1] », projet qui n'aurait sans doute remporté l'approbation de Platon qu'après d'infinies réserves et nuances... et encore ! Pour Schiller, la formation esthétique complète de façon décisive la préparation morale et intellectuelle du citoyen et le met en position de décider librement par lui-même non seulement en tant que détenteur de la raison, mais en tant que possesseur de sens corporels non moins nobles que celle-ci. Certes, l'art ne nous indique pas ce que nous devons faire – car il serait alors une simple succursale plastique ou littéraire de la morale –, mais il nous agite et nous purifie de façon tonifiante, nous permettant ainsi d'être ce que nous voulons parvenir à être. Prenant le taureau par les cornes, Schiller répond ainsi vigoureusement à Platon : « Il faut donner raison à ceux qui disent que le beau et l'état dans lequel l'esprit est mis par le beau sont parfaitement indifférents à la connaissance et à la *conviction morale*. Oui, ils ont raison : la beauté ne produit absolument aucun résultat particulier, elle ne réalise aucune fin, ni intellectuelle ni morale ; elle ne nous découvre pas une vérité, elle ne nous aide pas à accomplir un devoir ; bref, elle est également incapable d'affirmer le caractère et d'éclairer l'entendement. La culture esthétique, donc, laisse dans la plus complète indétermination la valeur d'un homme ou sa dignité, dans la mesure où cela ne peut dépendre que de lui-même ; la seule chose que la culture esthétique obtienne est de mettre l'homme, *par nature*, en situation de faire par lui-même ce qu'il veut, en lui rendant complètement la liberté d'être ce qu'il doit être. » La fonction de la beauté, qu'elle provienne de l'admiration de la nature ou de la création artistique (mais particulièrement de cette dernière), est purement émancipatrice : elle sert à *révéler* à l'homme ce qu'il y a d'ouvert et même de terrible dans sa liberté.

1. F. von Schiller, *Lettres sur l'éducation esthétique de l'homme*, traduction de Robert Leroux, Aubier.

La grande originalité de Schiller est de lier la vocation artistique à une dimension de l'activité humaine habituellement tenue pour triviale et de rang inférieur : le *jeu.* Seuls certains présocratiques comme Héraclite (voir le chapitre cinquième) se sont risqués à comparer l'« ordre » supposé de l'univers aux résultats d'un jeu enfantin, à cette différence près qu'ici les enfants joueurs peuvent être les dieux ou le hasard. L'activité ludique n'a pas d'autre but, ne se propose pas d'autre modèle, ni n'obtient d'autre bénéfice que son propre accomplissement : il en va de même pour l'activité, autrement grave, de ce que nous appelons le « cosmos ». Platon se méfiait certainement de cette métaphore dangereusement anarchique. Schiller y revient, en situant précisément la différence spécifique de l'humain dans la capacité de jouer : « L'homme ne joue que quand il est homme au plein sens du mot, et *il n'est pleinement homme que quand il joue.* » Les petits des animaux supérieurs et les enfants en bas âge ne « jouent » pas au sens propre, ils *s'amusent* en prenant plaisir à faire des gestes et des mouvements corporels dont ils auront par la suite besoin pour accomplir les tâches de la vie adulte. Le véritable « jeu » commence quand se constitue un monde symbolique qui se suffit à lui-même, qui se renvoie à lui-même, champ d'une activité qui se donne à elle-même ses règles et ses sanctions. Ce monde a évidemment à voir avec celui de la vie quotidienne, qu'il imite et reflète dans une certaine mesure, mais, en même temps, il se libère de ses normes et écarte les contraintes mortifères de la nécessité. Selon Schiller, c'est dans cette ambiance de jeu que se meut l'artiste : il joue avec la beauté du réel et transforme la beauté elle-même en réalité primordiale, trésor qui dévoile et forge à la fois notre liberté. Le jeu de l'art fait de nous les maîtres d'un monde, le nôtre, et nous rend ainsi manifeste un destin social mais aussi personnel, au-delà des coercitions naturelles ou légales, dans lequel nous aurons à décider sans fautes ni excuses ce que nous voulons parvenir à être.

A plusieurs reprises, en évoquant les artistes, surtout les plus grands, nous les avons appelés des *créateurs*. C'est un terme que l'on n'applique pas d'ordinaire aux scientifiques ou aux sportifs, si célèbres soient-ils. Pourquoi cette différence de traitement ? En quel sens disons-nous qu'un artiste est un « créateur » ? Évidemment, il ne semble pas qu'il soit « créateur » comme on suppose que l'est Dieu, car même le plus grand des artistes ne peut tirer son œuvre du *néant*. Ils utilisent toujours des matériaux existants (peinture, marbre, langage, notes de musique...) et s'appuient plus ou moins sur ce qu'ont fait leurs prédécesseurs, même si c'est pour le refuser et chercher de nouvelles voies. Mais ils sont quand même un peu « divins », dans la mesure où leur œuvre ne s'explique pas sans eux – sans leur vocation et leur personnalité –, et où rien de ce qu'ils ont fait n'aurait vu le jour s'ils n'avaient pas existé. Je m'explique : si Christophe Colomb n'était pas arrivé sur le continent américain en 1492, un autre aurait fait tôt ou tard ce voyage depuis l'Europe, et d'ailleurs les Vikings l'avaient déjà fait dans des temps plus reculés ; si Alexandre Fleming n'avait pas découvert la pénicilline, un autre savant aurait découvert tôt ou tard les propriétés curatives du champignon miraculeux ; et le record des cent mètres qui a déjà été battu un tas de fois le sera sûrement tôt ou tard de nouveau. Le découvreur, le scientifique et le champion sportif sont les premiers à être arrivés là où personne n'était encore jamais parvenu... mais sur des terrains qui ne les avaient pas attendus pour exister et s'offraient déjà à la curiosité et au savoir-faire de tous. En revanche, si Mozart ou Cervantès étaient morts au berceau, personne n'aurait jamais composé *La Flûte enchantée*, ni conté l'histoire de Don Quichotte. Nous n'aurions pas manqué pour autant de musique ou de romans, mais nous n'aurions pas eu *cette* musique ni *ce* roman. Nous pouvons imaginer le téléphone sans Graham Bell ou la théorie de la relativité sans Einstein, mais pas les *Ménines* sans Velazquez. Nous qualifions de « créateur » celui qui fabrique quelque chose qui, sans lui, ne serait pas venu à être, celui qui apporte au monde quelque chose – de grand ou de petit – qui, sans lui, n'aurait jamais pu exister précisément de cette manière et non d'une autre plus ou moins semblable. Les œuvres d'art ne sont pas la réalisation de potentialités ou de qualités d'un quelque chose qui existait déjà avant, elles jaillissent de la personnalité même des artistes qui les réalisent. Elles leur ressemblent, elles reflètent autant la personnalité de celui qui les fait que la réalité du monde où elles viennent prendre leur place. L'artiste n'est pas le premier à découvrir ou à réussir quelque chose, mais il est le *seul* qui puisse le « créer » à sa manière, qui est unique et irremplaçable.

Mais l'œuvre d'art réalisée par l'artiste doit-elle toujours être « belle », au sens de « jolie », c'est-à-dire le contraire de « laide » ? Doit-elle être fondée explicitement sur l'harmonie et l'équilibre entre les parties, sur la perfection de l'ensemble, ou peut-elle accueillir aussi la dissonance, voire la déformation ? La sainte trinité platonicienne est formée par le Bien, la Vérité et la Beauté, et appartient à un ordre idéal au-dessus de ce monde ; mais la triade infernale qui semble en revanche présider à nos conflits terrestres est constituée par le Mal, le Faux et le Laid. Est-ce une obligation pour l'artiste de réserver sa dévotion à la première trinité ou son travail inclut-il aussi de se rendre compte de la seconde et de nous en rendre compte ? Prenons l'exemple de Giorgione, un des plus grands peintres de la Renaissance italienne. Il a souvent reproduit la beauté de figures humaines gracieuses, mais il a peint aussi le portrait implacablement fidèle d'une vieille femme édentée et décrépite, qui devait avoir été ravissante dans sa jeunesse, car le tableau s'intitule *Col tempo* (« Avec le temps »). Ce tableau ne représente pas la beauté, mais ce que le temps fait de la beauté. Et la vieille ainsi représentée n'est « belle » d'aucun point de vue, de même qu'il n'y a absolument rien de joli ni d'harmonieux dans le passage destructeur des ans qui l'a réduite à ce triste état physique. Giorgione a-t-il ainsi trahi sa mission artistique qui était de montrer la « beauté », en peignant quelque chose qui nous produit un effet proche de la répulsion et peut nous inspirer une peur noire, si nous méditons un peu dessus ? Pourtant, j'oserai dire que le tableau est artistiquement « beau », et même infiniment plus que beaucoup de reproductions conventionnelles de paysages sirupeux ou de Miss Univers dans la fleur de l'âge. Pourquoi ?

C'est peut-être pour cette raison que, en art, on peut appeler « beauté » – si nous admettons que le propos de l'art est de produire de la beauté à tout prix – quelque chose qui n'a souvent rien de commun avec le sentiment de plaisir ou avec la placidité du décoratif. Le poète Rainer Maria Rilke pensait que la beauté « est ce degré du terrible que nous pouvons encore supporter ». L'attrait que l'art exerce sur nous ne nous parvient pas toujours comme une douce caresse, mais parfois comme un coup de griffe. Alain, un penseur contemporain qui a beaucoup écrit sur la question de l'art, indique que « le beau ne plaît ni ne déplaît, il nous arrête ». L'effet esthétique primordial est de *fixer* l'attention distraite qui glisse sur la surface des choses, des formes, des sentiments ou des sons en ne leur accordant qu'une considération routinière. Selon ce critère, est réellement beau tout ce qu'il est impossible de ne pas fixer. L'art cherche moins notre complaisance ou notre accord qu'il n'exige notre *attention*. Et rester attentifs peut être le contraire de se laisser envahir par ce qui est immédiatement gratifiant, comme lorsqu'on entre dans un bain bien chaud après une longue journée d'efforts. Tout le contraire, même, si nous donnons raison à un autre penseur actuel – Theodor W. Adorno – qui soutient dans son *Esthétique* que « la réussite esthétique pourrait se définir par la capacité de produire un certain frisson, comme si la chair de poule était la première image esthétique ». Nous émeut ce qui ne nous permet pas de passer au large, ce qui nous agrippe, nous retient, nous bouscule : l'*évidence* du réel, éblouissante et atroce, que nous n'avions peut-être jamais remarquée auparavant dans sa pureté et sa nudité implacables. Paradoxe de la beauté, qui peut en certaines occasions procurer de la béatitude, et en d'autres un frisson...

La trajectoire de l'art moderne, surtout le plus proche de nous, nous brouille par des distorsions du son et de la forme, nous confronte au monstrueux, nous familiarise avec les déchirements d'âmes sans espérance. Pourtant, nous pouvons aussi éprouver à travers lui l'émotion bouleversante de la beauté et nous parvenons parfois, même à partir d'un désespoir radical, à entrevoir certaines formes de sérénité. Trahison de la beauté ? Peut-être tout l'opposé : une tentative de ne pas nous la donner trop bon marché, trop facile et trop accessible, c'est-à-dire : trompeuse. Le romancier Stendhal a eu cette phrase célèbre : « La beauté est une promesse de bonheur. » Mais maintenir vivante cette aspiration à l'harmonie que contient cette promesse nous oblige à nous compromettre jusqu'à la fin avec le mal, le faux et le laid de la réalité non encore réconciliée dans laquelle nous vivons. Dans la dénonciation de ce qui manque, on entrevoit en filigrane la possibilité future de ce que pourrait être la plénitude. Sans doute le danger de cette trajectoire est-il de tomber dans la provocation primaire ou dans des formes de représentation esthétique si obscures qu'elles exigeraient l'acceptation de toute une série de présupposés théoriques pour digérer ce qui se présente comme sensoriellement ou émotivement arbitraire, en provoquant en outre une confrontation radicale entre les produits artistiques populaires – que le marché se charge de vulgariser de plus en plus – et le prétendu « grand art », de plus en plus réservé à une élite, qui peut être aussi bien composée de véritables amateurs que de simples pédants.

Ce chemin est-il réversible ? Pouvons-nous, sans renoncer à ce que nous savons, souhaiter un retour nostalgique à une harmonie perdue, qui n'a d'ailleurs jamais été vraiment telle que nous l'imaginons aujourd'hui dans notre désarroi ? Giorgione avait certainement raison : pour la beauté aussi, comme pour chacun de nous, comme pour tout le réel, le temps passe et se refuse à revenir en arrière ou à s'arrêter. Le temps... mais qu'est-ce que le temps ? Ce pourrait bien être par cette question que nous bouclerons notre périple théorique parmi les questions de la vie.

Sujets de réflexion...

Quels sont les deux instruments fondamentaux qui conditionnent socialement les humains ? Notre biographie se limite-t-elle à celle de nos plaisirs et de nos douleurs ? En quoi consiste le « plaisir », au-delà de la simple sensation physique agréable ? En plus des plaisirs évidents de la sensation et de la satisfaction des nécessités physiques, y a-t-il aussi des plaisirs de la raison ? Pouvons-nous dire que ce ne sont pas seulement l'agréable ou l'utile qui plaisent, mais aussi le « bon » ? Quel type de plaisir produit la beauté et en quoi se différencie-t-il des autres plaisirs mentionnés ? La beauté procure-t-elle du plaisir parce qu'elle est « utile » ou « bonne » ? Pourquoi Kant dit-il qu'apprécier la beauté relève d'un « intérêt désintéressé » ? Quelle différence Kant fait-il entre la beauté « vague ou libre » et la beauté « adhérente » ? Les valeurs esthétiques ont-elles toujours été radicalement séparées des autres valeurs de la vie ? Quelle est la position de Santayana sur la relation entre le beau et le bon ? Est-il possible d'apprécier la beauté et de regarder avec méfiance ou mépris la « beauté » que produisent les artistes ? Connaît-on des cas de grands artistes qui se soient méfiés des œuvres d'art ? Pourquoi Platon voulait-il chasser les poètes et les autres artistes de sa cité idéale ? Platon dirait-il qu'un « bon » artiste est la même chose qu'un artiste « bon » ? Quelle est la distinction que fait Platon entre la tâche éducative de l'artiste et celle du philosophe ? Quelle a été la réponse de Schiller aux thèses platoniciennes ? En quoi le jeu et l'art se ressemblent-ils ? L'éducation artistique peut-elle favoriser la préparation du citoyen à l'exercice de la liberté politique ? Pourquoi appelons-nous « créateurs » les artistes et non les scientifiques ? L'artiste doit-il toujours chercher la beauté ou doit-il aussi représenter parfois la laideur et même le mal ? Est-il « laid » ou « mal », esthétiquement parlant, de représenter le « mal » et le « laid » ? Pourquoi l'art moderne et contemporain semble-t-il avoir abandonné le concept traditionnel de « beauté » ? En quel sens la beauté peut-elle être une promesse de bonheur ? Comment la beauté nous « arrête »-t-elle et quel type de « frisson » produit-elle ?

CHAPITRE DIXIÈME

Perdus dans le temps

Interrogeons n'importe qui sur sa vie quotidienne. Il choisira peut-être de nous répondre en énumérant diverses activités : « Je me lève à huit heures ; je prends mon petit déjeuner à huit heures et demie, je suis à mon travail à neuf heures, etc. » Un autre préférera un style plus impressionniste : « Je n'ai jamais le temps de rien faire ! » Certains pencheront pour les confidences : « Depuis deux mois je sors avec une fille et je suis enfin heureux. » Nous entendrons sûrement aussi quelques nostalgiques : « Je me rappelle toujours le temps où nous étions petits, quand nous jouions sur la plage. » Si la personne interrogée est âgée, nous pouvons nous attendre à un soupir : « Désormais je prends la vie comme elle vient, pour le temps qui me reste !... » Et ainsi de suite : « Voilà dix ans que je n'ai pas été augmenté », « on respire mieux depuis que Franco est mort », « demain c'est le printemps !... », etc. Personne n'arrivera à parler de lui-même, de sa vie, de ce qu'il veut ou de ce dont il a peur, de ce qui l'entoure, sans se référer immédiatement au temps. Impossible de nous exprimer sans donner des indications chronologiques, sous peine de rester incompréhensibles.

On devrait donc supposer que rien ne nous est plus connu et plus familier que le temps, que nous évoquons constamment pour parler de nous, de ce que nous faisons et de ce qui se passe. Pourtant, il en est du temps comme de l'ordinateur, du fax, de la vidéo et de tous les appareils que nous avons chez nous : nous savons comment nous en servir, nous ne pouvons nous passer d'eux, mais si on nous demande pourquoi ils fonctionnent et en quoi ils consistent (ce qu'ils *sont*), la seule réponse que nous trouverons sera de hausser les épaules. A cette différence près que notre trouble face au temps vient de beaucoup plus loin que notre ignorance en manière d'électronique domestique... et comment pourrait-il en être autrement ! C'est peut-être saint Augustin qui, au Ve siècle de notre ère, esprit remarquable et sincère s'il en fut, l'a exprimé d'une manière qui reste toujours parfaitement juste : « Qu'est-ce donc que le temps ? Si personne ne me le demande, je le sais ; mais si on me le demande et que je veuille l'expliquer, je ne le sais plus. Pourtant, je le déclare hardiment, je sais que si rien ne passait, il n'y aurait pas de temps passé ; que si rien n'advenait, il n'y aurait pas d'avenir ; que si rien n'était, il n'y aurait pas de temps présent. »

Augustin d'Hipone dit : si on me le demande. Mais dans ce cas comme dans tant d'autres relevant de la réflexion philosophique, il faut comprendre : si je me le demande, car le dialogue avec les autres n'est qu'une occasion ou une provocation qui permet de dialoguer avec soi-même, c'est-à-dire de *penser*. Dans chaque voix, il y a toutes les voix, et il est également certain que nous pensons à plusieurs (rappelons-nous ce que nous avons dit au chapitre deuxième). Cela dit : il apparaît que je sais ce qu'est le temps tant qu'on ne me le demande pas, ni que je ne me le demande pas, ou encore tant que je n'ai pas besoin de démontrer que je le sais. Après quoi commencent les difficultés et la grande énigme.

En quoi le temps est-il « énigmatique » ? Pourquoi est-il si difficile à penser ? Parce que, pour penser quelque chose, il faut s'*arrêter* dessus et l'arrêter : or le temps ne se laisse pas arrêter, il est impossible à appréhender, il n'y a pas de manière de le voir « au repos »... même en imagination ! Supposons que j'essaye de m'arrêter sur le temps au moment où il passe, ce moment transitoire que le Faust de Goethe a voulu un jour retenir en lui ordonnant : « Arrête-toi ! Tu es si beau ! » Mais sur quel moment pourrai-je me fixer ? Sur celui-là : maintenant ! Pourtant, ce « maintenant » est maintenant passé et il n'est plus « maintenant » mais « avant », « il y a un instant ». Bref, il s'agit d'un vieux « maintenant », dans lequel, certainement, sont nées et sont mortes des milliers de personnes, dans lequel il y a eu des caresses échangées, des rêves, des promesses faites, dans lequel des connaissances ont été acquises et oubliées, etc. Il a été, mais il n'est plus : il est passé. Sur quel autre « maintenant » pourrai-je alors me fixer ? Sur celui qui est sur le point de venir ? Mais celui-ci n'est pas encore là et il serait absurde d'essayer de l'attraper avant qu'il ne vienne. Quand je prétends « arrêter » le temps dans son « maintenant », tout ce que j'obtiens est de rappeler le souvenir d'un « maintenant » qui n'est plus ou de prévoir un « maintenant » qui n'est pas encore. Paradoxalement, le moment passé qui n'est plus là et le moment futur qui n'est pas encore là semblent plus faciles à manier que l'instant présent, qui s'évanouit dès qu'il se présente ou, plus précisément, dès que j'essaye de me fixer sur lui. Nous voyons venir le présent et nous le voyons s'éloigner, mais nous ne le voyons jamais *être là*. Et comment pouvons-nous déterminer ce qu'« est » ce qui n'est jamais « là » ?

Faisons encore une tentative. Le temps est un poulain sauvage difficile à monter, car dès que nous voulons nous rendre compte de ce qu'il est, il nous désarçonne et nous le voyons s'éloigner en caracolant. Mais nous ne devons pas nous laisser abuser par la réduction à l'infinitésimal de l'actualité vécue. Selon Zénon d'Élée, le rapide Achille ne pourra jamais rattraper la lente tortue, même si la course semble laisser fort peu de chance à celle-ci : si, par exemple, la distance qui les sépare est de vingt centimètres, Achille ne mettra qu'un court laps de temps à la parcourir ; durant celui-ci, la tortue ira un peu plus loin, en établissant une nouvelle séparation entre eux ; Achille la franchira également à toute vitesse, mais il investira toujours dans ce bref voyage une fraction de temps, que l'obstiné chélonien emploiera à s'éloigner encore, en se traînant : tout près, mais encore distante, la maudite bestiole, dans sa fuite, reste toujours impossible à atteindre... Et pourtant, bon sang ! nous *savons* bien qu'Achille rattrape la tortue, même si nous ne parvenons pas à expliquer de façon convaincante comment il fait pour accomplir une telle prouesse. De même, nous savons que nous vivons le présent et que « maintenant » est précisément maintenant, pas avant et pas après. Nous le savons, oui : mais le « penser » est plus compliqué... ainsi que le reconnaissait le bon saint Augustin.

Il est surprenant, comme l'a très bien montré Hegel, que ce qui nous semble être la chose dont nous pouvons nous sentir le plus certains, ce que nous avons le plus à notre portée, ce qui défie le scepticisme, ce que nous sommes tentés de définir comme « concret » – « maintenant », « ici », « ça »... – se vide complètement de contenu quand nous tentons de le soumettre à la réflexion. Nous sommes parfaitement certains d'être ici, mais il apparaît que tous les « ici » se ressemblent tellement qu'ils ont tout de suite besoin d'une précision supplémentaire. A la question « où ? », il ne suffit pas de répondre « ici », car une telle réponse est une indication subjective et – nous l'avons dit au chapitre deuxième – la tâche de la raison consiste à essayer de combiner le point de vue purement subjectif avec le point de vue objectif. C'est pourquoi je m'efforcerai d'ajouter quelque chose : « Je suis ici, dans ma chambre, dans telle rue de telle ville, dans tel pays, avec telles coordonnées, etc. » A mesure qu'il gagnera en contenu, le développement de mon « ici » perdra en certitude : je me trompe peut-être de rue ou de province, de latitude ou de longitude, alors que je ne peux jamais me tromper quand je dis simplement « ici ». La même chose se passe quand je dis « ça », en désignant par exemple du doigt un objet ou – mieux encore – en tapant légèrement dessus. Il ne fait pas de doute que « ça est ça » ; mais pour penser adéquatement que c'est bien ça et pourquoi ce n'est pas autre chose, je dois dire qu'il s'agit d'une table, en noyer, fabriquée il y a cinquante ans par un artisan du nom de... etc., toute une série de notions qui remplissent « ça » de contenu en augmentant du même coup les possibilités de doute ou d'erreur. Je ne me trompe jamais si, à force de vouloir être concret, je dis le plus abstrait : « Ça est ça. » Mais si je veux être véritablement concret pour expliquer à quelqu'un qui n'est pas là ce que j'ai devant moi, je dois me donner un mal de chien.

Mais du moins « ici » et « ça » restent-ils à leur place pendant que j'essaye de passer de la pure subjectivité à l'intersubjectif objectivé. Le « maintenant », en revanche, résiste à cette détermination, il s'évanouit immédiatement dès que je prétends en rendre compte. Pour fixer une telle mobilité, je devrai mettre en relation l'instant cherché avec un autre mouvement de type différent qui servira de référence à mon interlocuteur : « *Maintenant*, c'est quand ? » Réponse : « Quand je baisse le bras, quand la petite aiguille de la pendule arrive sur le chiffre douze, quand nous apercevons le bateau qui revient de Delphes (c'est ainsi qu'a été déterminée l'heure de l'exécution de Socrate), quand le cheval passe à tel endroit, quand la jeune fille a ses premières règles, quand le dictateur meurt, etc. » Comme l'a vu Aristote dans sa *Physique*, la notion de temps est intrinsèquement liée à celle du *mouvement* des êtres, en entendant ce terme dans toute son extension : déplacement d'un lieu à un autre, modification d'un état (c'est-à-dire : hausse ou baisse de température, changement de couleur), naissance et mort, vieillissement, augmentation ou diminution, etc. Le temps passe parce que les choses passent, ou parce qu'elles passent à être autre chose. Là où rien ne peut se passer, on ne pourra parler de « temps ». Par exemple, en arithmétique : à la question « quand ? », nous ne pouvons pas répondre « quand deux et deux font quatre », parce qu'une telle relation existe toujours, sans qu'aucun changement puisse l'affecter. Dirons-nous qu'elle est *éternelle* ? Pour éviter ce mot qui relève de la théologie, il vaut peut-être mieux dire qu'elle est « intemporelle ». Les vérités logiques ou mathématiques sont « hors » du temps, même si nous, qui nous en occupons, sommes des êtres extrêmement concernés par le temps. Trop, même, comme nous le verrons plus loin.

Conscients du temps et de la difficulté de le penser, les humains se sont ingéniés à chercher de multiples façons de fixer ce passage qui ne s'arrête jamais. C'est-à-dire des formes diverses de *mesurer* le temps. Mais qu'est-ce que nous « mesurons » quand nous mesurons le temps ? Comment « mesurer » quelque chose dont nous savons à peine ce que c'est ? Mesurer le temps équivaut plus ou moins à déterminer la durée des changements qui nous affectent, nous, dans nos activités, et qui affectent le monde dans lequel nous habitons. Mais comme de tels changements peuvent être de nombreux types, comme les mesures que nous appliquons répondent à des critères très différents, il est impossible en réalité de parler d'un seul « temps » : nous devrons nous résigner à ce qu'il y ait plusieurs « temps », selon les changements observés et les moyens de mesure employés. Et aussi selon l'urgence sociale qui nous incite à contrôler certains changements au-dessus de tous les autres.

Les philosophes, et avec eux les gens du commun, ont tendance à penser que l'intuition du temps qui passe est quelque chose de « naturel » qui est donnée sur le même mode à tous les êtres humains. Il en résulte une forme de pensée « intemporelle », « anhistorique » qui va précisément à l'encontre du concept même que nous voulons établir. Un auteur moderne qui s'est profondément attaché à réfléchir sur l'anthropologie et la sociologie des habitudes, Norbert Elias, dans *Sur le temps*, démontre de façon convaincante que nous considérons couramment comme absolument « naturelles » les formes de temporalité qui correspondent en réalité à notre culture et à notre époque historique. Les groupes humains se sont *orientés* temporellement de façon très diverse. Établir les rythmes et les termes du temps ne correspond pas à une curiosité purement théorique, mais à la nécessité de fixer clairement le moment de réaliser certaines activités sociales (récoltes, chasses, rituels religieux) et aussi au besoin de synchroniser les tâches que nous devons accomplir en commun. Le réseau de précisions temporelles dans lequel nous nous mouvons aujourd'hui est très serré, mais pour Aristote ou saint Augustin des choses comme les minutes ou les secondes – et ne parlons pas des nanosecondes de la physique actuelle ! – ne comptaient pas intellectuellement.

Certains groupes humains se sont contentés, pour s'orienter temporellement, de dire « quand il faisait froid » ; d'autres parlent d'« hiver », puis de « janvier » ou « février », de mois, de jours, etc. Certaines communautés se sont orientées selon les phases de la lune (je suppose que l'alternance « jour » et « nuit » est la plus commune et la plus ancienne des règles temporelles), la venue des pluies, la crue des eaux fluviales ou l'ampleur des marées, pour finir par déboucher sur les actuels chronomètres de précision. Parfois un événement historique (une bataille, la naissance de Jésus-Christ) suffit pour placer un signe indicatif dans le flux temporel. Cela dépend des activités auxquelles le groupe doit se livrer, de la mémoire partagée qu'il garde de son passé ou du niveau scientifique des observations qu'il réalise dans le monde naturel. Le paysan ou le chasseur n'ont pas besoin de la même exactitude dans la détermination de l'instant que l'ouvrier industriel de la société moderne. La mesure du temps est toujours un point de rencontre social où les membres du groupe se mettent en harmonie avec des objectifs déterminés qu'ils partagent : il suffit parfois que les champs soient en fleurs ou que les oiseaux migrateurs reviennent (ce qui ne se passe pas toujours dans des délais identiques), dans d'autres cas, il faut établir des références précises qui impliquent des mécanismes abstraits et n'admettent ni altérations ni exceptions, comme le temps de nos horloges mécaniques.

Dans tous les cas, les formes de mesurer le temps sont des *conventions* nécessaires pour établir une unanimité parfaite qui est socialement indispensable. Sans mesures communes du temps (comme sans tables communes pour mesurer les longitudes, sans étalons pour mesurer les quantités ou les poids), le fonctionnement du groupe social – fondé sur la coopération et l'échange – devient impossible. Certains groupes n'ont besoin que de mesures temporelles très lâches, chez d'autres la plus grande exactitude est de rigueur ; dans les sociétés traditionnelles, l'important est de déterminer les moments de réunion de toute la collectivité, dans les sociétés modernes, c'est surtout la forme dans laquelle chacun organise ses activités particulières qui compte. Évidemment de telles normes de mesure indiquent quel type particulier de relation avec le temps règne à l'intérieur d'un groupe. Dans les sociétés techniquement développées, par exemple, nous vivons dans un temps d'une précision écrasante, mais également beaucoup plus « privatisé » que dans d'autres collectivités. Ce ne sont pas seulement les rendez-vous collectifs, mais les relations entre les particuliers qui se voient soumis à des horaires stricts. Pour le reste, chacun s'oriente temporellement comme il lui plaît : plus une grande ville est moderne, plus il est facile, par exemple, de manger ou de faire ses achats à n'importe quel moment. Même ainsi, il persiste quelques bornes significatives pour la collectivité, comme la fin de l'année ou le début des vacances d'été, et certaines conventions qui sont chargées de significations transcendantes : pensons aux innombrables élucubrations auxquelles a donné lieu un avatar du calendrier aussi anodin que le changement de millénaire…

Quelles que soient les mesures temporelles que nous adoptions, on ne peut s'empêcher de penser qu'il existe en plus et en marge d'elles un temps indépendant de toute convention humaine. C'est-à-dire que certains changements naturels suivent leur rythme indépendamment de notre façon de nous orienter socialement ou temporellement. Les planètes mettent un certain temps à parcourir leur orbite, et les cellules contiennent, inscrites en elles, leur durée de vie, même si l'on ne peut l'établir précisément : ce n'est pas parce qu'un homme peut mesurer avec exactitude le temps que met la Terre à faire le tour du Soleil qu'il peut parvenir à vivre mille ans... Pour arbitraires que soient nos normes d'orientation temporelle, il y a dans toutes certains événements qui en précèdent toujours et irréversiblement d'autres, comme la naissance d'un père précède celle de ses enfants et les semailles la moisson. Même si la cosmologie actuelle relativise nos façons de mesurer le temps à l'échelle cosmique, au point de parler d'une « création » constante de l'espace et du temps en accord avec l'expansion de l'univers, personne ne soutient, pour se conformer à une telle perspective, que l'apparition du Soleil soit postérieure à celle des planètes ou que, dans l'évolution des espèces, les mammifères précèdent les dinosaures. En plus du temps « social », tel que l'établissent nos nécessités collectives et les formes de mesures qui leur correspondent, il doit exister quelque chose comme un autre temps « naturel » qui permet parfois d'orienter le premier, mais qui, en tout cas, s'écoule sans tenir compte des normes humaines. Ce n'est que dans des fantaisies subversives comme *A travers le miroir* de Lewis Carroll qu'il arrive que l'on crie *d'abord* de douleur, que l'on commence *ensuite* à saigner et que l'on sente *finalement* qu'on s'est pincé un doigt...

Comme nous l'avons noté au début, le « maintenant » qui correspond au mot « quand ? » peut s'inscrire dans n'importe laquelle des trois grandes zones qui se partagent notre compréhension du temps : passé, présent et futur. Mais sur ces trois, deux – le passé et le futur – n'ont qu'une réalité, disons, « virtuelle ». La vie se passe toujours dans le présent, et hors du présent rien n'est vraiment réel, rien n'a d'*effets* directs :

aucune des balles tirées au cours de la Seconde Guerre mondiale ne nous blessera, pas plus que le soleil de l'an 2005 ne peut me faire bronzer. Ce farceur de Lewis Carroll avait inventé une confiture délicieuse que l'on pouvait manger n'importe quel jour, sauf aujourd'hui ; ce qui équivaut à nous faire inutilement monter l'eau à la bouche, car ce que je ne peux pas manger « aujourd'hui » – quelle que soit sur le calendrier la date de cet « aujourd'hui » –, je ne pourrai jamais le goûter. Devrions-nous pour autant nous désintéresser du passé et du futur pour nous concentrer exclusivement sur le présent ? Avons-nous tort de remplir notre présent des ombres du passé et des promesses du futur ? Telle est l'opinion de Pascal, sévère et lucide moraliste : « Le passé ne nous doit point embarrasser, puisque nous n'avons qu'à avoir regret de nos fautes. Mais l'avenir doit encore moins nous toucher, puisqu'il n'est point du tout à notre égard, et que nous n'y arriverons peut-être jamais. Le présent est le seul temps qui est véritablement à nous, et dont nous devons user selon Dieu. C'est là où nos pensées doivent être principalement comptées. Cependant, le monde est si inquiet qu'on ne pense presque jamais à la vie présente et à l'instant où l'on vit ; mais à celui où l'on vivra. De sorte qu'on est toujours en état de vivre à l'avenir et jamais de vivre maintenant » (*Lettres à Mademoiselle de Roannez*, décembre 1656). Non seulement, au plan individuel, les remords du passé ou l'inquiétude du futur peuvent nous gâcher le présent dans lequel nous vivons effectivement ; mais nous voyons aussi que peuples, nations et collectivités sacrifient le « maintenant » présent en s'obstinant à venger ou à réparer des affronts passés, ou sacrifient les générations actuelles au nom du bien-être des générations futures (pourquoi ce bien-être incertain devrait-il être préféré à celui de nos contemporains ?).

Si le passé et le futur brouillent ainsi notre présent, nous devons peut-être penser qu'ils ne sont pas aussi « passé » et « futur » qu'ils le paraissent. Que le présent est *aussi* la zone temporelle où passé et futur sont réels, c'est-à-dire où ils peuvent avoir un certain type d'effets (je crois que nous ne pouvons appeler « réel » que ce qui affecte un tant soit peu d'autres réalités, jamais ce dont nous ne saurions indiquer en quoi son existence modifie de fait une quelconque chose existante). C'est encore une fois saint Augustin qui pose le problème avec le plus de compétence : « Ce n'est pas user de termes propres que de dire : il y a trois temps, le passé, le présent et l'avenir. Peut-être dirait-on plus justement : il y a trois temps, le présent du passé, le présent du présent, le présent du futur. Car ces trois sortes de temps existent dans notre esprit et je ne les vois pas ailleurs. Le présent du passé, c'est la mémoire ; le présent du présent, c'est l'intuition directe ; le présent de l'avenir, c'est l'attente [1]. » Tant le passé que le futur ont des effets présents parce qu'ils sont présents dans notre présent. Mutiler le présent en lui ôtant le souvenir du passé et l'expectative du futur, c'est le laisser sans épaisseur, sans « substance »...

Cependant, notre relation avec le passé n'est pas symétrique de celle que nous entretenons avec le futur. Nous dirions plutôt que ce qui est déjà arrivé nous affecte dans le présent d'une manière opposée à ce qui va arriver, si nous caractérisons bien le présent comme le moment où la vie existe réellement et où nous devons agir. Dans le passé se situe le connu, que nous ne pouvons plus modifier ; dans le futur se situe l'inconnu, encore modifiable. Aucune de nos actions ne peut changer le passé, même si toutes peuvent en être tributaires ; en revanche, rien du futur ne peut être tenu pour assuré, même si toutes nos actions auront un effet sur ce qui se passera. Nous pourrions dire que nous avons sous la main les choses passées – même si elles sont intangibles –, tandis que les futures restent dans l'obscurité du mystère, mais admettent

1. Saint Augustin, *Confessions,* XI, 20, traduction de J. Trabucco, Garnier-Flammarion.

et même exigent notre intervention pour devenir présentes. Si notre condition humaine est avant tout *active*, il semble que le futur doive compter davantage dans notre présent que le passé.

Cette manière de voir peut, elle aussi, susciter des réserves : nous appellerons « doctrine du destin » la plus dogmatique, et l'on donne habituellement à la plus hypothétique le nom de théorie des futurs contingents. Ceux qui croient au destin – les philosophes stoïciens, par exemple – soutiennent que tous les événements futurs sont rigoureusement déterminés depuis toujours, comme l'ont été ceux du passé. Selon Chrysippe (IIIe siècle avant J.-C., cité par Aulu-Gelle dans les *Nuits attiques*, VII), « le destin est une disposition naturelle de tout, depuis l'éternité, de comment chaque chose suit et accompagne chaque autre chose, et une telle disposition est inviolable ». Ainsi l'avenir « est déjà écrit » comme on dit communément : en réalité, il n'y a pas de futur, parce qu'il n'y a ni nouveauté ni incertitude dans ce qui va arriver, seulement ignorance de notre part, qui nous empêche de le prévoir. L'ordre universel se déploie comme une toile peinte qui se déroule lentement, mais dont rien ne peut encore apparaître, sauf ce que nous savons déjà y être représenté. Sur ce tableau qui se dévoile peu à peu, se trouve également chacun de nous, avec tous les incidents qui vont nous arriver dans notre vie : dans ces conditions, ce n'est pas seulement notre liberté mais notre capacité même d'action (si par « action » on entend la possibilité d'intervenir dans le cours du réel et pas uniquement de le suivre) qui sont sérieusement mises en question. On peut appliquer ici, *mutatis mutandis*, certaines des réflexions que nous avons faites dans le chapitre sixième. Indiquons seulement que si le futur disparaît – parce que prédéterminé, que ce soit par Dieu ou par la Nature –, la liberté s'asphyxie, car la liberté ne peut respirer que l'air de l'avenir.

Plus subtile est la position aristotélicienne (dans le chapitre IX du traité *De l'interprétation*), qui vise précisément à défendre la possibilité d'un futur qui soit véritablement tel, c'est-à-dire ouvert, face à ceux qui, pour des raisons strictement *logiques*, peuvent se voir tentés de la nier. Supposons que nous nous trouvions apparemment à la veille d'une grande bataille navale. Devant une telle éventualité, deux propositions sont possibles : « demain il y aura une bataille navale » ou « demain il n'y aura *pas* de bataille navale ». Une de ces deux affirmations, et une seulement, est déjà sûre aujourd'hui, même si nous ne savons pas laquelle. Mais un logicien implacable (il faut de tout pour faire un monde !) peut nous rappeler que la vérité reste vérité *ad aeternum* : et donc que ce futur qui fait que l'une de ces propositions est vraie et l'autre fausse doit bien être écrit quelque part. Avec un bon sens rationaliste qui nous fait pousser un « ouf ! » de soulagement, Aristote soutient, lui, que la seule chose qui soit vraie aujourd'hui est que « demain il y aura *ou* il n'y aura pas une bataille », tandis que ni « demain il y aura une bataille » ni « demain il n'y aura pas de bataille » ne peuvent *encore* être la vérité [1]. C'est-à-dire que la vérité de demain est le doute entre deux possibilités ou plus, et non la certitude prophétique de l'une ou de l'autre. Le futur est « contingent » – cela peut être ainsi ou autrement –, il n'est ni fatal ni nécessaire. Ce qui se passera demain aura sans doute ses causes propres, parmi lesquelles peut se trouver notre décision humaine d'agir effectivement, qui n'interviendra dans le réel que lorsque nous la mettrons en pratique et jamais avant. Certes, il peut y avoir des futurs contingents qui ne dépendent en rien des actions humaines. Nous ne nous bornons pas, en tout cas, à « lire » un futur déjà écrit, mais nous collaborons à son écriture. Merci, Aristote.

1. Aristote a-t-il dit cela ou a-t-il voulu dire : « demain, *nécessairement...* » ? C'est, de nos jours, un sujet de discussion.

Peut-être ces formes de négation du futur sont-elles dues pour une grande part à une conception *spatiale* du temps. Quand nous essayons de penser le temps, nous commençons par « l'imaginer » et il est difficile – impossible ? – d'avoir des « images » qui ne soient pas spatiales. Nous « voyons » passer le temps comme quelque chose qui se déplace dans l'espace : le temps « coule », nous le trouvons très « long », nous « marchons » vers l'an 2001, nous sommes à une « distance » de deux siècles de l'époque des Lumières, et le poète espagnol Jorge Manrique a dit que « nos vies [c'est-à-dire le parcours temporel de nos vies] sont des fleuves qui vont se jeter dans la mer de la mort »... La comparaison du temps avec un « fleuve » est particulièrement usuelle : nous avons l'habitude de parler d'un « laps » de temps, mot dont l'étymologie nous renvoie au latin *lapsus* qui signifie un mouvement de glissement, d'écoulement rapide. Mais le temps peut être aussi une sorte de « vent » qui souffle dans les voiles de l'histoire pour nous emmener vers le futur ; et Walter Benjamin, en commentant le tableau de Paul Klee *Angelus novus* – qui représente un ange en train de voler en arrière –, l'imagine plutôt comme une authentique tempête : « venant du Paradis, elle a gonflé les ailes déployées de l'Ange ; il n'arrive pas à les replier. Cette tempête l'emporte vers l'avenir, auquel l'Ange ne cesse de tourner le dos, tandis que les décombres, en face de lui, montent au ciel. Nous donnerons le nom de Progrès à cette tempête [1] ». La conception judéo-chrétienne du temps le présente comme une flèche qui va irréversiblement du Paradis au Jugement dernier ; dans la version laïque de ce mythe, celle qu'évoque Walter Benjamin, une telle course est un « progrès », c'est-à-dire qu'elle va du pire vers le meilleur ; les pessimistes ne manquent pas qui voient cela comme une perpétuelle « décadence » de signe opposé.

1. Thèse de philosophie de l'histoire de Walter Benjamin, dans *Zur Kritik der Gewalt und andere Aufätze*, 1971, cité par E. Hobsbawm dans *L'Âge des extrêmes*, Complexe.

Beaucoup d'autres cultures – et certains auteurs dans la nôtre, tels Giambattista Vico ou Nietzsche – ont préféré imaginer un temps cyclique, qui se déplace en tournant comme une roue ou qui tourne constamment sur lui-même, en ramenant chaque fois de la même manière la scène du présent. Un fleuve, une flèche, une roue, une tempête, c'est toujours une forme d'énergie motrice qui nous déplace d'un point à un autre en suivant une trajectoire qui ressemble trop à celles que nous effectuons dans l'espace. Et c'est vrai que la science-fiction contemporaine s'est emparée, au sens littéral, du « voyage dans le temps », sujet de beaucoup de romans, du génial *La Machine à explorer le temps* de H. G. Wells aux inventions de Poul Anderson, Ray Bradbury, aux films du genre *Retour vers le futur* et à bien d'autres variantes toujours plus sophistiquées qui viennent s'ajouter aux premières (je me souviens aussi d'une naïve série télévisée de mon adolescence, *Le Tunnel du temps*, dont le héros était joué par David Hedison... et c'est pour lui rendre hommage que j'ai écrit ce chapitre, puisque, pour réfléchir sur le temps, partir de ma mémoire est bien la moindre des choses).

Divers penseurs ont protesté contre cette « spatialisation » du temporel. Dans le premier tiers du XXe siècle, Henri Bergson a opposé le temps « extériorisé » de la vision scientifique et rationaliste de la *durée*, à celui intimement vécu et continu qui résiste à toute fragmentation spatialisante. Pour Bergson, le « temps » des physiciens est quelque chose de semblable au « mouvement » qui reproduit le cinématographe : une série de photogrammes ou « instantanés » successifs que l'œil humain capte comme des mouvements : courses, explosions, etc. Mais nous, qui sommes *dans* le film, nous savons que le mouvement n'est pas en réalité une succession d'instants statiques – le piège de Zénon ! –, mais une « continuité », et que c'est seulement après avoir été assassinée que celle-ci peut être disséquée comme l'addition ultra rapide de beaucoup d'arrêts ; de même, le cours du temps ne passe pas par une série de stations intemporelles – ici, plus loin et encore plus loin, toujours sur la même route –, mais coule sans trajet préalable, en apparaissant au même instant qu'il disparaît *à travers* nous : il ne nous transporte pas, il nous traverse.

Il y a beaucoup d'autres différences essentielles entre le mouvement *dans* l'espace et le passage *du* temps. La plus notable est que dans chaque lieu de l'espace ne peut se trouver qu'un corps, alors qu'à chaque instant du temps se trouvent simultanément tous les corps existant à cet instant, de l'étoile la plus lointaine à la fourmi qui grimpe sur notre chaussure. Chaque point de l'espace ne *contient* que telle ou telle chose définie, tandis que toute division du temps, si minuscule soit-elle, embrasse l'innombrable... ou l'infini. Évidemment, la vitesse de nos voyages sur la surface terrestre nous a habitués à supposer que, dans une certaine mesure, ceux-ci nous déplacent aussi dans le temps : l'avion qui part de Madrid pour New York « gagne » des heures au cours de son trajet, de sorte que lorsque nous arrivons dans la métropole américaine et que nous téléphonons à notre famille ses montres marquent plusieurs heures de plus que la nôtre (rappelons-nous la surprise finale du *Tour du monde en quatre-vingts jours* de Jules Verne, quand Philéas Fogg découvre qu'il a quand même réussi à gagner son pari grâce aux décalages horaires dus à la rotation de la Terre). Mais de tels « gains » ou de telles « pertes » horaires ne le sont seulement que dans la *mesure conventionnelle* du temps, non dans le temps lui-même : l'instant que je vis quand je parle au téléphone avec ma femme à travers l'Atlantique est le même que celui qu'elle vit... encore qu'on puisse se poser la question : aux yeux de qui ? Voyager dans le temps pourrait bien n'avoir rien à voir non plus avec se déplacer en avant ou en arrière, même si les auteurs de science-fiction nous divertissent ingénieusement en spéculant sur une telle possibilité. Le problème ne réside pas seulement dans toutes les absurdités que cela occasionnerait (je retourne dans le passé pour m'étrangler dans mon berceau et m'empêcher de grandir, avec pour résultat que je n'arriverai jamais à l'âge auquel j'ai dû entreprendre mon voyage ; ou je pars dans le futur pour me rencontrer moi-même et révéler à ce « moi » de l'avenir cette entorse à la chronologie qu'il devrait déjà connaître pour l'avoir effectuée « avant » d'arriver à cette rencontre, etc.). Toutes ces contradictions démontrent que les « lieux » successifs du temps ne sont pas simplement juxtaposés comme les « lieux » de l'espace, mais liés par un enchaînement interne qui ne peut être inversé sans détruire ce qui est proprement « temporel » dans le temps même. Mais le problème est aussi que tout « déplacement » temporel impliquerait également un laps de temps, si court soit-il, dont nous ne saurions pas s'il appartient au passé ou au futur ni comment le calculer. C'est-à-dire que, quand nous voyageons dans l'espace, nous pouvons savoir où nous sommes, tandis que *durant* le voyage temporel nous ne serions temporellement nulle part. Ce qui semble bien montrer que le temps n'*est* pas *là*, déjà donné, comme l'espace, pour que nous le parcourions, mais que nous le *portons* en nous. Nous reviendrons un peu plus loin sur cette question.

Il y a encore une autre différence importante entre espace et temps, sur laquelle insiste le penseur contemporain Cornelius Castoriadis. Dans l'espace nous est donné ce qui est différent, mais c'est dans le temps que peut apparaître ce qui est radicalement autre, la véritable *altérité*. Prises dans l'espace, se reproduisent les diverses formes de l'identité, mais l'esprit créateur mûrit avec le passage du temps et se dresse soudain en apportant l'authentique nouveauté du non-identique, du « jamais-vu » au sens littéral du terme, qu'il s'agisse d'un poème, d'un outil, d'une découverte scientifique, d'une symphonie, d'une loi ou d'une révolution. Les anciens Grecs parlaient du *kairos*, le moment propice où peut se réaliser ce qui était jusque-là impossible et où apparaît, par l'œuvre de l'esprit humain, l'« idée » nouvelle qui manquait jusque-là sur la carte du monde réel. Ce qui compte véritablement dans la temporalité, c'est la possibilité toujours ouverte du *kairos*, de l'instant futur qui rompra avec la routine et le prévisible pour inaugurer une perspective inédite de vie consciente dans l'univers : le moment où l'*imagination* est mise en pratique. Dans l'espace, nous pouvons explorer l'inconnu et rencontrer ce que nous ne savions pas encore être là, mais c'est dans le temps que nous pouvons donner une existence à ce que nous imaginons, en rupture avec ce qui est simplement constatable.

Le 31 décembre 1902, Jules Renard note dans son journal : « Année, tranche coupée au temps, et le temps reste entier. » Au-delà des constatations anthropologiques sur la manière de mesurer le temps et le rôle de la temporalité dans les différentes cultures, au-delà des spéculations des physiciens sur le temps et l'univers, ce qui nous bouleverse existentiellement c'est que le temps – cette chose insaisissable qui nous échappe perpétuellement – demeure en un certain sens complet et intact pendant que nous sommes avalés par son tourbillon. Est-ce le temps qui est fugace, ne serait-ce pas plutôt nous qui passons fugacement en lui ? La réponse du poète Pierre de Ronsard (XVIe siècle) confirme notre plus intime conviction :

Le temps s'en va, le temps s'en va, ma Dame,
Las ! le temps non, mais nous nous en allons.

Nous voulons supposer que le temps passe, alors qu'en réalité nous savons que le temps est toujours là, qu'il coule mais sans jamais diminuer ou augmenter : ce qui passe et décroît sans cesse, ce n'est pas le temps mais *notre* temps. Mais alors, si le propre du temps est cet écoulement irrémédiable qui, quand nous le considérons en termes absolus, n'affecte pas le temps lui-même mais en revanche nous concerne nous-mêmes, le temps ne serait-il pas rien d'autre, ni plus ni moins, que notre dimension essentielle ? Le clairvoyant saint Augustin soupçonnait déjà, à son époque, quelque chose de ce genre : « D'où il résulte pour moi que le temps n'est rien d'autre qu'une distension. Mais une distension de quoi, je ne sais au juste, probablement de l'âme elle-même. » Ce n'est pas nous qui mesurons le temps : nous nous mesurons nous-mêmes *dans* le temps... à moins que ce ne soit le temps qui nous mesure !

Il faudrait donc peut-être reposer la question du temps en la reliant de façon beaucoup plus directe à notre condition humaine (ou tout au moins à notre condition « humaine » telle que nous, les Occidentaux de la modernité, l'entendons). C'est précisément ce que fait Martin Heidegger dans le livre de philosophie le plus célèbre et le plus discuté du XXe siècle, *Être et Temps* (1927). Et trois ans avant de publier son œuvre majeure, Heidegger concluait une conférence intitulée « Le concept de temps » en formulant sous une autre forme la vieille question : « Qu'est-ce que le temps ? s'est transformée en : qui est le temps ? Plus précisément : sommes-nous nous-mêmes le temps ? Ou avec encore plus de précision : suis-je moi-même le temps ? » La réponse de Heidegger est affirmative : ce qu'il appelle le *Dasein* (l'être-là), l'*étant* humain, est précisément constitué de « temps », cette inconsistance transitoire. Cette proposition coïncide en profondeur avec la formulation à la fois plus poétique et plus personnelle par laquelle Jorge Luis Borges terminait son essai qui porte le titre significatif de *Nouvelle Réfutation du temps* (une ambition métaphysique qu'il n'a pu évidemment réussir à mener à bien) : « Le temps est un fleuve qui m'entraîne, mais je suis le fleuve ; c'est un tigre qui me déchire, mais je suis le tigre ; c'est un feu qui me consume, mais je suis le feu. Le monde, malheureusement, est réel ; moi, malheureusement, je suis Borges. »

Et c'est ainsi que nous revenons nous heurter à la réalité incontournable de la mort, dont nous sommes partis au premier chapitre. Pour Heidegger, comme pour Borges (et c'est pour cela qu'il voulait réfuter le temps !), être faits de temps signifie être voués à la mort, glisser sans trêve vers elle. Nous nous moquerions bien du temps, quels que soient ses formes et les moyens de le mesurer, si nous nous croyions immortels ! Nous ne lui accorderions pas plus d'intérêt que les petits enfants qui nous disent : « Tu te rappelles hier ? » et veulent parler de l'été passé... ou de ce matin même ! La temporalité est la conscience de notre transit vers la mort et du transit vers son accomplissement ou la disparition des choses que nous chérissons le plus. C'est pour cela qu'elle nous presse, pour cela qu'elle nous angoisse, pour cela qu'elle nous pousse à la mélancolie... ou au défi. En ce sens, qu'importe que nous vivions longtemps ou peu d'années ? Baltasar Gracián raconte dans *L'Homme détrompé* (1651) l'histoire d'un roi qui s'apprêtait à construire un grand palais : mais avant de commencer, il voulut savoir combien de temps il lui restait à vivre, pour être sûr que la dépense en valait la peine. Ses astrologues lui affirmèrent qu'il vivrait mille ans et, du coup, le roi renonça à son projet en disant que pour un délai si court n'importe quelle chaumière ferait l'affaire. Être temporels (nous *savoir* temporels) est toujours vivre « peu », mais donne aussi une saveur forte, intense, à cette brièveté qui constitue notre vie, telle que nous la goûtons. La vie ne peut jamais nous laisser indifférents parce qu'elle est toujours en train de s'achever ; savoir la mort à l'affût rend, et de façon déchirante, *intéressant* le plus insipide des moments.

Ce qui nous lie définitivement au temps et donc à la mort est notre *corps*. Dans ses cellules se cache le poison du mécanisme d'horlogerie qui nous ronge petit à petit. Ce temps mortel que nous « sommes », nous pouvons fondamentalement supposer qu'il résulte d'une exigence physiologique des organes qui, de façon évolutive, sont ceux de chacun des membres de notre espèce. En tant que « produit » matériel, nous portons la date de prescription dans nos gènes. C'est là ce que nous assurent les experts : j'ai, par exemple, sur ma table une étude scientifique sur le vieillissement intitulée

L'Horloge de l'âge (par John J. Medina), dans laquelle sont expliqués les différents stades biochimiques de ce processus irréversible. Nous sommes « programmés » pour vieillir et mourir. Soumis aux vicissitudes du corps, nous ressentons constamment de la *peur*, une crainte qui peut être vague et manquer de concret ou lancinante (vague et manquant de concret au début de notre vie consciente, mais de plus en plus lancinante avec l'âge). Cette peur est l'écho de la conscience temporelle de notre destin d'êtres entraînés vers leur fin, comme l'explique très bien Marcel Conche dans son livre *Temps et Destin* : « Une Peur diffuse est le fond affectif de notre être, la tonalité affective fondamentale. Un rien et l'on a peur (car ce rien, qui sait ?, n'est peut-être pas rien – est donc déjà la mort) [1]. » Et comme c'est le corps qui, par sa nature même, nous expose constamment sans défense à la mort, les humains ont cultivé à toutes les époques l'idée qu'il y a en nous quelque chose de non corporel, donc de non temporel, que les blessures ne peuvent atteindre, qui est invulnérable devant les processus mortels de la biologie, insaisissable, inexpugnable, à l'opposé total des caractéristiques corporelles, impérissable. Et, précise Marcel Conche : « La notion d'esprit pur ou *âme*, comme substance incorporelle, indivisible, etc., paraît être le fruit de la Peur. L'homme a une peur si profonde devant la mort qu'il s'est forgé une idée de lui-même comme d'un *homme-sans-corps* = *âme*, pour échapper à son destin, à la mort. » Ainsi l'âme ne serait consciente du temps que dans la mesure où il concerne le corps, tout en se tenant elle-même à l'abri de sa perpétuelle dévastation...

Mais ce qui ne doit pas mourir peut-il être réellement vivant ? Peut-être vivre et mourir ne sont-ils pas seulement le début et la fin de notre destin, mais une composante qui se répète sans cesse au long de notre existence. Dans toute vie,

1. M. Conche, *Temps et Destin,* PUF.

la mort de l'enfant ouvre le passage à l'adolescent, la perte d'un amour ou l'achèvement d'un travail nous projettent vers de nouvelles entreprises ; ce qui s'en va est la condition de ce qui vient, nous ne pourrions nous ouvrir à l'inédit – qu'il soit terrible ou heureux –, si nous ne nous étions pas dépouillés de l'ancien. L'avenir qui s'élance vers nous est porteur de notre fin, mais il est aussi la région inconnue dans laquelle nous entrons toujours comme des explorateurs forcés pour en découvrir les pièges et les trésors. Recourons encore une fois à l'opinion d'un poète, ces grands *orienteurs* de la pensée. William Butler Yeats dit que « l'homme vit et meurt bien des fois entre ses deux éternités ». Cette alternance de la vie et de la mort est précisément ce que, sans renoncer à notre liberté, nous pouvons appeler la « destinée humaine », face à l'éternité qui nous exclut.

Sujets de réflexion...

Pourrions-nous rendre compte – ou nous rendre compte – de nos vies sans recourir à des références temporelles ? Y a-t-il quelque chose qui puisse nous être plus familier que le temps ? Et pourtant, savons-nous réellement ce qu'est le temps ? En quoi consiste la difficulté de penser le temps ? Pouvons-nous « arrêter » le maintenant, le moment présent ? Pourquoi est-il plus facile de parler de « maintenant » au passé ou dans la perspective du futur ? Pourquoi recourons-nous à des mouvements pour essayer de préciser l'instant temporel ? Les formes de mesurer le temps sont-elles quelque chose d'intrinsèque à la condition humaine ou sont-elles liées aux différentes cultures et aux situations historiques des sociétés ? Pourquoi chaque société établit-elle des mesures du temps qui soient les mêmes pour tous ceux qui la composent ? Pourquoi le temps de l'homme moderne est-il à la fois plus écrasant et plus « privé » que dans d'autres cultures ou à d'autres époques ? Peut-il exister un temps qui soit au-dessus des formes humaines de le mesurer ou de l'employer socialement ? Le passé et le futur ont-ils la même « réalité » que le présent ? Passé et futur sont-ils aussi inclus dans le présent ? Le passé et le futur ont-ils la même importance pour l'homme en tant que sujet actif ? En quel sens le futur dément-il la théorie fataliste du destin ? Pourquoi nos « images » du temps sont-elles presque toutes de type spatial ? Quelle différence existe-t-il entre les instants du temps et les lieux de l'espace ? Pourrions-nous « voyager » dans le temps ? Est-ce réellement le temps lui-même qui passe ou est-ce nous qui passons temporellement ? L'être humain est-il « fait » essentiellement de temps ? Quelle relation y a-t-il entre notre intérêt pour le problème du temps et notre préoccupation de la mort ? Le corps est-il l'unique « partie » de nous-mêmes qui soit soumise à l'usure du temps ? La peur de la mort a-t-elle une influence sur notre tendance à imaginer qu'il y a « quelque chose » en nous d'incorporel ? Ce qui ne peut mourir est-il réellement vivant ? En quoi naissance et mort sont-elles des éléments constants de notre existence temporelle ?

ÉPILOGUE

La vie sans pourquoi

> Je suis. Mieux, j'existe. Je respire.
> C'est l'air qui est profond.
> La réalité m'invente.
> Je suis sa légende. Salut !
>
> *Jorge Guillén*

La coutume de se moquer des philosophes est aussi ancienne que la philosophie. On raconte que le premier d'entre eux, Thalès de Milet, tomba dans un trou alors qu'il se promenait en contemplant le firmament, ce qui provoqua les éclats de rire de deux servantes qui passaient par là. Les humoristes ne se sont pas privés d'utiliser ces personnages si spontanément comiques. Dans *Les Nuées*, Aristophane se moque cruellement et cyniquement de son contemporain Socrate : il parodie ses dons intellectuels en le faisant parler dans un affreux galimatias et le représente tenant une chandelle pour mieux observer les étoiles. Il lui impute aussi d'enseigner aux jeunes gens à frapper leurs parents, plaisanterie plus risquée que les autres, si l'on se souvient que Socrate était accusé de corrompre la jeunesse et que cela lui a valu d'être condamné à mort. Lucien de Samosate, un auteur satirique à la plume acérée (IIᵉ siècle après J.-C.), a écrit un dialogue très amusant intitulé *La Vente des philosophes* : Zeus en personne, assisté par Hermès, met aux enchères publiques les principales lumières de la philosophie, comme si elles étaient des esclaves ou des prostituées. Les acheteurs les paient selon l'utilité que présentent, pour guider leur vie, les doctrines – comiquement résumées – des personnages mis en vente. Les plus chers sont

Socrate et Platon, deux talents chacun ; les enchères pour Aristote ne dépassent pas vingt mines (un talent fait soixante mines) et Épicure, une authentique affaire, termine adjugé à deux mines. Héraclite et Démocrite, incompris, sont retirés de la vente, faute d'acheteurs ! Naturellement, Molière, lui aussi, représente dans ses pièces nombre de savants ridicules, qui s'acharnent par exemple à expliquer les effets somnifères de l'opium par une « qualité occulte » appelée *vis dormitiva* (c'est-à-dire qu'ils énoncent en pontifiant que l'opium fait dormir parce qu'il a une qualité qui s'appelle « force-qui-fait-dormir »), etc.

Parfois, ce sourire que suscitent les philosophes est teinté de sympathie ironique ou tout au moins de commisération. L'opéra *La Cenerentola* (Cendrillon) de Rossini donne une variante « illustrée » du conte classique due au librettiste Giacomo Ferret, où la bonne fée marraine qui protège la malheureuse jeune fille et favorise ses amours avec le prince est remplacée par le philosophe Alidoro. Le sage devient ainsi une figure bienfaitrice mais irréelle, du genre « trop-bon-pour-être-vrai », auquel appartiennent aussi ses cousines les fées. Et, récemment, est paru un ingénieux roman de Tibor Fischer, *Le Gang des philosophes*, dont le personnage principal est un professeur de philosophie, Eddie Coffin (Eddie Cercueil), déchu et alcoolique, qui prépare des braquages de banques en suivant les enseignements des systèmes de pensée les plus célèbres. Le philosophe gangster note de temps en temps ses réflexions profondes, dont certaines ont, il faut le reconnaître, beaucoup de points communs avec le présent livre : « Nous avançons avec difficulté dans un flot de questions et de réponses qui nous arrivent jusqu'à la ceinture ; elles ont inondé le monde, elles sont tellement nombreuses que réussir à en accoupler quelques-unes est déjà un progrès... » Naturellement, dans le roman, les systèmes philosophiques se révèlent beaucoup plus utiles comme méthode pour attaquer des banques qu'ils ne le sont dans d'autres domaines.

Pourquoi les philosophes sont-ils si souvent risibles aux yeux de ceux qui ne les aiment guère et même aux yeux de ceux qui les aiment bien ? D'abord, probablement, parce qu'ils présentent un mélange caractéristique d'ambition théorique démesurée (vouloir tout questionner, encore et toujours des « pourquoi ? ») et de maigres résultats pratiques (presque toutes les réponses sont aussi troublantes que les questions et l'on ne peut rien tirer d'« efficace » de ce qu'ils affirment). De plus, les philosophes se heurtent tout le temps aux évidences du sens commun ou aux respectables traditions que les honnêtes gens se gardent bien de tourner en ridicule. Pis encore, ils utilisent un jargon incompréhensible – avec une abondance de termes archaïques ou étrangers, quand ils ne les inventent pas tout bonnement pour l'occasion – et, plutôt que de s'abaisser à discuter avec ceux qui leur répondent dans le langage de tous les jours, ils préfèrent lever les yeux au plafond. Ils peuvent être éventuellement modestes – « je sais seulement que je ne sais rien » –, mais leur arrogance absurde pointe sous la tunique : « Nul n'en sait autant que moi ! » Certains ne se privent pas de donner de sublimes leçons de morale, mais on les voit rarement vivant en accord avec ce qu'ils prêchent (même si tous, bien sûr, n'en arrivent pas aux extrêmes d'Eddie Cercueil !). Et pour couronner le tout, ils se disputent, ils s'acharnent à discréditer leurs collègues : ils sont pédants, pompeux, inutiles, irrévérencieux, hypocrites et égocentriques. Et j'en passe...

Il y a, certes, beaucoup d'exagération et de généralisation injustes dans ces accusations, mais il faut bien admettre qu'elles ne sont pas entièrement dénuées de fondements. Et les professeurs de philosophie, moi comme les autres, aggravent souvent ces défauts déjà présents chez les grands maîtres. Voici plus de quarante ans, Jean-François Revel a écrit un pamphlet brillant intitulé *Pourquoi des philosophes ?*, très discuté et très discutable, mais qu'il ne serait pas inutile de relire aujourd'hui.

Il y indiquait quelques-uns des maux qui continuent, pour la plupart, d'affliger l'enseignement de la philosophie. Par exemple, la sacralisation de notre jargon de spécialistes et le refus de discuter avec quelqu'un qui ne le maîtrise pas : « Commencez par étudier Kant ou Hegel, et nous pourrons parler. » L'élaboration d'un langage technique propre à la philosophie, même si elle est souvent superflue (et toujours, bien entendu, quand on recourt à des mots étrangers sans autre motif que d'exhiber son érudition, comme si l'on ne pouvait questionner le réel qu'en allemand ou en grec), peut affiner nos instruments de compréhension et donner plus de précision aux débats. Après tout, philosopher est une tradition ancienne et certains termes représentent des apports de grande valeur et nous permettent de penser à partir de ce qui a déjà été pensé, et non de recommencer éternellement de zéro. Mais cela ne signifie pas pour autant que le philosophe ou le professeur de philosophie doivent se fermer dédaigneusement aux questions que pose le profane intelligent. Il est probable que des mots bien ajustés et chargés de sens par la réflexion menée dans le passé améliorent notre discussion du réel, mais ce qui compte, c'est bien le réel et non les mots avec lesquels nous essayons de le comprendre. Kierkegaard conseille avec raison de se méfier de toute prétendue pensée qui ne peut « se dire » que d'une certaine manière, et il ajoute que changer alors d'expression est un signe d'honnêteté : une idée n'est pas la même chose qu'une « formule verbale ». Il s'avère parfois beaucoup plus intéressant d'analyser les expressions du langage ordinaire dont nous nous servons quasi automatiquement que de leur substituer d'autorité des termes plus spécialisés qui tuent la curiosité en feignant de la satisfaire, et qui finissent par devenir des fétiches. Les philosophes doivent tenter de répondre aux questions et aux inquiétudes des humains, et non s'enfermer pour des discussions pointilleuses de terminologie avec leurs seuls pairs.

Nous avons parlé dans l'introduction de ce livre des différences qui existent entre la recherche proprement philosophique et la recherche scientifique. Mais il ne s'agit aucunement de deux mondes parfaitement étrangers l'un à l'autre, ni encore moins opposés. Il n'y a rien de plus risible, de nos jours, que ces métaphysiciens qui méprisent les scientifiques pour leur manière « empirique » de s'en tenir au seul « positif ». Le pire étant que, ce faisant, ils invoquent la défense de l'éducation « humaniste », comme si l'humanisme consistait à connaître Cicéron par cœur et à ignorer consciencieusement la physique quantique. En fait, la philosophie est une activité intellectuelle qui vient « après » l'information « positive » dans les différents champs du savoir humain, et non « avant ». Le philosophe n'a pas la science infuse qui lui permettrait de parler de l'homme en général sans avoir la moindre connaissance en anthropologie ou en psychologie, d'approfondir le langage sans savoir un mot de linguistique ou de raisonner sur l'esthétique sans visiter des musées, lire des romans ou voir des films. Un penseur qui essaierait aujourd'hui de se poser philosophiquement des questions sérieuses sur la matière en ignorant tout de la physique et de la chimie actuelles serait un chaman ou un nécromancien, jamais un philosophe. Sur cette voie, la philosophie devient un verbiage obscurantiste, c'est-à-dire ce qu'on peut imaginer de plus contraire à son véritable but. La tâche de la philosophie est de réfléchir sur la culture dans laquelle nous vivons et sur la signification, non seulement objective mais subjective, qu'elle a pour nous : pour cela, il est évident qu'il faut avoir la meilleure formation culturelle possible. Tous les individus cultivés ne sont pas philosophes, mais il n'y a pas de philosophes délibérément incultes... et les sciences font partie intégrante de la culture, elles n'en sont pas simplement un appendice dont l'intérêt serait purement instrumental. Sans formation culturelle préalable, la philosophie peut aboutir, au mieux, à des formules qui ne sont pas totalement dénuées de sens, mais qui restent limitées : du genre de ce « nous ne sommes rien » que l'on se dit dans les enterrements à l'heure des condoléances, ou des grandes considérations sur la justice et la vérité dont abondent les entretiens radiophoniques.

Philosopher ne devrait pas être sortir du doute, mais y entrer. Naturellement, beaucoup de philosophes – y compris les plus grands ! – se laissent parfois aller à des formulations péremptoires qui donnent l'impression d'avoir trouvé des réponses définitives aux questions qui ne peuvent ni ne doivent jamais être « closes » intellectuellement (voir l'introduction de ce livre). Soyons-leur reconnaissants de leurs contributions, mais ne les suivons pas dans leurs dogmatismes. Il y a quatre choses qu'aucun bon professeur de philosophie ne devrait cacher à ses élèves :

– *la première* est que « la » philosophie n'existe pas : seules existent « les » philosophies. « La philosophie n'est pas un long fleuve tranquille, où chacun viendrait pêcher sa vérité. C'est une mer où mille vagues s'affrontent, où mille courants s'opposent, se rencontrent, se mêlent parfois, se séparent, se retrouvent, s'opposent à nouveau... Chacun y navigue comme il peut, et c'est ce qu'on appelle philosopher [1]. » Il y a *une* perspective philosophique (face à la perspective scientifique ou artistique), mais elle a heureusement une infinité de facettes ;

– *la deuxième* est que ce n'est pas parce que des génies comme Aristote ou Kant se sont consacrés à l'étude de la philosophie que celle-ci est intéressante ; si lesdits génies nous intéressent, c'est parce qu'ils se sont occupés de ces questions qui embrassent tous les aspects de notre vie humaine, rationnelle et civilisée. Ce qui veut dire que le fait de philosopher est beaucoup plus important que n'importe lequel de ceux qui, bien ou mal, s'y sont consacrés ;

1. A. Comte-Sponville et L. Ferry, *La Sagesse des modernes : dix questions pour notre temps*, Laffont.

– *la troisième* est que même les meilleurs philosophes ont dit des absurdités flagrantes et commis de graves erreurs. Ce sont ceux qui osent penser hors des chemins intellectuellement balisés qui prennent le plus le risque de se tromper – et il faut considérer cela comme un éloge, non un reproche. C'est pourquoi la tâche du professeur de philosophie ne peut être seulement d'aider à comprendre les théories des grands philosophes, même dûment replacés dans leur époque, mais, surtout, de montrer comment la compréhension de telles idées et de tels raisonnements peut nous aider à améliorer notre compréhension de la réalité dans laquelle nous vivons. La philosophie n'est pas une branche de l'archéologie ni encore moins la simple vénération de *tout* ce qui est signé d'un nom illustre. Son étude doit nous apporter quelque chose de plus qu'un titre académique ou un certain vernis de « haute culture » ;

– *la quatrième* est que, s'agissant de questions extrêmement générales, apprendre à bien questionner, c'est aussi apprendre à se méfier des réponses trop catégoriques. Quand nous philosophons, nous allons de ce que nous savons vers ce que nous ne savons pas, vers ce qu'il semble que nous ne pourrons jamais savoir tout à fait ; dans beaucoup de cas, nous philosophons *contre* ce que nous savons ou, encore, en repensant et en questionnant ce que nous croyions savoir. Est-ce à dire que nous ne pourrons jamais rien tirer au clair ? Si : lorsque nous parvenons, au moins, à mieux *orienter* la portée de nos doutes ou de nos convictions. Pour le reste, celui qui n'est pas capable de vivre dans l'incertitude ferait bien de ne jamais se mettre à penser.

S'il est, pour les philosophes, un motif de ridicule justifié, c'est bien de prétendre rivaliser avec la religion dans la recherche rédemptrice du *sens de la vie.* Poser la question d'un tel « sens » est déjà en soi religieux : la seule chose que peut faire, en l'occurrence, la philosophie, c'est de mettre en évidence – comme j'essaye de le faire en ce moment – la religiosité de ladite question et de tenter de la reposer d'une autre manière pour qu'elle apparaisse philosophiquement valable. Quand on dit qu'on cherche – ou qu'on a trouvé ! – le sens de la vie, à quel type de « sens » se réfère-t-on ? Nous disons qu'a un « sens » ce qui veut signifier quelque chose par le moyen d'autre chose, ou ce qui a été conçu en fonction d'une fin précise. Le sens d'un mot ou d'une phrase est ce qu'ils *veulent* dire ; le sens d'un signal est ce qu'il veut indiquer (une direction, la place d'une personne, etc.) ou ce sur quoi il veut attirer l'attention (un danger, l'heure de se lever, le passage piétonnier, etc.) ; le sens d'un objet est ce à quoi on veut le faire servir (manger la soupe, tuer l'ennemi, parler avec quelqu'un qui est loin, etc.) ; le sens d'une œuvre d'art est ce que veut exprimer son auteur (une forme de la beauté, la représentation du réel, l'insatisfaction devant le réel, l'illusion de l'idéal, etc.) ; le sens d'une conduite ou d'une institution est ce que l'on veut obtenir en y recourant (amour, sécurité, amusement, richesse, ordre, justice, etc.).

Dans tous les cas, ce qui compte pour déterminer le sens de quelque chose est l'*intention* qui l'anime. Les symboles, les œuvres, les conduites et les institutions humaines sont pleins du sens que leur donnent nos intentions, comme les comportements des animaux ou même les tropismes des plantes ou des infusoires. Dans tous les cas, l'intention est liée à la vie, à sa conservation, à sa reproduction, à sa diversification, etc. Là où il n'y a pas de vie, il n'y a pas non plus d'intention ni donc de sens : nous pouvons expliquer les causes d'une inondation, d'un tremblement de terre ou d'un lever de soleil, mais non leur « sens ». Dans ces conditions, si les intentions vitales sont l'unique réponse intelligible à la question du sens, comment la vie elle-même pourrait-elle avoir du « sens » ? Si toutes les intentions renvoient à la vie comme ultime référence, quelle « intention » pourrait avoir la vie elle-même dans son ensemble ?

Le propre du « sens » de quelque chose est de renvoyer à *autre chose* : aux buts conscients du sujet, à ses instincts, en dernière instance à la conservation, à la régulation et à la propagation de la vie. Mais si nous nous demandons « que *veut* la vie ? », les seules réponses possibles – vivre, vivre plus, etc. – nous ramènent à la vie même sur quoi nous questionnons. Pour trouver le sens de la vie organique, nous devons chercher « autre chose » qui ne soit pas la vie, qui ne soit pas vivant, quelque chose *au-delà* de la vie. Supposons que nous répondions : « le sens de la vie organique est le continuel déploiement de l'univers inorganique d'où elle a jailli ». Prêter des « intentions » à l'inorganique semble passablement abusif, on ne peut le faire qu'en étendant tellement la signification du mot « intention » qu'elle se disloque, mais admettons-le un moment. La question immédiate est : et quel est le sens de l'univers inorganique ? Pour y répondre sans tourner en rond (en évitant, par exemple, de dire « l'intention de l'univers est de continuer indéfiniment à être l'univers »), nous devons nous référer à quelque chose *qui ne fasse pas partie de l'univers*, c'est-à-dire de la nature telle que nous la connaissons : quelque chose de « surnaturel », ce qui équivaut à faire tout bonnement appel à l'inconnu, car nul ne sait réellement à quoi pourrait ressembler quelque chose de « surnaturel ». Comme l'a dit avec raison Wittgenstein dans son *Tractatus logico-philosophicus*, autre pièce maîtresse de la philosophie du XXe siècle : « Le sens du monde doit se trouver hors du monde » (6, 41). D'accord, mais où ? Le monde a-t-il un « dehors » ? (Voir le chapitre cinquième.) L'interrogation sur le sens s'achève-t-elle là où s'achève le monde, ou peut-on continuer à s'interroger sur le sens « au-delà » ?

La caractéristique de la mentalité religieuse (et ce qui en fait l'opposé *direct* de la philosophie) n'est pas de répondre « Dieu » à la question sur le sens ou l'intention de l'univers : c'est de croire que cette réponse sublime, une fois donnée, *suffit* pour ne plus avoir à poser aucune question. Grâce à

Dieu, les choses ont un sens, mais il serait impie de demander quel sens a Dieu. Et pourtant, d'un point de vue philosophique, s'interroger sur le sens de Dieu est aussi raisonnable et urgent que de s'interroger sur le sens du monde ou le sens de la vie. Si une telle question ne peut être posée, ou si, au nom de la Grande Énigme, il est supportable de ne pas y répondre (« Dieu *est* le sens, et au-delà de Lui la petitesse humaine ne peut rien savoir », etc.), il était inutile de nous donner tout ce mal pour en arriver là. Nous aurions pu accepter d'emblée, par exemple, la leçon de ces deux vers de Fernando Pessoa dans *Le Gardien des troupeaux* :

Les choses ne signifient rien, elles ne font qu'exister,
Les choses sont le seul sens caché des choses.

Accepter que Dieu soit le Sens Suprême, celui qui donne Sens à tous les Sens, est un pacte avec l'obscurité encore plus conformiste que de répondre que le sens de tous les sens est l'intentionnalité de la vie ou l'intention humaine. Au moins existe-t-il des raisons philosophiques pour ne pas étendre au-delà de la vie l'interrogation sur le sens, c'est-à-dire au-delà de l'usage habituel du mot « intention » : une fois sautée cette barrière, il n'y a plus rien à quoi s'arrêter, plus rien, *jamais*, dont on puisse se contenter. Le religieux, ce n'est pas tant vouloir aller au-delà que de croire qu'il est, ensuite, justifié de « freiner ». Certains philosophes ont tenté, par de grandes réponses systématiques, de justifier aussi un « freinage » semblable à celui de la religion, en recourant ou non au surnaturel. Et ils ont exprimé leurs réponses sur un mode aussi dogmatique que n'importe quel pape ou inquisiteur (encore que, généralement, ils n'aient pas disposé des mêmes moyens de répression pour châtier les hérétiques). Ils méritent le jugement de Cioran dans ses *Cahiers*, publiés après sa mort : « Un système philosophique est comme une religion, mais *en plus bête*. »

Si la vie n'a pas de « sens » (pour cette raison même que tous les autres « sens » renvoient de façon médiate ou immédiate à la vie), devons-nous en conclure tristement que la vie est *absurde* ? Pas du tout. Nous appelons « absurde » ce qui devrait avoir un sens et n'en a pas, non ce qui – parce que se situant en dehors de l'intentionnel – ne « doit » pas avoir de sens. De la même manière, nous disons qu'un homme ou un animal sont « aveugles » quand ils ne voient pas, mais nous ne pouvons dire, sauf sur le mode métaphorique, qu'une pierre est « aveugle » : car l'homme ou l'animal « devraient » voir, cela relève de leur condition naturelle, tandis que la vue ne fait pas partie de ce que nous pouvons exiger d'une pierre. Il n'est pas absurde que la vie dans son ensemble n'ait pas de sens, parce que nous ne lui connaissons pas d'intentions en dehors de celles qui sont vitales, et que, au-delà de l'intentionnel, l'interrogation sur le sens... manque de sens ! En réalité, ce n'est pas que la vie manque de sens qui est réellement « absurde », c'est de vouloir à tout prix qu'elle doive en avoir un.

En fait, la recherche d'un « sens » à la vie ne se préoccupe pas de la vie en général ni du « monde » pris de façon abstraite, mais de la vie humaine et du monde que nous habitons et que nous supportons. En demandant si la vie a un sens, ce que nous voulons savoir c'est si nos efforts moraux seront récompensés, si cela vaut la peine de travailler honnêtement et de respecter notre prochain, ou si cela reviendrait au même de nous livrer au vice et au crime, bref, si quelque chose nous *attend* au-delà et en dehors de la vie, ou seulement la tombe, comme cela semble évident. Un des penseurs qui a posé le plus crûment la question est Kant : quelqu'un qui, pourtant, n'avait pas l'habitude d'extérioriser ses sentiments. A la fin de la *Critique de la faculté de juger*[1], il parle de l'homme honnête

1. E. Kant, *Critique de la faculté de juger*, traduction de A. Philonenko, Vrin.

(en donnant l'exemple, qui ne doit rien au hasard, de Spinoza) qui est convaincu qu'il n'y a ni Dieu ni vie future. Comment fera-t-il alors pour justifier son engagement moral ? Il pourra y mettre toute la bonne volonté possible, ses succès seront toujours limités et il n'évitera jamais complètement que le mensonge, la violence et l'envie ne continuent à n'en faire qu'à leur guise parmi les hommes. Tous les hommes justes – dont il fait partie –, si dignes soient-ils d'obtenir le bonheur, seront traités par la nature avec la même impartialité que les méchants et seront soumis « à tous les maux de la misère, des maladies et d'une mort prématurée, tout de même que les autres animaux sur cette terre, et le demeureront toujours, jusqu'à ce qu'une vaste tombe les engloutisse tous (honnêtes ou malhonnêtes, peu importe) et les rejette, eux qui pouvaient croire être le but ultime de la création, dans l'abîme du chaos sans fin de la matière, dont ils ont été tirés ». Face à ce tableau peu enthousiasmant, la seule défense – pour Kant – qui reste à un individu honnête pour sauvegarder sa droiture et ne pas la considérer comme un effort stérile est d'accepter l'existence d'un Dieu qui soit le créateur *moral* du monde, garantissant ainsi à la bonne volonté, si tristement rémunérée ici-bas, un « sens » heureux qui se situe hors du monde.

Je ne me risquerai pas à traiter à la légère ce qu'a pu penser sur cette question un esprit aussi illustre et aussi honnête que Kant. Je me bornerai à indiquer la possibilité d'une ligne de réflexion alternative, qui a eu des défenseurs tout aussi illustres (pour la plupart, je crois, postérieurs à Kant). En effet, aucun homme ni aucune femme, même s'ils se comportent de façon éthique et luttent pour qu'il y ait dans le monde plus de solidarité et de justice, ne parviendront pour autant à échapper au destin commun que nous réserve notre condition mortelle. Aucun effort, si honnête soit-il, n'éliminera non plus le mensonge et la violence dans lesquels nous vivons, possibilités toujours ouvertes à la liberté de chacun et trop souvent favorisées par des conditions socio-économiques aberrantes. Mais cela implique-t-il nécessairement que le projet moral soit un non-sens superflu, sauf si quelque sanction surnaturelle ne le garantit contre la mort elle-même ? L'homme droit (et judicieux !) veut vivre *mieux*, et non échapper à sa condition mortelle : il est conscient que le mal existera toujours, mais c'est *précisément pour cette raison*, pour défendre contre l'irrémédiable la précieuse fragilité de son choix, qu'il essaye de faire le bien. Il ne se conduit pas de façon éthique afin d'obtenir un prix ou une rétribution quelconque, mais il appelle « éthique » la manière d'agir qui le récompense dans son activité même en lui apportant l'assurance qu'il est plus raisonnablement humain et libre. Disons qu'il ne vit pas pour la mort ou l'éternité, mais pour atteindre la plénitude de la vie dans la brièveté du temps. Du moins, je crois que c'est ce qu'aurait répondu Spinoza à Kant.

Exprimons-le autrement. L'homme se sait mortel et c'est ce destin qui l'éveille au travail de la pensée. Sa première réaction devant la certitude de la mort (dans le cas où il choisit de ne pas la nier et renonce à se réfugier dans l'illusion d'un genre quelconque d'existence dans l'au-delà) est un désespoir angoissé, pour les raisons bien exposées plus haut par Kant. Quelle conduite lui dictera le désespoir ? Sans doute aura-t-il une réaction de peur devant tout ce qui menace d'accélérer sa fin (privations, hostilité, maladie, etc.), accompagnée d'une avidité qui le poussera à accumuler tout ce qui semble le protéger contre la mort (richesse, sécurité, statut social, renom, etc.) et d'une haine de ceux qui lui disputent ces biens ou pourraient l'obliger à les partager : celui qui craint le néant a besoin, pour lutter, de tout. La peur, l'avidité, la haine sont les caractéristiques de ceux qui vivent désespérés : naturellement, elles ne parviennent pas à sauver qui que ce soit de son destin inéluctable, mais en revanche elles parviennent à introduire le *mal-être* de la mort dans chaque moment de la vie. y compris dans ceux où l'on en jouit le plus.

Quand il parvient à surmonter le désespoir, l'être humain constate que, s'il est certain qu'il va mourir, il est tout aussi certain que, *en ce moment*, il est vivant. Si la mort consiste à ne pas être, d'aucune manière et nulle part, *nous avons tous déjà vaincu la mort une fois* : la fois décisive. Comment ? En naissant. Il n'y aura pas pour nous de mort éternelle, puisque nous sommes *déjà* vivants, *encore* vivants. Et la certitude glorieuse de notre vie ne pourra être effacée ou obnubilée par la certitude de la mort. De sorte que nous avons le droit de demander, comme dans le livre sacré : « Mort, où est ta victoire ? » La mort pourra, un jour, empêcher que nous continuions à vivre, elle ne pourra jamais empêcher que nous soyons vivants et que nous ayons déjà vécu. Elle peut transformer en cendres notre corps, nos amours et nos œuvres, mais pas la *présence* réelle de notre vie. Pourquoi la mort future devrait-elle ôter de l'importance à la vie, quand la vie présente s'est déjà imposée sur l'obscurité de la mort éternelle ? Pourquoi la mort dans laquelle nous ne sommes pas devrait-elle compter davantage pour nous que la vie dans laquelle nous sommes ? Chacun peut répéter, avec le poète Lautréamont : « Je ne connais d'autre grâce que celle d'être né. Un esprit impartial la trouve complète. »

Quand il constate sa présence dans la vie, l'être humain s'exalte. Et cette constatation exaltée est ce que nous pouvons appeler *joie.* La joie affirme et assume la vie face à la mort, face au désespoir. La joie ne célèbre pas les contenus concrets de la vie, souvent atroces, mais la vie elle-même, *parce qu'elle n'est pas la mort*, parce qu'elle n'est pas « non » mais « oui », parce qu'elle est tout face à rien. Mais la joie n'est pas pure extase, elle est activité, et va bien plus loin encore : elle est lutte contre le mal-être désespéré de la mort qui nous infecte de peur, d'avidité et de haine. La joie ne pourra jamais triompher totalement du désespoir (en chacun de nous coexistent le désespoir et la joie), mais elle ne pourra pas non plus abdiquer devant lui. A partir de la joie, nous essayons d'« alléger » la vie du poids accablant et néfaste de la mort. Le désespoir ne connaît que le néant qui menace chacun, tandis que la joie cherche de l'aide et étend sa sympathie active à nos semblables, les mortels vivants. La société est le lien formé par mille complicités qui unissent ceux qui savent qu'ils vont mourir pour affirmer ensemble la présence de la vie.

Si la mort est oubli, la société sera mémoire commune ; si la mort est égalisation définitive, la société instaurera les différences ; si la mort est silence et absence de sens, l'axe de la société sera le langage qui transforme tout en significatif ; si la mort est faiblesse totale, la société cherchera la force et l'énergie ; si la mort est insensibilité, la société inventera et renforcera toutes les sensations, la profusion « sensationnelle » ; puisque la mort est isolement final, la société instituera la compagnie de l'affection et l'aide mutuelle dans le malheur ; si la mort est immobilité, la société humaine offrira les voyages et la vitesse que rien ne pourra arrêter ; si la mort est répétition d'elle-même, la société voudra la nouveauté et aimera comme s'ils étaient toujours neufs les vieux gestes de la vie, les nouveaux êtres nés à notre ressemblance, la succession irrésistible des générations de mortels ; contre la putréfaction informe, elle cultivera la beauté, le jeu où l'on peut mourir et ressusciter aussi souvent qu'on veut, les métamorphoses du sens. Chaque société est une prothèse d'immortalité pour mortels, pour ceux qui connaissent la mort mais n'obéissent pas à ses leçons désespérément destructrices. Certes, toutes les entreprises sociales des humains sont marquées *aussi* par la peur, l'avidité et la haine qui accompagnent le désespoir. Mais ce n'est pas le désespoir qui crée, c'est la joie. Rappeler cela constitue l'unique leçon de l'éthique. C'est pour cela que Spinoza a appelé le juste un homme « joyeux ». Et sage.

En soi, le monde dans lequel nous nous mouvons n'a aucun sens ou signification propre. La preuve ? Il résiste à tous, si divers soient-ils. Comme l'a indiqué Castoriadis, « c'est seulement parce qu'il n'existe pas un signifié intrinsèque du monde que les hommes ont dû et su lui attribuer cette extraordinaire variété de signifiés extrêmement hétérogènes[1] ». Le sens est quelque chose que les humains donnent à la vie et au monde, face à l'abîme sans signification du chaos, dont nous triomphons en en sortant et auquel nous nous soumettons en mourant. Victoire porteuse de sens et défaite qui n'en a pas, car l'individu meurt, mais pas le sens qu'il a voulu donner à sa vie... celui-là demeure pour nous, pour ses compagnons d'humanité. Mais l'abîme du chaos est également caché dans tous nos signifiés, comme leur contraire, comme leur *épaisseur*. Nous vivons *sur* l'abîme et conscients de lui. C'est ce qui fait que la raison humaine n'est pas une simple fabrique d'instruments et qu'elle ne se contente pas de trouver des solutions à des questions, même non définitives. Et aussi que la philosophie n'est pas seulement raison, mais imagination créatrice : « Ce sont les instrumentalités de l'imaginaire, de l'invérifiable (le poétique), c'est la potentialité des fictions (mensonges) et du bond syntaxique dans des lendemains sans fin, qui ont fait des hommes et des femmes, des hommes et des femmes babillards, des clabaudeurs, des poètes, des métaphysiciens, des planificateurs et des rebelles contre la mort » (George Steiner, dans *Errata*).

La religion promet de sauver l'âme et de ressusciter le corps ; en revanche la philosophie ne sauve ni ne ressuscite, mais prétend seulement mener aussi loin qu'elle le peut l'aventure du sens de l'humain, l'exploration des signifiés. Elle ne refuse pas la réalité de la mort – comme le mythe –, elle ne se laisse pas non plus imprégner par la peur et la haine qui en suintent : elle tente de *penser* les contenus de la vie et

1. C. Castoriadis, *La Creazione del tempo*, Milan, Volontà.

leurs limites... comme si notre vie elle-même était dedans ! Et elle le fait avec une telle intrépidité qu'elle provoque parfois la moquerie ou le sourire.

J'ai ébauché le plan de ce livre il y a deux ans, durant un vol entre Bogota et Lima, avec une escale à Quito, parce qu'il ne me restait plus de revues à lire. Le résultat définitif s'avère étonnamment fidèle au schéma de départ. J'ai commencé à l'écrire en mai de cette année [1998] et j'ai terminé la plus grande partie du livre au cours de l'été, à Saint-Sébastien. Chaque matin, pendant que je me promenais sur la Concha pour me rendre au *Peine de los Vientos* – le « Peigne des Vents » –, je définissais les points que je devrais développer l'après-midi. Un jour, un jeune touriste m'a abordé et m'a demandé où était le « *Peine del Tiempo* » – le « Peigne du Temps » ; tandis que je le sortais de son erreur et lui indiquais le chemin, j'ai pensé que ce peigne est celui qui nous laisse tous chauves... J'ai achevé les trois derniers chapitres en automne, à Madrid, où je mets le point final aujourd'hui 10 décembre 1998, cinquantième anniversaire de la Déclaration universelle des droits de l'homme. Puisse le lecteur ressentir parfois un bonheur semblable au mien quand j'ai écrit beaucoup de ces pages.

Adieu

Et nous ne cessons de nous interroger
encore et toujours,
jusqu'à ce qu'une poignée de terre
nous ferme la bouche...
Mais n'est-ce pas là une réponse ?

Heinrich Heine, *Lazare*.

Principales personnalités invitées

Héraclite (env. 550-env. 480 av. J.-C.), Éphèse, Grèce.
Parménide (515-440 av. J.-C.), Élée, Grèce, *De la nature.*
Socrate (470-399 av. J.-C.), Athènes, Grèce.
Platon (427-347 av. J.-C.), Athènes, Grèce, *Dialogues*, *Apologie de Socrate*, *Lettres*, *Timée.*
Sophocle (496-406 av. J.-C.), Colone, Grèce, *Antigone*, *Œdipe roi*, *Électre*, *Les Trachiniennes.*
Aristote (384-322 av. J.-C.), Stagire, Macédoine, *Politique, Physique, Éthique à Nicomaque, Métaphysique.*
Lucrèce (98-55 av. J.-C.), Rome, *De la nature des choses.*
Saint Augustin (345-430), Thagaste, Numidie (aujourd'hui Souk-Ahras, Algérie), *La Cité de Dieu*, *Confessions*, *Homélies*, *Lettres.*
Thomas More (1478-1535), Londres, *Utopie.*
Jean Pic de la Mirandole (1463-1494), Florence, *Discours sur la dignité de l'homme*, *Heptaplus*, *De Ente et Uno.*
Michel de Montaigne (1533-1592), Château de Montaigne, France (aujourd'hui Saint-Michel-de-Montaigne), *Essais.*
William Shakespeare (1564-1616), Stratford-on-Avon, Angleterre, *Hamlet*, *Othello*, *Macbeth*, *Le Songe d'une nuit d'été.*
René Descartes (1596-1650), La Haye (aujourd'hui Descartes, Indre-et-Loire), *Discours de la méthode*, *Principes de philosophie*, *Méditations métaphysiques.*
Blaise Pascal (1623-1662), Clermont-Ferrand, *Discours sur les passions de l'amour*, *Provinciales*, *Écrits sur la Grâce*, *Pensées.*
Baruch Spinoza (1632-1677), Amsterdam, *Traité de la réforme de*

l'entendement, *Principes de la philosophie de Descartes*, *Pensées métaphysiques*, *Éthique*.

David Hume (1711-1776), Édimbourg, Écosse, *Traité de la nature humaine*, *Enquêtes sur les principes de la morale*, *Discours politiques*, *Essais philosophiques sur l'entendement humain*.

Georg Christoph Lichtenberg (1742-1799), Ober-Ramstadt, Allemagne, *Aphorismes*, *Lettres d'Angleterre*.

Emmanuel Kant (1724-1804), Königsberg, Prusse-Orientale (aujourd'hui Kaliningrad, Russie), *Critique de la raison pure*, *Critique de la raison pratique*, *Prolégomènes à toute métaphysique future qui pourrait se présenter comme science*, *Critique de la faculté de juger*.

Friedrich von Schiller (1759-1805), Marbach, Bade, Allemagne, *Lettre sur l'éducation esthétique de l'homme*, *Guillaume Tell*, *Marie Stuart*, *L'Hymne à la joie*.

Arthur Schopenhauer (1788-1860), Dantzig, Prusse (aujourd'hui Gdansk, Pologne), *Le Monde comme volonté et comme représentation*, *La Quadruple Racine du principe de raison suffisante*, *Fondement de la morale*, *Sur le pessimisme*.

Friedrich Hegel (1770-1831), Stuttgart, Bade, Allemagne, *Phénoménologie de l'esprit*, *Principes de la philosophie du droit*, *Encyclopédie des sciences philosophiques en abrégé*, *Logique et métaphysique*.

Charles Darwin (1809-1882), Shrewsbury, Angleterre, *De l'origine des espèces par voie de sélection naturelle*, *De la descendance de l'homme*, *De la sélection en relation avec le sexe*.

Lewis Carrol (1832-1898), Daresbury, Angleterre, *Alice au pays des merveilles*, *De l'autre côté du miroir*, *La Chasse au Snark*.

Friedrich Nietzsche (1844-1900), Röcken, Thuringe, Allemagne, *Gai Savoir*, *Ainsi parlait Zarathoustra*, *Par-delà bien et mal*, *Naissance de la philosophie à l'époque de la tragédie*.

Sigmund Freud (1856-1939), Freiberg, Autriche, *L'Interprétation des rêves*, *Trois Essais sur la théorie de la sexualité*, *Psychologie des masses et analyse du moi*, *Introduction à la psychanalyse*.

Miguel de Unamuno (1864-1936), Bilbao, Pays basque, Espagne, *Le Sentiment tragique de la vie*, *Brume*, *Amour et Pédagogie*.

Oswald Spengler (1880-1936), Blankenburg, Allemagne, *Le Déclin de l'Occident*, *L'Homme et la Technique.*

George Santayana (1863-1952), Madrid, Espagne, *La Vie de la raison*, *Le Sens de la beauté*, *Le Règne de la vérité*, *Le Règne de l'esprit.*

Fernando Pessoa (1888-1935), Lisbonne, Portugal, *Poèmes dramatiques*, *Textes philosophiques*, *Le Livre de l'intranquillité.*

José Ortega y Gasset (1883-1955), Madrid, Espagne, *Méditations de Don Quichotte*, *La Révolte des masses*, *Histoire comme système.*

Bertrand Russell (1872-1970), Trelleck, pays de Galles, Grande-Bretagne, *Principia mathematica*, *Notre connaissance du monde extérieur*, *La Conquête du bonheur.*

Ernst Cassirer (1874-1945), Breslau, Prusse (aujourd'hui Wroclaw, Pologne), *Le Problème de la connaissance dans la philosophie et la science de l'époque moderne*, *La Philosophie des formes symboliques*, *Anthropologie philosophique*, *Un essai sur l'homme.*

Martin Heidegger (1889-1976), Messkirch, Bade, Allemagne, *Être et Temps*, *Qu'est-ce que la métaphysique ?*, *De l'essence de la vérité*, *Identité et Différence*, *Chemins qui ne mènent nulle part*, *Introduction à la métaphysique.*

Ludwig Wittgenstein (1889-1951), Vienne, Autriche, *Tractatus logico-philosophicus*, *Investigations philosophiques*, *Remarques philosophiques*, *Grammaire philosophique.*

Jorge Guillén (1893-1984), Valladolid, Espagne, *Cantique*, *Langage et Poésie.*

Hannah Arendt (1906-1975), Hanovre, Allemagne, *Le Système totalitaire*, *Condition de l'homme moderne*, *La Crise de la culture*, *Vies politiques.*

Karl R. Popper (1902-1994), Vienne, Autriche, *La Logique de la découverte scientifique*, *Misère de l'historicisme*, *La Quête inachevée.*

Jean-Paul Sartre (1905-1980), Paris, *L'Être et le Néant*, *L'existentialisme est un humanisme*, *L'Âge de raison.*

Walter Benjamin (1892-1940), Berlin, Allemagne, *Essais.*

Theodor Adorno (1903-1969), Francfort-sur-le-Main, Allemagne,

Minima Moralia, Introduction à la sociologie de la musique, Dialectique de la raison.

Jorge Luis Borges (1899-1986), Buenos Aires, Argentine, *Enquêtes, Fictions, Histoire de l'infamie, Histoire de l'éternité, Œuvre poétique.*

Claude Lévi-Strauss (1908), Bruxelles, Belgique, *Anthropologie structurale, La Pensée sauvage, Tristes Tropiques, Le Cuit et le Cru.*

Octavio Paz (1914-1998), Mexico, Mexique, *Liberté sur parole, Le Labyrinthe de la solitude, L'Arc et la Lyre.*

Émile Michel Cioran (1911-1995), Rasinari, Roumanie, *Précis de décomposition, Bréviaire des vaincus, Histoire et Utopie, L'Inconvénient d'être né, Le Crépuscule des pensées.*

Cornelius Castoriadis (1922-1997), Istanbul, Turquie, *Les Carrefours du labyrinthe* (5 volumes), *La Société bureaucratique, L'Institution imaginaire de la société.*

Iris Murdoch (1919), Dublin, Irlande, *Dans le filet, Le Prince noir, Message à la planète.*

George Steiner (1929), Paris, *Les Antigones, Langage et Silence, Après Babel, Réelles Présences, Errata.*

Table

COMPOSITION : IGS CHARENTE-PHOTOGRAVURE À L'ISLE-D'ESPAGNAC
IMPRESSION : S. N. FIRMIN-DIDOT AU MESNIL-SUR-L'ESTRÉE
DÉPÔT LÉGAL : SEPTEMBRE 2000. N° 38553 (52058).